高等职业院校人力资源管理专业全国统编教材

组织行为管理实务

全国人力资源和社会保障职业教育教学指导委员会组织编写

主　编：郑洪利
副主编：张驷宇
编　者：丛晓静　官海滨　赵心宁　张淑玲　刘钊乐
主　审：王晓航

中国劳动社会保障出版社

图书在版编目(CIP)数据

组织行为管理实务/郑洪利主编. -- 北京：中国劳动社会保障出版社，2021
高等职业院校人力资源管理专业全国统编教材
ISBN 978-7-5167-4876-3

Ⅰ.①组… Ⅱ.①郑… Ⅲ.①组织行为学-组织管理学-高等职业教育-教材
Ⅳ.①C936

中国版本图书馆 CIP 数据核字(2021)第 131344 号

中国劳动社会保障出版社出版发行
(北京市惠新东街 1 号 邮政编码：100029)
*
三河市潮河印业有限公司印刷装订 新华书店经销
787 毫米×1092 毫米 16 开本 17 印张 304 千字
2021 年 7 月第 1 版 2021 年 7 月第 1 次印刷
定价：40.00 元

读者服务部电话：(010) 64929211/84209101/64921644
营销中心电话：(010) 64962347
出版社网址：http://www.class.com.cn

高等职业院校人力资源管理专业
全国统编教材编委会

序

“高等职业院校人力资源管理专业全国统编教材”与读者见面了。这套教材是全国人力资源和社会保障职业教育教学指导委员会（以下简称人社行指委）组织编写的第一套针对高职院校人力资源管理专业的综合性教材，是人力资源管理专业学生的参考教材和学习资料。

一、教材组织编写的背景

习近平总书记指出“人才是实现民族振兴、赢得国际竞争主动的战略资源”，党的十九大报告明确提出“人才强国”战略，对新时代高等职业院校人力资源管理专业人才培养提出更高要求。

我国在高等职业院校开设人力资源管理专业 30 多年，该专业规模大、布点多。教育部公布的最新数据显示，全国开设人力资源管理专业的本专科院校共有 750 所，其中高职院校 288 所，平均每五个院校就有一所开设人力资源管理专业，毕业生规模为每年 1.2 万~1.4 万人。为满足迅速发展起来的人力资源管理专业教学需要，有关部门和高校组织编写了一系列教材，为这一专业的教学、人才培养、学科发展做出了贡献。但应该看到，由于我国人力资源事业发展变化较大、教材编写人员水平参差不齐等，人力资源管理专业教材建设从总体上讲还相当薄弱，存在体系不健全、内容陈旧、大量交叉重复等问题。这些问题不解决，不仅影响教学活动的顺利进行，而且影响这一专业的健康发展。

2015 年教育部印发了《普通高等学校高等职业学校（专科）专业目录》，为了更好地培养符合经济社会发展需求的高职人力资源管理专业人才，人社行指委受教育部委托，在对人力资源管理相关行业、企业、学校及毕业生展开广泛调研的基础上，组织全国相关院校优秀专家对人力资源管理专业教学标准进行了修订，并于 2019 年由教育部正式公布执行。

2019 年，人社行指委副主任委员单位北京劳动保障职业技术学院牵头组织的人力资源管理专业教学资源库已经正式列入国家职业教育资源库，并上线运行。人力资源管理专业教学资源库的建设和应用主要满足在校学生的学习需求、教师的教学及专业建设需求、社会学习者的自我学习及科普需求，建立在校学生学习资源中心、教师课程建设实践中心和社会学习者科普中心。在“互联网+”的应用模式下，建立与各学习中心相匹配的定制化学习路径，从而满足用户在PC端、平板端和手机端等各种工具的随时随地学习需求。

鉴于以上背景，基于对人力资源管理专业及这一专业人才培养高度负责的精神，人社行指委组织全国高等职业院校的优秀专家学者，编写了这套“高等职业院校人力资源管理专业全国统编教材”。

二、教材组织编写的原则

这套教材在编写伊始，即确定了五项编写原则：

1. 紧扣专业教学标准，突出职业教育特色。根据人力资源管理专业教学标准的培养目标及其对知识体系的要求，确立完整的课程体系和教材体系，充分满足该专业的学历教学和专业人员知识培训的需要。

2. 突出理论与实践相统一，强调实践性。适应项目学习、案例学习、模块化学习等不同学习方式和要求，注重以真实项目、典型任务、案例等为载体组织学习单元。

3. 立足现实，反映前沿，力求创新。在教材建设中，既反映已经成熟或公认的理论与学术思想，又能够反映具有代表性的人力资源领域的最新理论、最新技术和方法，在理论体系、结构框架、体例格式和写作风格上有自己的特色。

4. 立足高起点、权威性。为确保这一目标的实现，主编一般为教学经验丰富的一线人力资源管理专业教师，多位主编是人力资源管理专业国家级教学资源库的相应课程负责人，以确保教材能够满足适用性、权威性和先进性的要求。审稿人全部是人力资源管理领域的权威专家，由他们对大纲和成稿进行把关，以确保教材的理论性、系统性和科学性。

5. 线上线下，衔接开发。在教材开发上，与人力资源管理专业国家教学资源库配套开发，在课程设置、案例选用上充分发挥教学资源库的作用，使教师在使用教材的同时可以在教学资源库中找到相应的素材辅助教学，实现教材与教学库资源的配套使用。

三、教材的体系设计

本套教材的体系设计紧紧围绕人力资源管理专业教学标准的要求，请教学标准的执笔专家、审定专家进行解读，整理归纳出要开设的基础课和专业核心课，并与人力资源管理专业国家教学资源库相匹配。全套教材共13种，具体是《人力资源管理基础》《招聘与测评实务》《薪酬管理实务》《绩效管理实务》《培训管理实务》《劳动法理论与实务》《人力资源服务实务》《人力资源管理专业文书》《管理基础与实务》《员工关系管理实务》《组织行为管理实务》《劳动经济基础》《人力资源第三方服务实训》。

人力资源管理专业建设还处于逐步完善阶段，在人力资源事业发展过程中还会不断出现新情况、新问题。这套教材的编写也只能是反映人力资源事业发展的阶段性成果。希望广大人力资源管理专业教师和学生多提宝贵意见和建议，我们将在今后的修订改版过程中不断更新教材内容，提高教材水平，打造人力资源管理专业领域的精品教材，为人力资源管理专业学生能力和素质提升提供有力支持。

高等职业院校人力资源管理专业全国统编教材编委会

2021 年 1 月

前言

对人的管理是管理的核心问题之一，对人的行为规律的研究是管理科学的重要内容。组织行为管理实务以系统化、科学化的方式，整合了心理学、社会学、管理学等方面的理论与研究成果，通过分析个体、团体及整个组织，以了解、预测与改善个人绩效，最终实现提高整个组织绩效的管理目标。因此，组织行为管理实务作为管理类专业的一门重要课程，其原理与方法不仅对管理类的在校大学生，而且对企业工作的在职人员都具有学习和指导意义。目前，组织行为管理类的相关专著和教材很多，大多是针对本科及以上层次的学生为教学对象，理论系统性比较强，但在结合实际和操作性方面略显不足，不太适合高职类学生的学习使用。因此，在本教材编写的过程中，我们力求从高职人才培养目标出发，充分考虑到高职学生的认知特点和教学需要，以“立德树人”为宗旨，本着“能力为本，理论适度”的原则，在全国人力资源和社会保障职业教育教学指导委员会指导和统一组织下进行编写。

本教材力求实现以下特点：

1. 重视学生参与，重视教学设计，体现现代教学理念和高职教学需要。本教材注重学生学习主动性的激发，强调理论在实际中的应用，关注理论对实际工作的指导和帮助。比如在编写形式上大胆创新，各项目首先由“主题案例”导入，从情景体验和问题思考开始，以期激发学生学习的积极性，然后分不同的子任务展开知识学习和技能训练，力求理论与实践相结合，符合认知规律。

2. 动静结合，学思结合，体现高职教育的特色和特点。本教材充分考虑高职学生的学情特点，在各项目学习中设置了“读一读”“做一做”“想一想”“练一练”等栏目，让学生通过参与、体验、思考、练习来理解、消化基本原理，掌握基本方法。在每个项目课后，还以练习题来强化基本理论知识，以案例学习强化学生的能力培养，实现以培养实际工作能力为目的的高职教学要求。

3. 内容精简新颖，密切联系实际，体现实用性和时代性。本教材针对高职学生的特点和教学要求，精简内容，对相关的概念和理论部分只做基础、概括性介绍，不追求理论的深度，力求实用性，同时注意吸纳前沿研究新成果，突出时代特色。

本教材由青岛职业技术学院郑洪利负责撰写大纲、统稿和最后定稿。张驷宇在完成大量的统稿工作的同时，负责项目一和项目五的编写；丛晓静负责项目八的编写；官海滨负责项目七的编写；赵心宁负责项目二和项目四的编写；张淑玲负责项目九的编写；刘钊乐负责项目三和项目六的编写。

由于编者水平有限，本教材一定还存在许多问题和不足，恳请广大读者批评指正。在此书的编写过程中，参考和吸收了国内外书籍、网站等众多相关专业的研究成果，在此向有关作者一并表示感谢。

编者

2021 年 5 月

目录

CONTENTS

项目一　探索组织行为学的奥秘　001

●任务一　组建一个学生社团　003

●任务二　管理技能测评　006

项目二　知人善用——个体心理与行为　013

●任务一　知人　014

●任务二　善用　027

项目三　有效识人——社会认知与归因理论　032

●任务一　探索知觉的秘密　033

●任务二　社会知觉与知觉偏差　042

●任务三　归因理论应用　055

项目四　员工激励——激励理论及应用　062

●任务一　设计一套员工激励方案　065

●任务二　激励理论在实践中的运用　081

项目五　群体管理——打造高绩效团队　091

●任务一　群体行为管理　093

●任务二　打造高绩效团队　108

项目六　有效沟通——与人交往的艺术　120

●任务一　有效沟通　122

●任务二　掌握良好沟通的技巧　133

目录

CONTENTS

●任务三　探讨解决冲突的策略　144

项目七　有效领导——领导理论及应用　159

●任务一　领导的概念内涵　161

●任务二　领导理论应用　168

●任务三　领导的有效性　180

项目八　组织变革与压力管理　189

●任务一　设计组织结构　192

●任务二　实施组织变革　212

项目九　管理组织文化　235

●任务一　解读组织文化　237

●任务二　管理组织文化　248

项目一

探索组织行为学的奥秘

【项目导入】

一、主题案例

滴滴，一个互联网先驱的悲哀

2018 年 8 月 24 日，浙江乐清女孩赵某乘坐滴滴顺风车前往永嘉途中，惨遭司机奸杀。而就在不久前的 2018 年 5 月 5 日，在河南郑州，一名空姐乘坐滴滴顺风车时遭司机杀害。乐清女孩被滴滴司机奸杀事件发生后，滴滴下线了顺风车业务，并免去了两名高管的职务。

黄××是滴滴顺风车事业部总经理，曾在腾讯、百度、雅虎等知名互联网公司任职，主要做产品经理。其在 2015 年被采访时曾为顺风车描绘了这样的场景："过去你每天在路上两个小时，对于你的人生来说是消耗，但现在通过顺风车，你可以认识比较靠谱的人，获得好的社交体验，它就变成了一种收益。"

黄××声称，这是从来没有存在过的一个场景，就像咖啡馆、酒吧一样，私家车也能成为一个半公开、半私密的社交空间。在 2017 年新年前的采访中，黄××再次强调车主的最大动力是交友："这是一个非常有未来感、非常私密的场景，我们从一开始就想得非常清楚，一定要往这个方向打。"

滴滴公司也曾发布海报，上面写着"10 分钟换一辈子""当你打开车门，焦躁一秒变娇羞，突然觉得一直单身都是在等你""第一次见面，干吗给我免单？第一次看到你就知道，反正早晚连我都要成为你的"等。可见，滴滴顺风车一直将产品定位与人的社交相连接。因此，一些媒体批评，正是因为这个定位与宣传，成了某些不法司机把年轻女性作为猎物的助燃剂。

2018 年 8 月 27 日，交通运输部官网刊发评论文章《堵住"滴血"的漏洞》，文章针对“女孩乘滴滴顺风车遇害事件”表示，事前不做有效防范，事中不能积极干预，事后标榜高价补偿，滴滴的安全底线在哪里？而事件发生时，正值滴滴公司承诺的顺风车业务整改期。

有媒体说，两起血案，滴滴公司有不可推卸的责任。但滴滴公司在整个过程中的表现却不尽如人意。8 月 24 日事发当天，遇害者的朋友在接到“救命”信息后多次向滴滴客服求助，滴滴公司没能及时采取有效的干预和救援措施，甚至警方两次向滴滴客服索要嫌疑人及车辆信息也遭到了拒绝，致使救助行动延宕数小时之久。

2018 年 8 月 28 日，滴滴公司创始人兼 CEO 程维和总裁柳青联名郑重道歉并表示，“不再以规模和增长作为公司发展的衡量尺度”“顺风车业务无限期下线”。

与此同时，就在 2018 年 8 月，风投调研机构 CB Insights 公布了“2018 年度全球独角兽公司排行榜”。报告数据显示，滴滴出行凭借 560 亿美元的估值领跑国内众多独角兽企业。滴滴成长为中国网约车市场“独角兽巨头”的速度之快，被程维这样形容：“每天都像坐在飞速行驶的车上，轮子都要飞出去了，还要不停地踩油门。”

而滴滴公司成立之后的融资速度似乎也是如此。资料显示，滴滴公司自 2012 年成立以来，截至 2018 年已经完成了 20 次融资，金额总量超过 200 亿美元，成为全世界范围内融资额最大的未上市公司。

滴滴顺风车的两起案件牵扯到人命，而且都是年轻女性，在被媒体深度报道后才被人们了解，但这实际上只是与滴滴有关案件的一小部分。公开资料显示，在滴滴 6 年的发展之路上，全国以“滴滴打车”为关键词的裁判文书有 1 677 份，刑事案有 636 件，民事案有 694 件。也就是说，根据不完全数据统计，滴滴平均 3 天就会产生一起刑事案件加一起民事案件。

2018 年年底，滴滴公司刚进行了当年最大的一次组织架构调整。

简单一点来说，滴滴公司围绕着网约车业务成立网约车平台公司，原品质出行事业群旗下的其他业务组成了普惠出行与服务事业群；原小桔车服公司与汽车资产管理中心（AMC）合并为车主服务公司；财务、法务、行政等职能部门也进行了升级和调整。

重视安全和合规化，这是滴滴公司接下来不得不做的改变，也有着向外界释放信号的意图；核心业务的合并，则意味着滴滴公司将重新审视自己的管理；原本打算继续扩张的新业务，也受到顺风车事件的影响，不得不缩短战线。

（资料来源：任康磊，杨林，有删减。）

思考题：

1. 查阅一下滴滴公司的背景材料，思考滴滴公司发展为什么如此迅速。

2. 从组织运营的角度分析，为什么在滴滴公司发展的同时，刑事案件和民事案件会多次出现?

二、学习目标

知识目标

1. 了解组织行为学的内涵。
2. 描述管理者的职能和技能。
3. 理解管理技能在工作场所中的重要性。

能力目标

从管理者的职能及技能角度分析给定的组织案例。

任务一　组建一个学生社团

知识准备

一、组织与组织行为

1. 组织的含义

当今社会，组织活动影响了我们生活的方方面面，一个人很难离开组织而独立存在。组织改变了人们的生活、工作和认识，而现代技术的变革也改变了组织的存在形式和类型。那么什么是组织?

组织是两个及两个以上的人在一起为实现某个共同目标而协同行动的集合体。组织的类型多种多样。如果按人数来区分，可以分为小型、中型和大型组织；如果按照组织的目标来区分，可以分为营利性组织和非营利性组织；如果按照组织产生的依据来区分，可以分为正式组织与非正式组织。

组织与电梯里的一群人是不一样的。组织具有以下四个典型的要素。

（1）人：组织由两个或两个以上的人组成。

（2）共同目标：组织是为了达到共同目标而存在的。

（3）结构：组织有自身的结构，体现了组织中人与人之间的关系。

（4）管理：为了实现组织的共同目标，组织拥有一套计划、控制、组织和协调的流程。

2. 组织行为

组织行为是指人们作为组织成员所表现出的行为。然而，组织成员的行为并不完全属于组织行为。组织成员的业余活动，如娱乐、交友、恋爱、健身、购物等都不是组织行为。组织行为是指各类组织的每位成员在工作过程中表现出的所有行为。我们可以把组织行为分成以下两种。

一是微观组织行为。微观组织行为是组织内某一个个体或群体的行为，它包括：

（1）个体行为，如态度、能力、人格、动机、压力、认知、学习等。

（2）人际行为，如沟通、领导、谈判等。

（3）群体行为，如群体动力、工作团队等。

（4）群际行为，如冲突、权利等。值得注意的是，群际行为有时很难与人际行为相区分。

二是宏观组织行为。宏观组织行为是指所有组织成员作为一个整体活动时表现出的行为，如组织结构、组织文化、组织变革、组织发展、组织学习等。

练一练

以小组为单位，讨论如下问题：

描述你见过的组织，以及形形色色的组织行为。

二、组织行为学的概念

美国著名管理学者斯蒂芬·罗宾斯在其所著的《组织行为学》一书中，对组织行为学作了如下的定义：组织行为学是一个研究领域，它研究个体、群体以及组织对组织内行为影响的规律，其目的是应用这些知识来提高组织的效能。

组织行为学主要的研究对象是组织中人的心理和行为的规律性。作为管理者，希望组织能够达到最优的绩效结果，而组织绩效目标的实现，有赖于高绩效的员工。因此，组织行为学可以帮助管理者在掌握了一定组织中人的心理和行为规律性的基础上，提高预测和引导员工行为的能力，同时提高员工的绩效，继而达到组织的目标。

读一读

神话还是科学

假设你在大学选修了一门微积分课。上课第一天，老师让你们拿出一张纸并回答以下问题："如果该函数为凸曲线，当它的一阶导数为零时，为什么它的二阶导数为负?"你可能根本回答不了，并且可能会这样问老师："我怎么知道？这正是我要选这门课的原因呀!"

换一个场景，假设你在组织行为学的课堂上。上课第一天，老师让你们拿出一张纸并回答以下问题："为什么今天对员工的激励方法与30年前的不同?"你可能会不大情愿，但你还是会提笔写出来。无疑，对这个有关激励的问题，你还是可以说出点什么的。

上面两个场景表明，在教授组织行为学课程时，我们面临一个挑战，那就是你在学习这门课前已经有了很多信以为真的先入观念，而且可能认为自己对人类的行为颇有了解。但通常，在学习微积分、物理学、化学，甚至会计学等课程时，不会出现这类情况。因此，与许多其他学科不同的是，组织行为学不仅要向你介绍全套的概念与理论，还要面对很多业已被接受为"事实"的内容，它们是你多年来对人类行为和组织所形成的解释。例如，"你无法教会一个老员工学习新技能""快乐的员工就是高效率的员工""三个臭皮匠，顶个诸葛亮"等。组织行为学课程的一个目的是，用具有科学依据的结论取代那些流行的、人们通常不加思考就接纳了的观念。

（资料来源：斯蒂芬·罗宾斯，蒂莫西·贾奇．组织行为学：第16版[M]．北京：中国人民大学出版社，2016.）

业务演练

任务主题：组建学生社团。

任务导入：学生社团是指学生在自愿基础上结成的各种群众性的文化、艺术、学术团体。开展学生社团活动，可以活跃学校学习气氛，提高学生自治能力，丰富课余生活。学生社团的种类很多，大多可以分为两类：一类是技能提升类，如摄影社、美工社、篆刻社、歌咏队、剧团、篮球队、足球队等；另一类是人文素质类，如志愿服务社团，各种学术、社会问题研究会等。

任务要求：

1.4~6人一组，模拟组建一个学生社团，通过小组讨论，就以下事项达成一致意见。

■ 拟组建的学生社团名称是什么？

■ 学生社团的宗旨和目的是什么？由多少人构成？

■ 学生社团如何分工协作？

■ 如何才能在众多社团中出类拔萃、独领风骚呢？

2. 讨论时间为20分钟。

任务呈现：将小组讨论的结果以思维导图的形式呈现。

任务二　管理技能测评

知识准备

想一想

寻找你见过的最好的公司和最成功的人，他们具有什么特点。

一、管理者的职能

管理者应该做什么工作？哪些工作是可以放权的？哪些是自己重点要抓的？这就涉及管理者的职能。管理者的职能有四种：计划、组织、领导和控制（见图1–1）。

图1–1　管理者的职能

计划职能要求管理者能拟定组织的愿景和使命，分析内外环境，确定组织目标，并选择能够达到目标的路径。具体来说，就是要求管理者能够根据组织目标，提出组织前进的方向和方法；能够根据现有的资源，抓住外部的机会并规避外部的风险，最终表现为拟定一套中长期的工作方案和预案。

组织职能要求管理者根据目标来设计组织结构、分配任务资源，明确每个岗位的权利义务。具体表现为，管理者要根据目标将计划分配落实到人，决定好由哪些人负责完成哪部分计划，谁向谁报告工作，权利义务有哪些，如何相互协调和配合等问题。

领导职能要求管理者指引目标方向，激励员工士气，打造企业文化。具体表现为，管理者要协调激励下属，指导别人的活动，选择最有效的沟通渠道并解决成员之间的冲突等。

控制职能要求管理者对组织的绩效进行监控，纠偏组织行为，控制内外风险，收集信息反馈等。具体表现为，管理者在拟订计划的同时，要建立一套控制机制，定期考察计划的落实情况，及时纠正错误行为。同时也要根据不断收集的信息，确保计划仍然有效，比如现在的环境是否和制订计划时一样，如果环境变了计划本身是不是也需要改变等问题。

二、管理者的技能

成功的管理者应具备以下三种技能。

1. 技术技能

技术技能包括应用专业知识或技术的能力。例如，具有计算机科学、财务、会计或者制造等专业知识或技能。技术技能也并非只有通过学校教育或正规培训才能获得。所有的工作都需要一定的专业知识，许多人的技术技能是在工作中培养出来的。对于基层管理者来说这些技能是重要的，因为他们直接处理雇员所从事的工作。

2. 人际技能

人际技能指的是一个人在群体中理解他人、与他人沟通、激励他人、支持他人的能力。许多人在技术上颇为出色，但在人际技能方面却有所欠缺。具有良好人际技能的管理者能够使员工充满热情和信心，这种技能对于各个层次的管理者都是必备的。

3. 概念技能

概念技能指的是管理者对复杂情况进行抽象和概念化的能力。运用这种技能时，管理者必须能够将组织看作一个整体，理解各部分之间的关系，想象组织如何适应它所处的大环境。尤其对于高层管理者来说，这种技能是非常重要的。

综上可以看出：概念技能越到高层越需要，它实质上是综合分析的能力；技术技能是低层管理者，特别是偏向具体业务的管理者更为需要的；人际技能无论是高层、中层还是基层管理者，都同样需要。

读一读

科学天才张亚勤的百度流浪之旅

从2014年到2019年，张亚勤身为总裁跟随百度度过了多次转型和艰难时刻，却在百度即将步入正轨的时候，意外选择了退休离开。

先后经历了陆奇时代和马东敏回归，张亚勤尽管不是最关键的那个人，却也一直是百度的重要人物。从移动互联网到人工智能，百度业务重心和组织架构数次大调整，张亚勤也辗转负责公关、国际化、智能云等多项事务。更多时候，张亚勤在百度的内外夹缝中扮演着发言人和护航者的角色。

在人才辈出的互联网行业里，张亚勤绝对算得上是金字塔尖上的成员。12岁成为当年中国最年轻的大学生，23岁获得美国乔治·华盛顿大学电子工程博士学位，31岁成为美国电气和电子工程师学会百年历史上最年轻的院士，34岁执掌微软亚洲研究院，38岁成为微软全球副总裁，54岁任百度总裁并负责多项核心业务。

作为一名科学家，张亚勤拥有60多项专利，并发表了500多篇学术论文和专著；作为一名企业管理者，张亚勤在相继任职微软和百度时，分别帮助两家公司在关键时期作出了变革。

张亚勤在百度任职的近五年时间，负责了多个业务群组，包括技术体系、自动驾驶、云计算、5G、量子计算、芯片，还包括百度国际化发展、金融和教育业务的探索。

值得一提的是，张亚勤为百度提出了“ABC”概念，即AI（人工智能）、Big Data（大数据）和Cloud Computing（云计算）三位一体，孤立的都没有价值，只有三位一体才能实现真正意义上的人工智能。他认为，未来五年，这三大业务领域都有可能诞生超过百亿元规模的新业务。

在2017年举办的第五届世界互联网大会上，张亚勤在接受腾讯深网专访时曾明确阐述过他对“云”的理解，即云已经到了新的阶段。张亚勤说：“云的1.0时代，云是基础技术，是一种路网设施，是把计算、存储、网络变得像水电煤一样，变成一种服务；云的2.0时代，更重要的是云之上的，如数字的服务，人工智能的能力，百度ABC智能云是人工智能到企业的载体。”

张亚勤所主推的云业务在百度最近一次财报上首次得到了披露：2018 年第四季度，百度云营收达到 11 亿元。

在人才引进上，张亚勤也有着自己的理解。在过去很长一段时间，张亚勤与李彦宏谈论最多的话题是人才，尤其是培养年轻人。他曾经说："很多年轻人可能对产品的体验比我们更清楚，'60 后'坐在办公室做产品的决定其实是很困难的。所以对我来讲，我们要清楚这些局限，让一线的本身使用产品的人来做这些决定。"

（资料来源：本文来自微信公众号"腾讯深网"，作者相欣，有删减。）

业务演练

任务主题：管理技能测评。

任务导入：人们经常会问，潜在雇主如何评判应聘管理岗位的应聘者的管理技能？通常，潜在雇主可通过很多种方式衡量应聘者的管理技能，比如说，在面试中设置恰当的问题来了解应聘者的软能力，以及邀请应聘者参加能力测评等。

任务要求：根据下面的规则，对每道题的答案进行评分。

规则：5 分，我一直这样做；4 分，我经常这样做；3 分，我有时会这样做；2 分，我很少这样做；1 分，我从不这样做。

评分时注意，标有 * 的问题要反过来计分：1 分，我一直这样做；2 分，我经常这样做；3 分，我有时会这样做；4 分，我很少这样做；5 分，我从不这样做。

问题：

1. 当我有许多工作或者作业要做时，我会设定它们的优先权限并按照每一项工作的截止期来进行组织安排。

2. 大多数人会认为我是一个善于聆听的人。

3. 当我自己决定采取某一个特定的行为过程（例如，要培养某种爱好、要学习某种语言、要完成某项工作、要参与某个特定项目）时，我通常会考虑，如果我做出选择，那么从长远（3 年或更长）看它对我的意义是什么。

4. 我喜欢技术或数学方面的课程，而不是那些包括文学、心理学或者社会学方面的课程。

5. 当我与他人发生意见不一致时，我仍然会与人沟通，解释理由并最终促使双方达成一致。

6. 当我有一个项目或者任务需要完成时，我肯定要研究它们的局部细节，而不是仅仅关注那些主要问题。

7. 我宁愿坐在计算机旁，也不愿花费大量时间与周围的人们交流。

8. 我会尝试邀请他人一起参加某项活动或讨论。

9. 当我在学习一门功课时，我会将课堂所学的知识与自己所学过的其他课程或者在别处学到的概念相联系。

10＊. 当有人犯错误时，我想帮他（她）改正错误并让他（她）知道正确的答案或方法。

11. 当与人交谈时，我应该做的是有效地利用自己的时间，不要为能否迎合他人而担忧，因此，我能够处理好自己的现实工作。

12. 我知道自己的长期职业目标、家庭目标和其他目标，并且考虑得非常仔细。

13. 在解决问题时，我宁愿分析一些数据或统计报表，而不是与有关群体进行交流。

14＊. 当我参加团队工作时，有人会不愿意承担自己的全部工作。通常，我会向我的朋友们发牢骚，而不是直接去教育这个行为散漫的人。

15. 讨论自己的想法或一些理念能够让我感到兴奋和激动。

16. 用这本书来教授管理课程真的是浪费时间。

17＊. 我认为，应该对人有礼貌，并且避免伤害他人的情感。

18. 相对人而言，我会对数据或事情更感兴趣一些。

概念技能总分（1，3，6，9，12，15 的得分之和）＿＿＿＿＿＿

人际技能总分（2，5，8，10，14，17 的得分之和）＿＿＿＿＿＿

技术技能总分（4，7，11，13，16，18 的得分之和）＿＿＿＿＿＿

要成为一名好的职业经理人，必须具备上述三种技能。在理想的情况下，一名合格的经理人通常这三种技能都很强（但也不一定要完全一样）。如果在某方面的能力还很弱，就要参加相关的培训以提高这方面的技能。①

任务呈现：每位同学思考自身在概念技能、人际技能以及技术技能三个方面的评分，并分析自己的优势和弱项分别是什么，如何在大学期间进行提高。

① 理查德·达夫特，等. 组织行为学［M］. 北京：机械工业出版社，2004.

练习题

我的期望

一、背景

无论是在一次沟通、一次活动，还是在一个项目中，只有知道对方到底想要什么，才能做到有的放矢，才能在相互满足对方需求的过程中实现最佳的效果。组织行为学是一门很有趣的课程，为了提高教学的效果，也为了帮助每位同学达到自己的学习目的，任课教师需要了解同学们的需求与期望。

二、基本要求

1. 参与人数：集体参与。
2. 时间：10 分钟左右。
3. 场地：教室内。
4. 道具：笔，“我的期望卡”（建议任课教师在开展团队作业前印制好）。

我的期望卡

姓名：____________　　学号：____________

我的期望：

1. ____
2. ____
3. ____

5. 应用：组织行为学课程教学的沟通与交流；引导学生参与制定团队学习目标。

三、作业规制和程序

1. 在结束第一个项目的教学任务，且同学们对组织行为学的整体框架有所了解后使用。
2. 任课教师要营造宽松和睦且能相互信任的氛围，并进行团队作业讲解。

3. 任课教师给每一位学生发一张“我的期望卡”，给他们2 分钟左右的时间填写学习组织行为学课程的目的是什么，以及想要从课程中得到什么。

4. 任课教师请学生分享自己的学习目的，并由任课教师对具有代表性的问题进行归纳汇总。

项目二

知人善用——个体心理与行为

【项目导入】

知人善用，是把合适的人放在合适的位置上。在企业中，如何知人，如何善用，这是本项目需要探讨的问题。本项目以人力资源管理实践中的招聘及定岗为例，研究人力资源管理过程中人的个体心理活动和行为规律，以确保更好地进行人职匹配，提高组织在选人过程中的准确性和有效性，从组织管理的源头把好关。

一、主题案例

当抑郁质人员做了销售

当今健身已成为一项深受年轻人喜爱的热门运动。小李是某健身会所一名有健身资格证的教练，他本是一位酒店管理专业的本科毕业生，毕业实习后感觉酒店行业越来越不景气，没有前途，在其导师的建议下，经过数月培训，考取了健身教练资格证。

小李单纯地认为，健身教练的职责就是了解人体机能、搭配营养膳食，以及指导会员如何合理恰当地使用健身器材。可是入职以后才发现，健身教练更重要的职责是推销，首先为会员做体能测试，然后向会员推销私人教练项目，从而为会所赚取高额利润。遗憾的是，小李的气质特征属于典型的抑郁质，不擅长与人交流，性格慢热、腼腆、内敛，喜好古诗词、哲学和瑜伽等，喜欢独处、隐居的生活方式。小李经常与同事抱怨："如果早知道教练需要销售，就不会选择这行了，现在一来健身会所就感到痛苦和绝望；给客户推课说不出口，不好意思，自己的感受是比客户还要尴尬！"

根据此案例分析，从个体角度来看，虽然小李具有从业资质，可是由于其个性与职业需求不匹配，导致其销售业绩差，经理经常找其谈话，更使其在工作中神经高度紧张，时常感到力不从心，连走路都无精打采，个体潜力得不到充分发挥，并且不断产生辞职的念头；从组织角度来看，虽然个体在很努力地工作，可是由于个体特征与职业类型不匹配，组织也无法利用此个体来创造最大收益。这形成了一种“组织不受益，个体很难受”的局面。虽然小李性格随和，不喜欢过分推销，因此受到大部分中老年客户群体的欢迎，但对于青年人这个主要健身消费群体来讲，小李却显得格格不入。每月的销售任务小李根本无法完成，对他而言每次销售业绩总结会都像批判大会。长此以往，容易形成恶性循环，对个体和组织而言都无法达到双赢。

通过上述案例，请思考：

1. 抑郁质有哪些气质特征？

2. 本案例对于招聘环节中的人职匹配有何借鉴意义？

二、学习目标

知识目标

1. 理解气质的含义。
2. 掌握知识、技能和能力的区别，及其在员工招聘工作中的应用。
3. 理解价值观与职业价值观的含义。
4. 掌握职业兴趣的分类。
5. 理解素质的冰山模型的含义。

能力目标

1. 能运用人岗匹配理论分析案例，提高招聘甄选的有效性和准确性。
2. 能通过职业价值观的测试，使学生更好地对自己的职业生涯进行规划。
3. 掌握如何在组织管理中应用员工的气质、能力和性格差异，充分发挥他们的积极性。

任务一　知人

知识准备

心理学上所谓的个性，指的是一个人在生活实践中经常表现出来的本质的、比较稳定的、带有一定倾向性的个体心理特征的总和。个性的不同会导致行为、态度等的不同。

个性心理由两个方面组成：一是个性心理倾向，即人进行活动的基本动力，是个性结构中最活跃的因素（包括需要、动机、兴趣、理想、信念和世界观），较少受生理因素影响，且主要是在后天的社会化过程中形成的；二是个性心理特征，是指一个人身上经常地、稳定地表现出来的心理特点（包括气质、性格和能力），比较稳定，是较早形成的。

一、气质

1. 气质的定义

心理学中的气质概念内涵较窄，它与日常生活中运用的脾气、秉性、性情等意义近似，但不完全是指风度气质。现代心理学把气质定义为：气质是指表现在人的心理活动和行为动力方面的稳定的个人特点。

读一读

气质的故事

甲、乙、丙、丁四个人都去戏院看戏，可是都迟到了，被检票员分别拦在了放映厅门口，说要等到中场休息时方可进入。甲与检票员吵了起来，不顾检票员的阻拦想强行闯入戏院；乙因为与检票员沟通不畅，四处寻找机会，发现供工作人员进出的边门没有锁好，就溜了进去；丙规规矩矩地等在放映厅外，等到中场休息时进入；丁叹息自己运气不好，抱怨自己倒霉，闷闷不乐地回家去了。

思考：甲、乙、丙、丁的气质是否一样？各自具备什么特点？

2. 气质的类型

古希腊医生希波克拉底提出的气质体液说认为，人体内有四种液体，即血液、黏液、黄胆汁、黑胆汁。这四种液体在个体身上的不同组合，就形成了四种不同类型的人。血液占优势的人是多血质，像春天，润而湿；黏液占优势的人是黏液质，像冬天，冷而酷；黄胆汁占优势的人是胆汁质，像夏天，热而躁；黑胆汁占优势的人是抑郁质，像秋天，冷而躁。这种学说对气质类型的命名一直沿用至今。

（1）多血质

多血质个体像春天，润而湿，其表现特点为：灵活机智、精力旺盛、思维敏捷，容易激动、活泼好动、注意力易转移，情感外露、易粗心大意、缺乏忍耐力和毅力、情绪多变，代表人物是《三国演义》中的曹操。多血质的人较适合从事社交性、文艺性、多样化、要求反应敏捷且均衡的工作，而不太适合从事过细的、单调的机械性工作。

（2）黏液质

黏液质个体像冬天，冷而酷，其表现特点为：坚定顽强、稳重、沉着踏实、耐心谨慎、自信心足，自制力强、善于克制忍让、规律性强，心态平和、情绪不外露、沉默寡言，反应缓慢、不够灵活、易循规蹈矩，代表人物是《西游记》中的沙僧。黏液质的人较适合从事有条不紊、刻板平静、耐受性较高的工作，而不太适合从事激烈多变的工作。

（3）胆汁质

胆汁质个体像夏天，热而燥，其表现特点为：精力旺盛、行动迅速、思维敏捷，性情直率、大胆倔强、做事果断，自制力弱、易冲动、性情急躁、主观任性，有时会刚愎自用，代表人物是《西游记》中的孙悟空。胆汁质的人较适合从事反应迅速、动作有力、应急性强、危险性较大、难度较高的工作。

（4）抑郁质

抑郁质个体像秋天，冷而燥，其表现特点为：敏感多疑、谨慎细心，体验深刻、易察觉到别人察觉不到的细节，易幻想、含蓄、做事稳妥可靠、感情专一，行动缓慢、多愁善感、不果断、信心不足、胆小孤僻、拘谨自卑，代表人物是《红楼梦》中的林黛玉。抑郁质的人能够兢兢业业干工作，适合从事持久细致的工作。

练一练

试分析《红楼梦》中这四位人物的气质类型？

王熙凤

史湘云

薛宝钗

林黛玉

3. 气质的应用

想一想

◈ 人的气质类型容易改变吗？

◈ 气质有没有好坏之分？

气质虽然在人的实践活动中不起决定作用，但却有一定的影响。气质不但会影响活动进行的性质，而且可能会影响活动的效率。因此，气质对于组织生产、教育培训员工、选拔人才、社会分工等都具有重要的意义。在人力资源管理过程中，我们应做到如下几点。

（1）在招聘与甄选中，根据气质特征，因人而异地安排工作、选择职业，如多血质的人适合社交、多交往的工作，如采购、后勤、公关、谈判；胆汁质的适合应急性强、冒险大的工作，如抢救、救护等；黏液质的适合原则性强的工作，如人事、调查、保管等；抑郁质的人适合平静、刻板、按部就班的工作，如会计、统计等。

（2）特殊职业、工种对气质有特殊要求，如飞机驾驶员、宇航员等，要经受高度的身心紧张，要求有极其灵敏的反应，敢于冒险和临危不惧，对人的气质提出了特定的要求。

（3）根据气质类型特点因人制宜、有的放矢地做好教育和培训工作。如对胆汁质的人要注意避免硬碰硬，要动之以情，晓之以理，与之交往可以直来直去；对多血质的人的教育不仅要直，而且要加大刺激，不能和风细雨，否则不能引起他们的重视；对黏液质的人，应注意耐心，提出问题要给他们回味的时间；对抑郁质的人，说话要谨慎，多以肯定、积极的语言鼓励，少在大众面前批评，以免刺伤其自尊心。

（4）工作中要注意不同气质人员的适当搭配和互融互补。如对先进纺织工人所做的研究发现：看管多台机床的一些纺织女工属于黏液质，她们的注意力集中，工作中很少分心，这在及时发现断头故障方面是一种积极的特征，这种稳定性补偿了她们从一台机床到另一台机床转移注意力较为困难的缺陷；另外一些纺织女工则属于多血质，较为活泼，她们的注意力比较容易从一台机床转向另一台机床，这种注意力易于转移就补偿了注意力易于分散的缺陷。这两类女工的搭配不仅实现了“以人为本”的管理，而且提高了工作效率和质量。

在现实生活中，大多数人都是近似于某种气质，同时又具有其他气质的一些特征，所以，在判断某一个体的气质和行为模式时，需要综合以上各种特征（见表 2-1），再放到一定环境中进行具体分析。

表 2-1　　　　气质与职业的匹配

气质类型	多血质	黏液质	胆汁质	抑郁质
气质特点	活泼好动、情感外露、灵活机智、思维敏捷、精力旺盛、注意力易转移等	沉着踏实、耐心谨慎、规律性强、情感不易外露、善于克制忍让等	热情直率、性情急躁、思维敏捷、行动迅速、主观性强、做事果断等	敏感多疑、体验深刻、谨慎细心、含蓄、稳妥可靠、易察觉别人察觉不到的细节等
适合职业类型	政府或企事业管理者、公关人员、驾驶员、律师、运动员、公安等	外科医生、法官、教师、财会人员、播音员等	推销员、导游、节目主持、外事接待人员、演员、勘探工作人员等	机要人员、人事、秘书、编辑、档案管理、化验员等
岗位气质要点	公关人员：活泼好动、灵活机智、思维敏捷、精力旺盛等	教师：沉着踏实、耐心谨慎、规律性强、善于克制忍让	推销员：热情直率、思维敏捷、善于沟通、行动迅速等	机要人员：敏感、体验深刻、谨慎细心、含蓄、稳妥可靠等

另外，气质类型本身并无优劣之分，每一种气质类型都有积极和消极的成分。例如，黏液质的个体表现迟缓、冷漠和缺乏活力是其不足，但这种气质的个体在沉着、自制和毅力方面的表现又是其他类型所不及的。实验研究证明，气质特点只能影响智力活动的方式，不能预先决定个体的成就和智力发展的高低。

人力资源专员的气质特点

查找资料，思考人力资源专员这个岗位的核心素质是什么？分析该岗位所需人员的主导气质特点和所属类型是什么？哪种气质类型的人适合担任人力资源专员一职？

二、知识、技能与能力

知识、技能与能力是我们日常生活中经常用到的三个词汇，我们常常会说某个人的能力比较强，某个人的能力比较差。但能力究竟是什么？能力与知识、技能有什么区别？下面我们将一一介绍。

1. 知识

知识是人类在实践中认识客观世界（包括人类自身）的成果，指人们所掌握的人类改造自然和改造社会的历史经验。相对来说，知识是最容易获得的，尤其是随着互联网的发展，我们要想获得某一方面的知识只需上网搜索查找即可。知识的学习几乎是瞬间就能完成的，知道和不知道也可以在瞬间完成转换。例如，你想要知道中国有多少个省，只需要在网上搜索一下就可以马上知道。

2. 技能

技能是人们通过练习而获得的操作程序，包括动作技能和心智技能。技能一般用熟练程度来衡量，例如，开车的技能就是用你的熟练程度来衡量你的驾驶水平。而知识一般用广度和深度来衡量。

技能更多是一种操作能力，是对知识的运用能力，完全可以通过不断的练习来提高，熟能生巧一般说的就是技能。我们在日常生活和工作中，使用最多的就是技能。我们只需要熟练掌握某一项专业技能，就能找到一份养活自己的工作。例如，你做饭水平很高就可以做一名厨师，你会理发就可以做一名理发师，你车开得好就可以做一名司机，你账做得好就可以做一名会计，等等。有些人之所以很难找到一份养活自己的工作，是因为他要么没有掌握某一项专门的技能，要么技能太差，以致不能胜任工作的需要。

3. 能力

（1）能力的定义

能力是学习、掌握知识和技能的基础与前提，并影响到掌握知识和技能的快慢及程度。

（2）能力的分类

1）按适用范围可将能力分为一般能力和特殊能力。一般能力往往指的是智力，如观察力、记忆力、思维力、注意力、想象力等。特殊能力又称为专门能力，如数学能力、音乐能力、教育能力等。

2）按创造性成分可将能力分为模仿能力和创造能力。模仿能力，如绘画和习字时的临摹等。创造能力，如文学创作、技术革新、方法改进等。

3）按功能可将能力分为认识能力、操作能力和社交能力。认识能力是个体用于学习、理解、分析和概括的能力。操作能力，如劳动能力、体育能力、试验能力、制作能力等。社交能力，如组织能力、管理能力、领导能力、语言感染力等。

4）按指向可将能力分为认知能力与元认知能力。认知能力，如观察能力、记忆能力、注意能力、思维能力等。元认知能力是个体对自己的认知活动的评价和监控能力，它表现为人对自己内心正在进行的认知活动的认识、体验和监控。认知能力指向的是认知信息，元认知能力指向的是个体的认知活动本身。

（3）知识、技能和能力三者的关系

知识、技能和能力不是并列关系，而是“你中有我，我中有你”的关系。知识和技能是能力的基础，也是能力的一部分。能力反过来会促进知识的学习和技能的提高。

知识是不能迁移的，我们平常所说的隔行如隔山就是这个意思，每一门学科都有其专门的知识体系。

技能在相近的领域是可以迁移的，但绝大多数技能之间也是无法迁移的。你会骑自行车对学习骑电动车有帮助，这就是迁移的作用。但会骑自行车对学习开汽车没有帮助，对学习厨师就更没有帮助了。

能力的很多部分是可以迁移的，这是能力最大的特点。能力强的人干任何工作都可以很快适应，这就是有的人不管换什么工作都可以很快上手的原因。

（4）知识、技能和能力在管理中的应用

想一想

一名高绩效的技术人员一定是一名很好的管理者吗？

一名技术骨干所具备的能力主要体现在三种能力上：一是专业化能力；二是精准化完成工作的能力；三是独立作战能力。也就是说，技术骨干的工作角色就是能够按照标准的操作程序执行所承担的工作或任务。

在一些高科技公司里，许多中高层管理人员都是由技术骨干提拔上来的。这些技术骨干在公司工作时间较长、通晓业务，是公司内比较合适的管理人员人选。当技术骨干被提升到管理岗位后，他将面临角色定位、思维模式、工作方法、工作技能的一系列转变和提升。但很多企业在这个环节缺乏必要的辅导和帮助，导致企业失去了一名优秀的技术骨干，而增加了一名蹩脚的管理者。

技术和管理需要不同的思维方式、不同的解决问题的思路和方法。管理者在管理中要面对更多的不确定性。在管理员工和管理决策上信息相对缺乏时，既要在各种资源、目标和现实条件之间做出平衡，更要以大局的视角来考虑和解决问题。由于技术骨干往往在工作过程中更加注重专业技术技能的培养和提升，忽视了对管理体系知识的积累，造成缺乏全局意识、知识面狭窄、影响力弱、问题观察角度单一、缺乏解决问题的手段、管理素质能力训练不足等问题。这些都加大了从技术走向管理的跨度，如果不能很好地解决，将会给企业和员工本人带来非常不利的影响。为了适应全新的工作要求、定位和挑战，拥有技术背景的管理人员必须培养和修炼能够胜任管理角色的职业意识与管理技能。

三、价值观

1. 价值观的定义

价值观是指一个人对周围客观事物（包括人、事物）的意义、重要性的总体评价和看法。价值观体系代表了在一个人的思想观念中对各种事物价值评价的优先次序。

例如，死刑这种惩罚是对还是错？如果一个人喜欢权力，是好还是坏？这些问题的答案都涉及价值观的问题。

想一想

生命诚可贵，
爱情价更高。
若为自由故，
二者皆可抛。

——［匈］裴多菲

问题：这首诗中体现了怎样的价值观？

2. 价值观分类

从事组织行为研究的专家对于价值观的类型，提出了很多的分类学说，在此主要介绍美国心理学家高尔顿·奥尔波特的价值观分类（见表 2-2）。

表 2-2　价值观分类

类型	特点
艺术型	以感受事物的美为最大价值
经济型	以谋求利益为最大价值
权力型	以掌握权力和利用别人为最大价值

续表

类型	特点
社会型	以帮助别人和人际协调为最大价值
宗教型	以超脱的生活和满意的体验为最大价值
理论型	以探求知识真理和事物的本质为最大价值

奥尔波特及其助手通过测量个体的价值观偏好，分析不同人群价值观偏好的差异性。通过这种方法，人们可以发现，在不同的工作环境下这六种价值观对不同的人有不同的重要性。

四、职业价值观

价值观在职业选择上的反应，称为职业价值观，也称为职业锚。职业锚理论由美国组织行为学家施恩创立，它既是人们选择和发展自己职业时所围绕的中心，也是当人被迫做出职业选择时不会放弃的最重要的价值观。随着一个人在职业成长中不断获得经验，他会越来越清楚自己擅长和不擅长什么，喜欢和不喜欢做什么，重视和不重视什么，直到他对自身的胜任能力、动机和价值观有一个清晰的自我概念，这个自我概念就是他的职业锚。职业锚只有在人们有了足够的职业经历，并且明确了胜任能力（我能做）、动机（我喜欢）和价值观（我认可）是什么之后，才能真正确定和认准。施恩将职业锚分为以下八类（见表 2-3）。

表 2-3　职业锚的分类

类型	特点
技术型	强调技术并不断成长，职业发展围绕自己所擅长的技术或专业能力而进行
管理型	希望成为管理人员，倾心于权力，升迁动机强烈，成为组织的高层管理者是他们的最终目标
创造/创业型	创造欲强，爱冒险，意志坚定，这种人的职业发展大都是围绕创造性活动或创业性活动展开的，如创办自己的企业
安全型	极为重视长期的职业稳定性和工作的保障，他们愿意在一个熟悉的环境中维持一种稳定的、有保障的职业
服务/奉献型	关注工作本身的价值往往具有较强的利他主义倾向，这类人从事的职业也会体现其个人价值观
自主/独立型	愿意自己决定事情，不依赖于他人，愿意选择自己安排时间、自己决定生活和工作方式的职业，如自由工作者

续表

类型	特点
生活型	喜欢允许他们平衡并结合个人需要、家庭需要和职业需要的工作环境，他们不喜欢只有工作而没有自己家庭生活的工作方式
挑战型	喜欢工作能够提供挑战，希望工作新奇、多变且困难，如果工作过于简单，可能马上就会感到厌烦，希望工作具有挑战性和成就感

有些企业会根据员工的职业锚测评来设计相应的管理方法。如丰田公司，参考员工的职业锚测评，帮助员工确定职业方向，并设计了员工轮岗制度，有效地促进了员工工作的积极性。

人力资源工作者还可以参考职业锚来辅助员工完成职业生涯设计和规划；丰富和完善培训体系，设计培训课程；针对特定人群，制定轮岗制度；作为任用和淘汰员工时的参照；有目的性地选择或培养人才；等等。

员工根据自己的职业锚测评，可以选择是到大企业做技术还是到小企业做管理；可以争取企业内部的转岗机会；可以钻研专业，成为某一领域的专业人士；可以利用专业和经验，成为咨询师或培训师；还可以转到其他行业。

五、职业兴趣

试想一下，你一定愿意去做觉得有价值的事情吗？约翰·霍兰德是美国约翰·霍普金斯大学心理学教授，也是美国著名的职业指导专家。他于 1959 年提出了具有广泛社会影响的职业兴趣理论。他认为人的职业个性类型及职业兴趣与职业密切相关，职业兴趣是人们活动的巨大动力，凡是具有职业兴趣的职业，都可以提高人们的积极性，促使人们积极地、愉快地从事该职业，且职业兴趣与职业个性之间存在很高的相关性。

如图 2-1 所示，平面六边形的六个角分别代表六种职业个性类型或者六种劳动者类型，连线距离越短，两种类型的相关系数就越大；连线距离越长，两种类型的相关系数就越小。若某种类型的劳动者从事与之相关系数大的职业，其结果是相互适应；若某种类型的劳动者从事与之相关系数小的职业，其结果是相互排斥。

在上述理论假设的基础上，霍兰德提出了职业个性类型与职业类型模式。不同类型职业个性的人需要不同的生活或工作环境，例如，实际型的人需要实际型的环境或职业，因为只有这种环境或职业才能给予其所需的机会与奖励，这种情况即称为人职匹配。为了更好地做到人职匹配，必须在招聘甄选环节把好关。如果类型与环境不匹配，则该职业就无法提供发展个人能力与兴趣所需的机会与奖励。霍兰德在《职业决

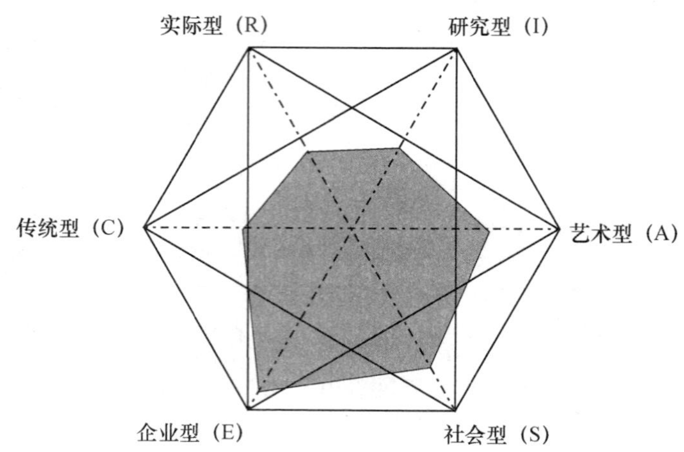

图 2-1　霍兰德六种职业个性类型之间的关系

策》一书中描述了六种职业个性类型的相应职业。在现实工作中，这六种职业个性分别是实际型、研究型、艺术型、社会型、企业型和传统型。每一特定职业个性的人，对相应职业类型中的工作或学习感兴趣。

· 实际型：务实，喜爱具有操作性的工作，倾向于使用一定的体力和操作技能完成工作，适合的职业有电工、牙医、外科医生和生物学工程师等。

· 研究型：善于分析，头脑灵活，具备科学精神，在做决定前一般喜欢搜集大量信息，对没有合理数据支持的观点会提出质疑，喜欢从事需要一定脑力劳动、进行一定逻辑推断的工作，适合的职业有教授、软件研发人员、经济学家、科学家等。

· 艺术型：充满创造力和想象力，喜欢从事需要创造力、想象力和具有弹性、适合发挥的工作，适合的职业有园艺师、美术设计师、导演或制片人、室内装潢设计师、画家和音乐家等。

· 社会型：拥有乐于助人的个性特点，有耐心和同情心，慷慨大方，具有良好的团队精神，容易与他人达成共识，适合的职业有心理老师、思想工作者、中介人等。

· 企业型：有竞争力，精力充沛，性格外向，他们往往最终能够成为企业家或团队领袖，适合的职业有经理人、销售代表、小企业主等。

· 传统型：适合从事有条理、有规范、有明确规章制度的，具有一定重复性的，偏于保守和谨慎的工作，适合的职业有银行出纳、会计、档案管理员等。

根据霍兰德的职业个性类型理论，在招聘决策中最理想的是，个体能够找到与职业个性类型相重合的职业，这样才容易得到乐趣和内在满足，也最有可能充分发挥自己的才能（见表 2-4）。因此，在职业选拔与职业指导中，首先就要通过一定的测评手段与方法来确定职业个性类型，然后再寻找到与之相匹配的职业。

表 2-4　　霍兰德六种职业个性类型与职业范例

类型	偏好	人格特征	职业范例
实际型（R）	需要技能、力量、协调性的体力活动	害羞、真诚、持久稳定、顺从、实际	机械师、钻井操作工、装配线工人、农场主
研究型（I）	需要思考、组织和理解的活动	分析、创造、好奇、独立	生物学家、经济学家、数学家、新闻记者
艺术型（A）	需要依靠创造性表达的、模糊的、无规则可循的活动	富于想象力、杂乱无序、理想化、情绪化、不实际	画家、音乐家、作家、室内装潢设计师
社会型（S）	能够帮助和提高别人的活动	好交际、友好、合作、擅于理解他人	社会工作者、教师、议员、临床心理学家
企业型（E）	那些能够影响他人和获取权力的活动	自信、进取、精力充沛、盛气凌人	法官、房地产经纪人、公共关系专家、小企业主
传统型（C）	规范、有序、清楚明确的活动	顺从、高效、实际、缺乏想象力、缺乏灵活性	会计、业务经理、银行出纳、档案管理员

想一想

当我知道了自己的职业兴趣后，我找的工作一定是我最有兴趣做的事情吗？

六、素质的冰山模型

冰山模型是美国著名心理学家麦克利兰于 1973 年提出的。所谓冰山模型，就是将人员个体素质的不同表现形式划分为冰山的水面以上部分和冰山的水面以下部分。冰山的水面以上部分代表知识和专业技能，属于智力素质；冰山的水面以下部分代表综合能力、个性特征、动机、价值观，属于非智力素质部分（见图 2-2）。智力素质是一个人获得知识和专业技能的基础，主要包括一个人的注意力、观察力、记忆力、思维能力和想象力，而思维能力是智力素质的支柱和核心；非智力素质也是一个人能力很重要的方面。

图 2-2　冰山模型

业务演练

子任务 1

任务主题：气质与岗位匹配在工作分析中的体现。

任务导入：C 企业是一家生产无人机的创业型公司，该公司组织结构不健全，没有单独的职能部门。随着业务的发展，该公司需要完善组织结构，拟招聘一名人力资源专员，在发布招聘广告之前，需进行岗位分析，并拟定一份工作说明书，其中要包含工作描述（事）和工作规范（人），以此作为撰写招聘广告的重要依据。

任务要求：5~8 位同学一组，完成以下任务。

1. 对该岗位进行工作分析，确定核心胜任能力（即显性和隐性特征）；

2. 将隐性特征与该岗位所需应聘者的气质类型进行匹配，并概括该岗位主导气质的表现特点；

3. 完善工作规范中隐性特征的描述，并按照模板撰写该岗位的书面工作说明书。

任务呈现：以 PPT 课件或 Word 文档形式呈现。

子任务 2

任务主题：全班每位同学撰写一份体现自己个性和能力的求职简历。

任务导入：在就业竞争激烈的今天，求职者总是想通过一些独具匠心的设计，让自己的个人简历在众多简历中脱颖而出。因此，个性突出、特征鲜明的简历会从众多简历中折射出光芒，吸引招聘官的目光。

任务要求：

1. 应聘岗位：某人力资源管理外包公司的人力资源专员。

2. 岗位职责：(1) 负责上门收集客户员工办理录用、社保、退工等方面的材料；(2) 负责办理社保申报、缴纳，并将信息及时准确录入系统；(3) 负责根据供应商或审计组核查的问题单，将相关数据录入系统；(4) 负责办理客户员工的各项福利；(5) 负责收集各类人事证件办理所需的资料；(6) 负责收集商业保险索赔的材料；(7) 负责答复员工和客户对以上服务的咨询；(8) 负责为客户提供日常事务政策咨询；(9) 根据客户要求进行上门拜访；(10) 完成上级布置的其他工作。

3. 任职要求：(1) 专科及以上学历，人力资源管理专业优先，有社保、住房公积金实际操作经验优先；(2) 熟悉劳动人事法规、地方人事政策；(3) 工作细致、主动，有亲和力，沟通协调能力强，责任心强；(4) 有良好的服务和团队合作意识；(5) 有良好的职业操守。

任务呈现：个人提交简历的PDF版本文档。

任务二　善用

知识准备

一、人岗匹配理论

想一想

怎么样才能做到人岗匹配？

高中生选择大学专业，什么专业才是适合自己的？

大学毕业生找工作，什么工作才是适合自己的？

管理者给员工进行工作安排，怎样安排才是最为科学合理的？

1. 什么是人岗匹配

人岗匹配，就是按照“岗得其人，人适其岗”的原则，根据不同个体间的不同素质将每个人安排在各自最适合的岗位上，从而做到“人尽其才，物尽其用”（见图 2-3）。众所周知，企业与个人是一个利益共同体，企业是个人职业生涯的舞台，为岗位挑选适合的人，这个人适合干什么，就尽量安排他到适合的岗位，充分发挥他的才能。只有这样，这个人才能在舞台上尽心表演，舞台也才会精彩。

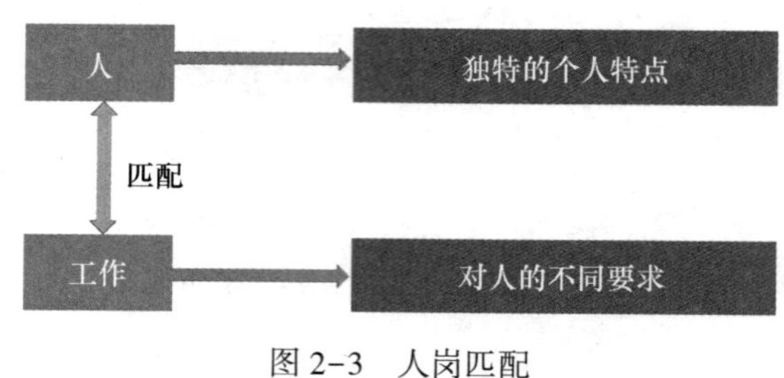

图 2-3　人岗匹配

2. 怎样进行人岗匹配

人岗匹配，一方面对人的职业发展而言，无疑有莫大的好处；另一方面对公司而言，把人才的作用最大化了，公司也会得到相应的回报。企业和个人只有这样，才能实现真正的双赢。那么，如何在企业实现人岗匹配呢？真正有效的人岗匹配至少需要做好知岗、知人、匹配三部曲。

（1）知岗：工作分析

人岗匹配的起点应该是知岗，因为只有了解了岗位，我们才能去选择适合岗位的人，这样才能实现人岗匹配。如果脱离了岗位的要求和特点，人岗匹配就会成为空中楼阁。知岗最基础也是最重要的工具就是工作分析，在人岗匹配中，它至少有以下四个作用：一是明确岗位所需人员的条件；二是确定岗位招聘人员所需的资历；三是根据其岗位职责确定其岗位薪资；四是根据岗位所需技能制定该岗位现有人员的培训发展计划。

工作分析的内容主要包括：

1）岗位名称拟订，用简洁准确的文字对岗位的工作任务作概括；

2）岗位工作任务分析，也就是调查研究企业中各岗位的任务性质、内容、形式，以及执行任务的步骤、方法，还有使用的设备、器具等；

3）岗位职责分析，包括工作任务范围、岗位责任大小和重要程度的分析等；

4）岗位关系分析，就是分析相关岗位之间有何种协作关系，协作内容是什么，员工受谁监督指挥又去监督指挥谁，这个岗位上下左右的关系如何，岗位升降平调路线方向如何等；

5）工作环境分析；

6）岗位对员工的知识、技能、经验、体力等必备条件的分析。

（2）知人：胜任素质

当我们知道了岗位的特点和要求后，就应该进入人岗匹配的关键环节，即知人。知人的方法有很多，如履历分析、纸笔考试、心理测验、笔迹分析、面试交谈、情境模拟、评价中心技术等。而胜任素质是帮助企业实现最佳人岗匹配的有效工具。

那么企业应如何通过胜任素质来知人，进而实现人岗匹配呢？企业可以通过建模、定标、评价、知人四个步骤来完成。

第一步：建模。

根据自身的企业文化和业务发展，建立起符合公司自身特点的岗位胜任素质模型。胜任素质从品质和能力层面论证了个体与岗位工作绩效的关系，既是个体的态度、价值观和自我形象，又是动机和特质等潜在的深层次特征，还是将某一工作（或组织、文化）中表现优秀者和表现一般者区分开来的基础。建模的具体方法如下。

1）根据岗位说明书和职位评估系统归纳总结岗位关键胜任要素，形成岗位胜任素质的模型框架；

2）通过管理访谈、管理层研讨，对模型框架作有针对性的调整和修正，并细化胜任特质的典型行为；

3）在初步的胜任素质模型基础上，形成评估要素列表，制定评估框架并选择、组合评估方法，从而建立起完整的胜任素质模型。

第二步：定标。

根据胜任素质模型评估各个岗位应该具备的能力。通过外部专家、内部管理人员、需评价岗位的直接上司、在岗人员及其下属，共同对该岗位所需要的胜任素质水平作出评估。同时，还应参考同类组织对相应岗位的要求，建立企业所有岗位的胜任素质标准。

第三步：评价。

通过对公司的管理诊断和评估，建立发展评价中心，包括心理测验（包括能力倾向测验、职业兴趣测验、动机测验、管理风格测验）、情境模拟（包括文件筐、无领导小组讨论、角色扮演、管理游戏、案例分析等）和专家面谈（包括结构化面谈、半结构化面谈和非结构化面谈）。

第四步：知人。

以人岗匹配为原则，根据所建立的胜任素质模型，应用已经建立的发展评价中心，对现有的关键岗位进行人员素质评估；根据胜任素质模型和参照标准，在胜任素质的各个维度上进行比较，对不能达到任职要求的人员进行调整和有针对性的培训。这保证了组织调整的顺利完成，并建立起了自身独立的知人系统，并将岗位胜任素质变成了企业的核心竞争力之一。

（3）匹配：知人善用

知人善用是实现人岗匹配的最后一步，也是发现并最大限度地利用员工的优点，把合适的人放在合适的位置，以及尽量避免人才浪费的最关键一步。“没有平庸的人，只有平庸的管理”，每个人都有自己的特点和特长，知人善用，让自己的下属去做他们适合的事情，这样才能充分发挥他们的工作潜能，从而实现人才的有效利用。许多成功的管理者都善于识人，并能把人才放在适当的位置上。

汉高祖刘邦就是一个知人善用的高手，他善于发现每一个人的特长，并根据人才的特长，将其安排到合适的岗位上，实现人岗匹配，让他们最大限度地发挥自己的积极性和作用，真正做到了“职得其人，人适其职”。例如，刘邦用张良出谋，萧何保后，韩信带兵，正如他所说的：“运筹帷幄之中，决胜千里之外，吾不如子房；镇国家，抚百姓，给馈赏，不绝粮道，吾不如萧何；连百万之众，战必胜，攻必取，吾不如韩信。”这正是刘邦在楚汉相争中最后获胜的根本原因。

作为一名管理者，首先要对员工的才能、兴趣等了然于胸，有了透彻的了解，才能针对特定的岗位选择适合的人，让合适的人做合适的事，达到人岗匹配的效果。当然，善用不是管理者的随心所欲，而是要按规律办事，在最适合的时机把最适合的工作分配给最适合的人，达到“人尽其才，才尽其用”。

业务演练

子任务

任务主题：“识人”的故事分享。

任务导入：请小组每位成员谈一个“识人”的故事，请着重说明这样几点内容（见任务要求）。

任务要求：1. 5~8 位同学一组，小组成员之间互相分享故事，注意以下几点内容：

· 根据对方的特点，预测他以后的工作行为如何？

· 这些特点的预测效果如何？

· 你觉得以后还可以如何改进你根据这些特点得出的判断方案？

· 如何把你的判断经验传授给他人？

讨论时间为 20 分钟。

任务呈现：将小组讨论的结果以 PPT 课件的形式呈现。

注意事项：

1. 详细描述故事的起因、经过、发展、结果；
2. 请小组成员共同投票，选出三个最有借鉴意义的故事，并向大家说明；
3. 总结归纳这三个故事，借鉴其他故事和课堂知识，设计一套小组选人方案；
4. 请用不多于 15 张 PPT，在 10 分钟内陈述你们对以上问题的答案，并回答大家可能提出的问题。

练习题

1. 人职匹配理论的核心要点有哪些？
2. 个性心理特征对招聘的影响有哪些？请举例说明。
3. 马斯洛需求层次理论与招聘广告的关系是怎样的？
4. 体验练习：根据个性特征完善招聘计划方案书。

在学习完招聘计划方案书后，小组需合作进行详细分析，并将其落实在书面计划方案书中。

该体验练习的具体要求如下。

· 5~8 位同学一组，请思考：招聘人力资源初级专员时需要测评应聘人员的哪些个性心理特征，以及分别需要用什么形式测评（如笔试、面试、心理测试等）？

· 讨论时间为 40 分钟。

· 将小组讨论的结果以 PPT 课件或 Word 文档的形式呈现。

项目三

有效识人——社会认知与归因理论

【项目导入】

在社会经济日益发展的今天，社会组织和企业中能对个体行为产生影响的主要是社会知觉，因而能够准确地进行社会认知，对于员工和企业来讲都是十分重要的。那么什么是知觉，什么又是社会知觉？如何规避社会知觉偏差造成的不利方面？如何利用归因理论解决实际问题？在本项目中，我们将对这些问题进行具体探讨。

一、主题案例

眼见真的为实吗？

星期三上午9点，张辰走进了一家机器零售店。店里有三个人：一个人靠在机器旁打瞌睡，一个人在修理一辆儿童自行车，还有一个人正在给“亲爱的”打电话。张辰见此情景，心里想：真是一帮游手好闲的人，如果我是他们的老板，早就把他们炒鱿鱼啦！

实际上，机器零售店里的真实情况是这样的：第一个员工为了赶着送出一批订货，已经连续工作24个小时了；第二个员工则是在利用他的假期完成公司发起的“给贫困儿童送玩具”活动；第三个员工也已经工作一整夜了，此时他刚有机会给生病的妻子打个电话。

思考题：

1. 张辰看到的现象和实际情况为什么会有如此大的偏差？以此案例为例，分析人的知觉有哪些特性，以及这些特性会对我们的行为造成什么样的影响。

2. 想一想自己在日常生活中是否碰到过和上述案例类似的情况，并思考今后将如何避免此类情况的发生。

二、学习目标

知识目标

1. 了解知觉的概念及特征，了解社会知觉的有关概念。
2. 掌握社会知觉偏差的典型效应及在管理活动中的规避方法。
3. 理解归因的有关理论。

能力目标

1. 提高在管理活动中认识他人的能力。
2. 提高运用归因理论解决实际问题的能力。

任务一　探索知觉的秘密

知识准备

一、知觉的概念及特征

1. 知觉的概念

知觉即人脑对客观事物整体属性的认识，也就是对客观事物的一种整体认识或反映。例如，我们通过眼睛看到一个事物具有花花绿绿的颜色、圆圆的形状，通过舌头感受到它具有甜甜的味道，通过手感受到它具有软软的质感，通过鼻子闻到它具有香香的气味，此时大脑会告诉我们它是糖果，这就是知觉。因此，知觉反映的是事物的意义和我们感受到的事物是什么，并尝试用以往的经验去认识和解释它。

知觉的形成涉及很多因素，这些因素的综合作用导致了不同的人对于同一事物可能产生不同的知觉。例如，在对授课教师进行期末授课评价时，对于同一位老师，有的学生的评价是优，有的学生的评价却会截然相反。这是因为知觉具有选择性，面对诸多信息，人们会根据自己的需要过滤掉大多数的信息刺激，而只注意自己感兴趣的几种信息，从而得出完全不同的结论。

2. 知觉的特征

知觉具有以下特征。

(1) 相对性

知觉的相对性即知觉是个体以其已有经验为基础，对感官获得的资料做出的主观解释，因此知觉经验是相对的。一般情形下，当我们看见一个物体后，并不能孤立地通过该物体来引起知觉的刺激，而是必须在同时看到该物体周围存在的其他刺激的基础上才能看到该物体。因而，物体周围其他刺激的性质与两者之间的关系，势必会影响我们对该物体所获得的知觉经验。

(2) 选择性

知觉的选择性即在知觉过程中，我们将要知觉的目标从背景中汇总区分出来，并给予清晰的反映。知觉的目标就是对象，未被知觉到的就是背景。在图 3-1 中如果我们以黑色为背景，知觉到的图形就是一个杯子；如果我们以白色为背景，知觉到的图形就是两个人。

(3) 整体性

知觉的整体性即我们可以把客观事物的个别特征加以整合，从而形成一个整体来反映。在图 3-2 中，虽然只画了一些关键的部分，但我们仍然能够清楚地知道这是一匹马，这是因为我们在看到这幅图的时候会根据我们以往的经验将关键部分连接起来形成了一个整体的认识。由此可以看出，我们在认识事物的时候是将事物当作一个整体来感知的。整体性包含接近性、相似性、连续性、封闭性等。接近性是指在空间或时间上相互接近的部分容易被感知为一个整体。例如，实验者先给被试者呈现一张图片，上面是一个在运动场上奔跑的男子，被试者认为他是在训练。接着给被试者呈现第

图 3-1　知觉的背景与对象

图 3-2　知觉具有整体性

二张图片，在他的前方有一位惊慌失措的姑娘，这时被试者认为是运动员在追逐这位姑娘。最后实验者拿出第三张图片，在这两个人身后的不远处是一头老虎。这时，被试者才明白了画面的真正意思：运动员和年轻的姑娘为躲避狮子而拼命地奔跑。

相似性是指当知觉对象在形状和性质上相近时，容易被感知为一个整体（见图 3-3）。

```
                    局部
            H                  S
       ┌──────────────┬──────────────┐
       │ H         H  │ S         S  │
       │ H         H  │ S         S  │
       │ H         H  │ S         S  │
   H   │ H H H H H    │ S S S S S    │
       │ H         H  │ S         S  │
       │ H         H  │ S         S  │
       │ H         H  │ S         S  │
 整体  ├──────────────┼──────────────┤
       │   H H H      │   S S S      │
       │ H         H  │ S         S  │
       │ H            │ S            │
   S   │ H H H H H    │ S S S S S    │
       │           H  │           S  │
       │ H         H  │ S         S  │
       │   H H H      │   S S S      │
       └──────────────┴──────────────┘
```

图 3-3　知觉具有相似性

连续性是指当知觉对象在空间和时间上具有连续性时，容易被感知为一个整体。在图 3-4 中，A 为一条完整的曲线，我们倾向于把 B 也归结为一条相似的曲线。类似的，如果发生了偷盗等案件，我们倾向于认为最后一个出入案发现场的人嫌疑最大。

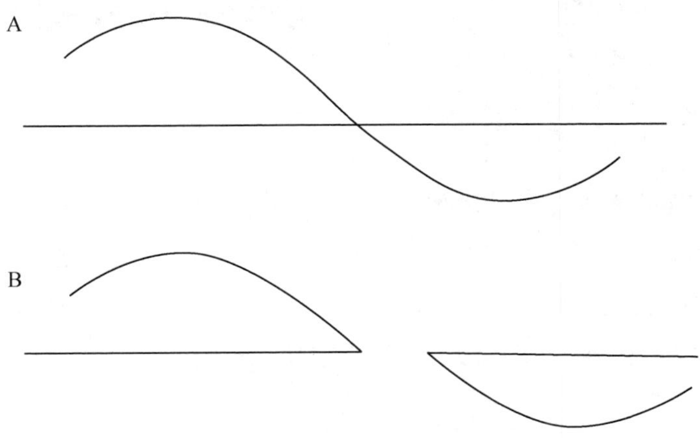

图 3-4　知觉具有连续性

封闭性是指即使在视觉中客观上存在缺口的图形，我们在知觉时也会利用已有的经验将其知觉为一个封闭的整体。例如，在图 3-5 中，我们可以较为容易地将图片知觉为一只熊猫。

（4）理解性

知觉的理解性即人们会根据已有的经验来解释和描述当前知觉到的目标，并赋予其一定的含义。我们常说，有一千个读者就有一千个哈姆雷特，对于同一个对象，因为主体的知识经验不同，所以对其赋予不同的含义，就产生了不同的知觉效果。在公司中，对于老板批评这件事，有的员工能从中吸取教训并再接再厉，有的员工则会一蹶不振。在图 3-6 中，你能看到图片中的是什么人物吗？有的人可能说是一个美丽的少女，有的人可能说是一个老妇人，这正是由于对图片的理解不同所致。

图 3-5　知觉具有封闭性

图 3-6　知觉具有理解性

（5）恒常性

知觉的恒常性即当外在条件发生变化时，我们的知觉仍会具有保持不变的特性。恒常性包括大小恒常、颜色恒常、亮度恒常、形状恒常。例如，公司的员工小王身高一米八，无论他离我们多远，我们都认为他是一米八，不会因为距离的远近而改变。图 3-7 中，无论门怎么变化，我们仍然认为它是一扇门，且它的长、宽、高都是不变的。

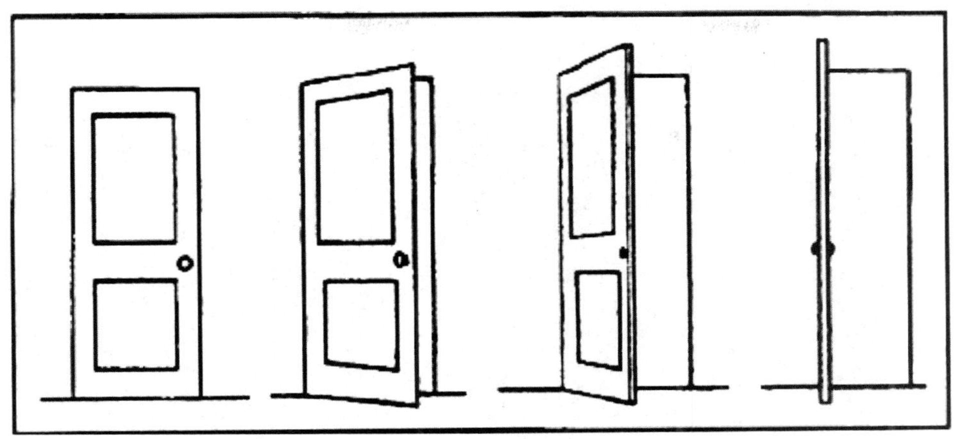

图 3-7　知觉具有恒常性

读一读

错觉

错觉，即因知觉不能正确地解释或表达事物的特性而产生的歪曲的知觉。只要存在产生错觉的条件，错觉就一定会产生。

一、几何错觉

1. 箭形错觉：同样长的线段，但由于箭头的指向不同而产生了大小不同的错觉。

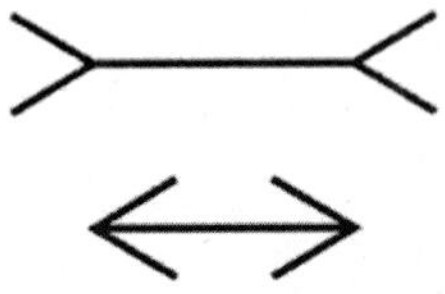

2. 贾斯特罗错觉：本来是两条等长的曲线，但会产生下面曲线比上面曲线长些的错觉。

3. 冯特错觉：两条平行线由于附加线段的影响，使人产生了中间变宽两端变窄的错觉。

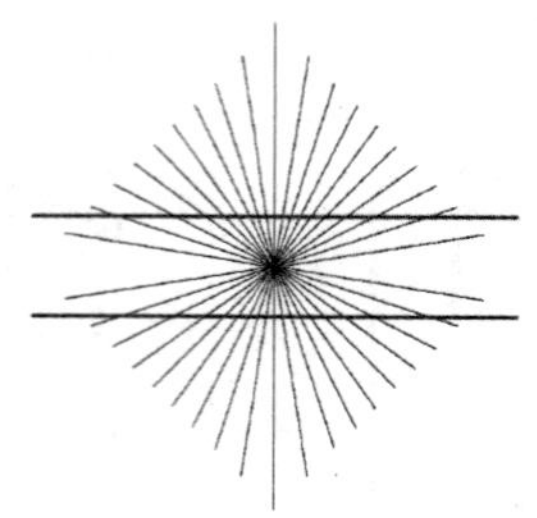

4. 潘佐错觉：两条相交的辐合线中间有两条等长的线段，会使人产生上面线段比下面线段长的错觉。

5. 垂直—水平错觉：一条垂直于另一条等长线段中点的线段，会让人产生垂直线段比水平线段长的错觉。

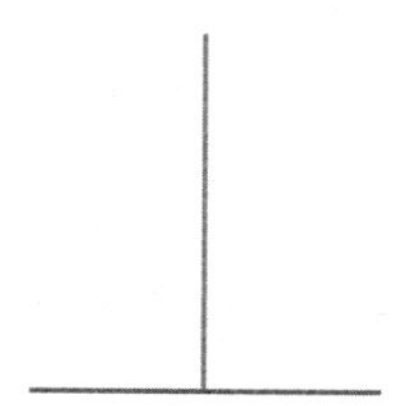

二、生活中的错觉

利用对比错觉来制定商品的价格。面对价格，人们会有小数价格远比整数便宜的错觉，例如，19.9 元虽然不到 20 元，但实际却只便宜 0.1 元。

利用错觉来促进商品销售。商家把大小不一但价格相等的商品放到一起销售，人们就会觉得买大的比买小的合适，这样，消费者就有一种占了便宜的错觉，从而也就促进了商品的销售。

二、知觉的影响因素

影响知觉的因素有很多，主要可以归结为知觉主体、知觉对象和知觉情境。

1. 知觉主体

知觉主体本身的个体差异会对知觉产生影响，如知觉主体的态度、需要与动机、兴趣、经验、个性等。

（1）态度

人们对待事物的态度不同，所选择的外部刺激也不同，导致知觉的结果也不同。人们一般会注意那些与自己原有观念一致的信息，或者是自己需要的信息，或者是将外部刺激进行符合自己态度的解释和歪曲所产生的信息。因此，人们容易记住自己感兴趣的信息，而比较容易遗忘自己不感兴趣的信息。

（2）需要与动机

需要是指有机体内部的一种不平衡状态，表现为有机体对内部环境或外部生活条件的一种稳定的要求；动机是对人的行为的激发、维持和指引，是使其行为朝向某一目标的内部动力。一个人的需要与动机会影响知觉的选择，当一个人的某种需要或动机特别强烈时，他的知觉活动会直接指向能满足其需要或符合其动机的事物。

（3）兴趣

人的兴趣会影响知觉的选择性，人们更容易知觉到其感兴趣的事物。因此兴趣相近的人，往往有相近的知觉，也更容易沟通，从而可以形成非正式群体。

（4）经验

人们在知觉时往往是利用已有的知识经验来对感觉到的事物加以解释。经历不同，所获得的经验就不同，观看问题的角度也会不同，因此在对同样的事物进行选择、组织和解释时会产生极大的个体差异性。例如，对同一个方案，外行人和内行人的知觉就有区别，所谓“外行看热闹，内行看门道”，讲的就是这个道理。

（5）个性

心理学研究显示，不同气质类型的人在知觉的深度和广度上存在明显的差异。一般来讲，多血质的人知觉速度快、范围广，但不细致；黏液质的人知觉速度慢、范围窄，但比较深入细致。

2. 知觉对象

知觉对象本身的特性也会影响到知觉的选择。一般来讲，知觉对象与背景的差异越大，被知觉到的可能性就越大。此外，知觉对象的新奇程度、运动变化、声音、大小等也都会影响到我们的知觉。例如，在公司中，穿着奇装异服的人总是容易被人记住。

3. 知觉情境

人的知觉都是在情境中产生的，所以，人们的知觉在不同的情境下也会不同。例如，员工如果在平时犯点小错误可能无关紧要，但如果是在评优时期或者领导视察的敏感期犯错误，就可能会使主管十分生气。

做一做

哈维·兰克尔克培训新员工

哈维·兰克尔克是一家制造厂的工头，受命教会一位新员工如何使用某台机器。那位新来的员工是个小伙子，也是一个少数民族员工，他是通过针对难以受雇人群的特别培训计划招募来的。

兰克尔克对这类特别招聘计划没什么好感，因此他很不乐意地把小伙子带到机器跟前，指导他如何使用："每次这种金属部件从装配流水线传到这儿，你把它拉下来，放到这个压床下面。这边儿对齐了，然后踩一下脚踏板，钻头就会落下来，正好在这儿打个洞，干的时候小心你的手别挨着钻头。傻瓜也能干这活儿，有问题吗?"

"没有，先生。"新员工答道。

在这位工头看来，这位员工不大可能会成为一个特别能干的人。因为受赞助性行动而受雇的少数民族员工他已经见得太多了，所以他知道，他们根本就不能胜任工作。果然，没过几天，兰克尔克就发现这位新员工在完成工作的数量和质量上都落后于别人。不过说实话，他也弄不懂为什么会这样，他在向所有新员工解释这个简单程序的时候，都使用同样的语言。因而他认为，他对这些员工全都是一视同仁的。

而另一位新员工，一个兰克尔克感觉看上去挺机灵的小伙子，干的是和第一位新员工几乎完全相同的活。但这位新员工大约觉察出工头好像挺喜欢自己，所以对于"傻瓜也能干这个活儿"之类的评价毫不在意。没过多久，他就能像那些干了一段日子的熟练工人一样完成任务了。

问题：这个案例说明了什么？

业务演练

任务主题：识别图片。

任务导入：在识别图片的过程中，哪些因素会影响到你？

任务要求：以小组为单位，按照要求识别下列图片，完成小组任务。

1. 下图中的人可以走到尽头吗？为什么？

2. 下面两张图片中各有多少种动物？

3. 你能看出图中有几个人？

4. 结合前述内容，你认为识别图片的过程中，哪些因素在影响你？

任务二　社会知觉与知觉偏差

知识准备

一、社会知觉

在社会心理学中，社会知觉即主体对社会对象的知觉，主要指对人、人际关系的知觉，包括了对他人的知觉、人际知觉、自我知觉等。

对他人的知觉是指在人际交往过程中，通过自己的经验对某人的行为等加以解释，从而形成对他人的整体认识。

人际知觉是指在与他人交往的过程中，对人与人之间关系的知觉。人际知觉过程中有明显的情感因素存在，在知觉过程中会形成对一个人的同情、反感等。

自我知觉是指对自身心理状态、自己与他人关系等的认识。

二、社会知觉偏差

1. 首因效应

首因效应是指在人际交往中，第一印象会对今后的交往关系产生重要的影响，因而该效应也被称为“第一印象效应”，它是由社会心理学家卢钦斯提出的。虽然第一印象并非总是正确的，但却是最鲜明、最牢固的。如果一个人在初次见面时给人留下良好的印象，那么人们就愿意和他继续交往；反之，对于一个初次见面就引起对方反感的人，人们也会对他很冷淡。

古语中的“恶人先告状”“先发制人”“下马威”等都是利用首因效应占得先机的经典案例。在求职和招聘过程中，可以利用首因效应为今后良好的交流和沟通打下基础。以求职为例，在求职者与用人单位的“双向选择”过程中，求职者给用人单位的第一印象对其就业和择业至关重要。在择业过程中，要做好各项面试准备，力争把自己的知识、才华和良好的态度都表现出来，赢得良好的第一印象，这样可以大大提高被录用的可能性。

2. 近因效应

近因效应是指在知觉过程中，最新出现的刺激会给人留下深刻的印象，并促使该印象最终形成。它与首因效应正好相反。研究发现，近因效应一般不如首因效应明显和普遍。在印象形成的过程中，当不断有足够引人注意的新信息，或者原来的印象已经淡忘时，最新获得的信息的作用就会较大，从而才会发生近因效应。个性特点也会影响近因效应或首因效应的发生，一般来说，个性开放、灵活的人容易受近因效应的影响，而个性高度一致并具有稳定倾向的人容易受首因效应的影响。

读一读

卢钦斯的实验

美国心理学家卢钦斯用编撰的两段文字作为实验材料，研究了首因效应现象。他编撰的文字材料主要是描写一个名叫吉姆的男孩的生活片段，第一段文字将吉姆描写成热情并外向的人，另一段文字则相反，把他描写成冷淡而内向的人。在实验中，卢钦斯把两段文字加以组合：

第一组，描写吉姆热情外向的文字先出现，冷淡内向的文字后出现。

第二组，描写吉姆冷淡内向的文字先出现，热情外向的文字后出现。

第三组，只显示描写吉姆热情外向的文字。

第四组，只显示描写吉姆冷淡内向的文字。

卢钦斯让四组被试者分别阅读一组文字材料，然后回答一个问题——吉姆是一个什么样的人？结果发现，第一组被试者中有78%的人认为吉姆是友好的，第二组中只有18%的被试者认为吉姆是友好的，第三组中认为吉姆是友好的被试者有95%，第四组只有3%的被试者认为吉姆是友好的。

这项研究的结果证明，信息呈现的顺序会对社会认知产生影响，先呈现的信息比后呈现的信息有更大的影响作用。

但是，卢钦斯进一步的研究发现，如果在两段文字之间插入某些其他活动，如做数学题、听故事等，则大部分被试者会根据活动以后得到的信息对吉姆进行判断，也就是说，获得的信息对他们的社会知觉起到了更大的影响作用，这个现象叫作近因效应。

3. 刻板印象

刻板印象是指对某个群体或群体中的个人产生的固定看法或印象。例如，我们会觉得东北人都很豪爽，南方人都小家碧玉等。人们有时甚至对于不同年龄、民族、职业、社会角色的人都形成了固定的印象。

俗话说，“物以类聚，人以群分”。居住在同一个地区、从事同一种职业，且生活环境相似的群体，总会有一些共同的特征。因此，刻板印象一般来说也还是有一定道理的。但是，大多数的刻板印象都属于偏见，更像是一种以偏概全的说法，因为它毕竟不能代替鲜活而有个性的个体。

读一读

颠覆传统印象的女科学家——颜宁

大家眼中的科学家是什么样子的？是一丝不苟地工作，是每天钻进实验室不问人情冷暖、不苟言笑，是理工男中的钢铁直男……

而下面这位女科学家却有点不一样，并改变了我一贯的认知，让我认识到，原来科学家还有这么活泼、可爱的。

“您是比较颠覆我们对于女科学家的这种想象”，主持人撒贝宁说。她就是女科学家颜宁——有颜值，有才气，有幽默。

1996年，颜宁考取清华大学生物科学与技术系。2000年，她赴美国普林斯顿大学完成了博士和博士后的研究，对微观世界下的生命过程产生了浓厚兴趣。2007年10月，30岁的颜宁从美国回到母校清华，成为清华园里最年轻的教授，向膜蛋白这个充满挑战的前沿领域进发。37岁，她率领平均年龄不到30岁的团队用6个月的时间攻克了膜蛋白研究领域50年不解的、最受瞩目的、国际竞争也最激烈的科学难题。2017年，她接受美国普林斯顿大学邀请，受聘该校分子生物学系雪莉·蒂尔曼终身讲席教授的职位。2016年，因为在蛋白质结构方面的突出贡献，颜宁入选《Nature》杂志评选的“中国科学之星”。在2019年美国当地时间4月30日，美国国家科学院公布了新入选的院士名单，共有100名美国本土科学家以及25名外籍科学家入选，这其中就有中国科学家颜宁。

她在参加央视《开讲啦》栏目时，是一位穿着打扮时尚、谈吐幽默的知识女性。除了穿着，颜宁在现场还展现了幽默风趣的一面。一开场主持人撒贝宁就调侃称：“您可以不叫颜宁，应该叫‘颜值’”。颜宁的回应也很机智，她幽默地说：“谢谢啊，那‘宁’送你了！”

同时，她也有着与大多数知识女性一样追求男女平等的意识。当主持人介绍她为“女科学家”时，颜宁随即反问道：“其实我对‘女科学家’这个说法是拒绝的。为什么科学家前面一定要加个‘女’字呢?”在节目上颜宁也强调了女性的独立，她说：“我将女为悦己者容，改成了女为己容。”

在日常生活中，颜宁就是一位普通的小女生，翻看她的微博可以发现，她是活跃用户，且发布的均是日常生活的记录，风格很女生。她甚至还专门发过一条微博来“辟谣”网友“造假”自己的年龄，十分可爱。她也追星，经常在微博发爱豆表情包和剧照。

颜宁这样的科学家是不是很棒？大家对于科学家的认知是什么？对女科学家的认知又是什么？

4. 晕轮效应

晕轮效应是指当人们对某个人或事物的某种特征形成了好的或坏的印象之后，还倾向于据此来推论这个人或事物其他方面的特征。晕轮效应在本质上是一种以偏概全的认知偏误，这种爱屋及乌的知觉特点，就像月晕的光环一样，向周围弥漫、扩散，所以，人们就形象地称这一心理效应为晕轮效应，抑或光环效应。

例如，在实际生活中我们可以看到，企业拍摄广告宣传片时经常会找明星，却很少会找那些名不见经传的小人物，这是因为明星推荐的商品更容易得到大家的认同。

读一读

晕轮效应的作用

在一次研究中，卡雷·戴恩和她的同事给大学生们看了三个学生的照片：第一个有外貌吸引力，第二个相貌一般，第三个无吸引力。

她们请被试者在27种人格特质上作出评价，并要求被试者预测这三个人未来是否幸福。结果，最合人心意的、最幸福的预言都在外貌有吸引力的人身上。无论是男人评价男人或男人评价女人，还是女人评价女人或女人评价男人，结果均如此，即容貌漂亮的人得到了很高的评价，长相难看的人则评价较低，具体见下表。

晕轮效应的作用（%）

特征	相貌漂亮者	相貌一般者	相貌不佳者
人格的社会合意性	65. 39	62. 42	56. 31
职业地位	2. 25	2. 02	1. 70
婚姻状况	1. 70	0. 71	0. 37
做父母的能力	3. 54	4. 55	3. 91
社会与职业幸福程度	6. 37	6. 34	5. 28
总的幸福程度	11. 60	11. 60	8. 83
结婚的可能性	2. 17	1. 82	1. 52

（资料来源：蒋云根. 组织行为的心理分析［M］. 上海：东华大学出版社，2006.）

5. 投射效应

投射效应是指将自己的特点归因到其他人身上的倾向，即在知觉他人的过程中，把自己的感情、意志、特性等投射到他人身上。例如，一名员工想辞职，他会认为很多别的员工其实也是想辞职的。

又例如，芭比娃娃在日本刚推出时，某些特征一点也不像日本少女所希望的自己长大后的形象，因此业绩惨淡。后来公司修正了芭比娃娃的胸部和腿，也将眼睛改变成了近似亚洲人的咖啡色，结果两年内芭比娃娃在日本卖出了近200万件。起初公司认为，在美国受欢迎的芭比娃娃在日本也同样会受到欢迎，这就是投射效应的效果。

6. 期望效应

期望效应是指当一个人期望自己或他人达到某种目标或满足某种行为预期时，由期望而产生了相应的行为结果。

例如，理论和实践表明，管理者对员工的期望以及对待员工的方式在很大程度上确定了这些员工的工作绩效和职业进步。如果管理人员的期望高，员工的表现很可能会是优秀的；如果管理人员的期望低，员工的业绩则很可能是不佳的。因此正确的实施期望管理，对于企业具有重要意义。

7. 对比效应

对比效应是指我们对于别人的评价不是孤立进行的，常常会受到最近接触的其他人的影响。

例如，在绩效评定中，如果评定者刚刚评定完一名绩效非常突出的员工，紧接着评定一名绩效一般的员工，那么很可能会将这名绩效本来属于中等水平的人评为“较差”。对比效应还可能发生在评定者无意中将被评人新近的绩效与过去的绩效进行对比的时候，一些以前绩效很差而近来有所改进的人可能被评为“较好”，即使这种改进事实上也只能使其绩效勉强达到一般水平。因此，在进行绩效评定时，通常会制定非常详细的量化标准，并在开始评定时将多人放到一起比较，从而制定出一个较为具体的评判标准。

三、社会认知偏差与管理行为

1. 招聘面试

在面试过程中，由于知觉偏差各效应的存在，面试考官之间的一致性常常较低，也就是对于同一应聘者，不同的考官关注点不同，得出的结论也会不同。因此，在近年来的企业招聘中，通常会制定一系列标准化或结构化的面试题目，从而最大限度地避免知觉偏差的影响。

2. 绩效管理

管理者的一项重要工作内容就是对员工进行绩效评估，绩效评估是员工升职加薪的重要评价标准之一，对员工的工作积极性有着十分重要的影响。虽然随着企业管理的规范化，绩效管理的标准也越来越细化和客观量化，但是管理者对于员工的知觉仍然会影响到绩效评价。

3. 自我实现预期

管理者可能会发现，你看待员工的方式会直接影响到对待他们的态度，从而影响到员工的表现，即“皮格马利翁效应”。因此，管理者应该积极地看待员工。

读一读

皮格马利翁效应

皮格马利翁是塞浦路斯的国王，他拥有卓越的雕刻技能。热爱并擅长雕刻的皮格马利翁用一块象牙雕琢出了一座自己理想中完美女子的塑像。在夜以继日的工作中，皮格马利翁将自己的全部精力、热情和爱恋都给予了这座雕塑。当雕塑最终完成时，他爱上了自己的作品。

他为这座象牙的少女雕塑命名，称她为“伽拉忒亚”。他为她穿上华丽的长袍，每天拥抱亲吻她。然而，即使再完美，伽拉忒亚终究也只是一座冷冰冰的雕像。终于，皮格马利翁忍受不了这种冰冷绝望的单恋，他带着丰厚的祭品来到爱与美的女神阿佛洛狄忒的神殿，向女神求助。他深沉的爱感动了阿佛洛狄忒，女神赐予了这座少女雕像真正的生命。回到家中的皮格马利翁发觉伽拉忒亚变成了真正的女人，不禁欣喜若狂。最终，两人结为夫妻，过上了幸福快乐的生活。

业务演练

子任务1

任务主题：第一印象小测验。

任务导入：在组织生活中，第一印象尤为重要，你给别人的第一印象是怎样的呢?

任务要求：请根据你的实际情况，从下面各题所给的选项中选出你认为最符合自己的一项。

第一印象测验（女生版）

1. 你的发型属于哪种?

A. 中间分开　　B. 向左或向右分开

C. 没有分开

2. 你的声音最接近哪种?

A. 高亢而尖锐的声音　　B. 嗓门大而响亮的声音

C. 温和而低沉的声音　　D. 普通的声音

3. 看到照片上自己的模样时，心里有何感想？

A. 这张照片照得不错　　B. 完全不像自己

C. 一般，可以凑合　　D. 总是令人感到讨厌

4. 与人说话时，你的眼睛会盯住对方何处？

A. 嘴巴　　B. 眼睛

C. 脸部　　D. 经常看其他地方

5. 坐椅子时，你会采用哪种姿势？

A. 两腿叉开地坐着　　B. 二郎腿

C. 脚跟并齐地坐着

6. 你在笑的时候，鼻子和嘴唇之间会显露出横向皱纹吗？

A. 出现一根很长的皱纹　　B. 出现短皱纹

C. 没有产生皱纹

7. 你左手的指甲现在怎样？

A. 指甲长而且很脏　　B. 修剪得短而整齐

C. 指甲修长而美丽

8. 你在很拥挤的电车和公共汽车内，碰到过被人攥住手这类令人讨厌的事情吗？

A. 经常碰到　　B. 偶尔碰到

C. 从未碰到

9. 你有过被老师和长辈认为心眼坏而生气的事情吗？

A. 没有　　B. 偶尔

C. 常有

10. 你有过被初次相遇的小伙子打招呼或请求约会的事情吗？

A. 有过，2~3 次　　B. 1 次左右

C. 根本没有过

11. 请用镜子照一下你的牙齿，你的牙齿怎么样？

A. 有蛀牙或牙齿脏而发黄　　B. 雪白而美丽

C. 牙齿排列不太整齐

12. 与人说话时，你的手势动作如何？

A. 几乎不用手势　　B. 喜欢打手势

C. 常用手捂住嘴巴

评分与解释

试题 \ 答案	A	B	C	D
1	1	3	5	
2	1	5	1	5
3	5	1	3	1
4	1	5	3	1
5	5	3	1	
6	5	3	1	
7	1	3	5	
8	5	3	1	
9	5	3	1	
10	5	3	1	
11	1	3	5	
12	3	5	1	

计算你的得分，并参考如下解释。

12~25 分：难以接近的封闭型形象。

你给别人留下的第一印象是冷若冰霜、令人惧怕。这种形象也许是你总觉得给人以亲近的印象过多不太好所造成的。

26~39 分：第一印象淡薄的一般形象。

你不会给人留下坏印象，但你能够给人造成强烈印象的特征也不多。

40~53 分：惹人喜爱、平易近人的形象。

你平易近人，给人以强烈的第一印象。你的第一印象中带有许多人都喜欢的因素，和你见过面的人，都会觉得你很受欢迎，无论是谁，在心理上都会想和你接近。

54~60 分：个性强、令人难忘的形象。

你给人留下的第一印象非常强烈，有时令人难以忘怀。你具有一种魅力，会使初次见面的人有一见如故之感。但是，这种魅力有时会让人误解，经常会有你并不喜爱的人向你示爱。

第一印象测验（男生版）

1. 你和对方第一次会面时的表情是什么样？

A. 自然大方，热情诚恳　　B. 大大咧咧，漫不经心

C. 心情紧张，羞怯拘谨

2. 在见面的最初几分钟里，你能很快发现你和对方的共同点或共同感兴趣的话题吗？

A. 既快又准　　B. 一直未发现

C. 很久才发现

3. 你和对方谈话时的坐姿是什么样？

A. 双膝并拢　　B. 两腿叉开

C. 二郎腿

4. 你与对方谈话时，两眼总是盯在何处？

A. 对方的眼睛　　B. 另外的人或物

C. 低着头摸自己的纽扣

5. 你和对方谈话的话题是哪类？

A. 双方都感兴趣的　　B. 对方感兴趣的

C. 自己感兴趣的

6. 你和对方谈话的时间分配是哪种？

A. 对等　　B. 对方多于自己

C. 自己多于对方

7. 你谈话的声音最接近哪种？

A. 很低，对方难以听清　　B. 温和而低沉

C. 大嗓门，高亢热情

8. 你与对方谈话时的手势动作是什么样？

A. 偶尔用　　B. 不用

C. 经常用

9. 你与对方谈话时的发音速度是哪种？

A. 连珠炮　　B. 慢慢腾腾，上句不接下句

C. 节奏适度，吐字清楚

10. 当对方谈及你不感兴趣的话题时，你会怎么做？

A. 打断对方的谈话　　B. 表现沉默或不耐烦

C. 认真听下去并从中发现兴趣

11. 经过初次见面交谈，你能从对方的言行、知识、能力等方面作出积极的、赞扬性的评价吗？

A. 不能　　B. 不确定

C. 能

12. 你和对方握手分别时，下次见面的时间、地点由谁提出？

A. 对方提出　　B. 双方谁也没提出

C. 自己提出

评分与解释

试题＼答案	A	B	C
1	5	1	3
2	5	1	3
3	5	1	5
4	5	1	3
5	3	5	1
6	3	5	1
7	3	5	1
8	3	5	1
9	3	5	1
10	1	3	5
11	1	3	5
12	1	3	5

计算你的得分，并参考如下解释。

12~22 分：第一印象不佳。

也许你没有故意给对方留下不佳的形象，但你的言行举止却容易使人产生误解，这是因为你不懂得与人交往也是一种艺术。改进的办法是学会换位思考，明白“己所不欲，勿施于人”的道理。

23~46 分：第一印象一般。

你有令人喜悦的因素，所以你不会给对方留下不好的印象，但是你对人的吸引力也不强。在情场上，你在初次见面就被对方爱上的情形不多，所以你要努力显露自己的形象，使第一印象得到改善。

47~60 分：第一印象好。

你温文尔雅，举止有度，给人留下了很好的第一印象。和你接触过的人都感到你和蔼可亲，即使那些异国他乡的人对你也有一见如故的感觉。你要注意的是防止你不爱的女子对你一见钟情。

子任务 2

任务主题：团队游戏——狼人杀。

任务导入：狼人杀游戏可以培养对人的直观判断能力，避免社会知觉中的认知偏差。

任务要求：

1. 参加人数：13 人。

2. 训练道具：一副扑克牌。

3. 训练时间：45 分钟。

4. 训练程序：

（1）参加游戏的人数共 13 人，选 1 人做法官。由法官准备 12 张扑克牌。其中 3 张 A，6 张数字牌，3 张 K。

（2）众人坐定后，法官将洗好的 12 张牌交给大家抽取。抽到数字牌的为良民，抽到 A 的为杀手，抽到 K 的为警察。仅限自己知道手里的牌，不要让其他人知道你抽到的是什么牌。法官开始主持游戏，众人要听从法官的口令，不要作弊。

（3）法官说："黑夜来临了，请大家闭上眼睛。"等大家都闭上眼睛后，法官又说："请杀手行动。"抽到 A 的 3 个人睁开眼睛，互相认识一下，成为本轮游戏最先达成同盟的群体。并由任意一位示意法官，"杀死"一位良民。法官看清楚后说："杀手闭眼。"稍后说："警察睁开眼睛。"抽到 K 的 3 个人睁开眼睛，相互认识一下，并怀疑闭眼的任何一位为杀手，同时看向法官，法官可以给一次暗示。完成后，法官说："警察闭眼。"稍后说："天亮了，大家都可以睁开眼睛了。"

（4）待大家都睁开眼睛后，法官宣布谁被"杀死"了，同时，法官宣布让大家安静，聆听"死者"的遗言。"死者"现在可以指认自己认为是杀手的人，并陈述理由。说完之后，"死者"在本轮游戏中不能再发言，其余的人从"死者"旁边一位开始，以任意方向挨个陈述自己的意见，这一过程由法官主持。

（5）意见陈述完毕后，会有几个人被怀疑为杀手，被怀疑者可以自己辩解。在法官主持下，大家举手表决来选出嫌疑最大的两人，并由此二人做最后的陈述和辩解。再次投票后，"杀死"票数最多的那个人。被"杀死"的人如果是真正的杀手，就不可以再讲话，并退出本轮游戏。

（6）被"杀死"的人如果不是真正的杀手，可以发表遗言及指认新的怀疑对象。在聆听遗言之后，新的夜晚来临了。如此往复直至一方获胜，如果杀手"杀死"全部警察，或者“杀死”所有的良民就是获胜；警察和良民如果能先找出所有的杀手也是获胜。

任务呈现：

1. 思考以下问题：

(1) 在“杀人游戏”中，人们是如何进行知觉的？

(2) 为什么会存在认知偏差？

(3) 如何才能获得最后的胜利？

2. 小组内讨论后，在全班分享展示。

(资料来源：刘欣. 组织行为管理［M］. 北京：高等教育出版社，2008.)

子任务3

任务主题：模拟招聘。

任务导入：在模拟招聘中，参与者可以亲身体验面试的实际流程，从而在实践中巩固知识，提高应变能力，避免社会知觉过程中的认知偏差。

任务要求：全班每4人一组，共同编写一份招聘信息，模拟某一公司招聘的情境(一家人力资源服务公司、区级社保中心或经办机构等)。

由一名学生扮演求职者，另三名同学扮演面试官，模拟面试情景。然后角色互换，使所有同学都扮演一遍面试者，活动完毕后，评选出本小组最终决定录用的同学名单，并说明理由。

任务呈现：

1. 全班分小组进行模拟招聘，并拍摄招聘视频，上传到信息化学习平台。

2. 思考并回答以下问题：

(1) 你们小组最终为什么是这位同学获得成功？

(2) 应聘成功的同学有什么诀窍？

(3) 讨论在面试过程中出现了哪些知觉偏差，以及正确的做法应该是怎样的？

任务三　归因理论应用

知识准备

一、归因理论

归因就是判断人的行为或者事件主要是由于什么原因引起的。归因理论就是解释我们以及他人行为原因的理论。

归因可分为内部归因和外部归因。内部归因主要是指与个人自身相关的因素，如能力、动机等；外部归因主要是指个人自身之外的因素，如环境、运气等。

1. 韦纳的归因理论

韦纳的归因理论是关于判断和解释他人或自己行为结果的原因的一种动机理论，他将归因分为三个维度：一是因素来源，可分为内部归因与外部归因；二是稳定性，可分为稳定性归因与非稳定性归因；三是可控性，可分为可控归因与不可控归因。他又把人们活动成败的原因（即行为责任）主要归结为六个因素：能力（个人评估自己对该项工作是否胜任）、努力程度（个人反省自己在工作过程中曾否尽力而为）、工作难度（凭个人经验判定该项工作的困难程度）、运气（个人自认为此次的各种成败是否与运气有关）、身心状态（工作过程中个人当时身体及心情的状况是否影响工作成效）和外界环境（其他事关人与事的影响因素）。

韦纳将以上三个维度和六项因素结合起来，组成“三维度六因素模式”（见表3-1）。

表3-1　　归因的三维度六因素模式

因素	因素来源		稳定性		可控性	
	内部	外部	稳定	不稳定	可控	不可控
能力	√		√			√
努力程度	√			√	√	
工作难度		√	√			√
运气		√		√		√
身心状态	√			√		√
外界环境		√		√		√

因此，在进行员工奖励时，管理者应充分考虑员工的努力程度，并且强调那些内在的、稳定的、可控的因素。

2. 海德的归因理论

海德是归因理论的创始人，他认为人的行为可以分为内部原因和外部原因。内部原因是指个人本身的因素，如能力、情绪、态度、努力等。外部原因是指除了个人之外的外界因素，如奖励、外界环境、工作的难易程度等。

在归因的时候，人们经常使用两个原则。一是共变原则，它是指某个特定原因在许多不同的情境下会和某个特定结果相联系，当该原因不存在时该结果也不出现，我们就可以把该结果归于该原因，这就是共变原则。例如，一个人老是在考试前闹别扭，其他时候却都很好，我们就会把闹别扭和考试连在一起，并把闹别扭归于考试而非人格。二是排除原则，它是指如果内因或外因中的某一方面足以解释事件，我们就可以排除另一方面的归因。我们在对他的行为进行归因时就会排除外部归因，将原因归于他的本性等内在因素。

3. 凯利的归因理论

凯利的归因理论认为，人们在归因的过程中总是涉及三个方面的因素：行动者、刺激物、环境。

对于上述三个因素中任何一个方面的归因，都取决于以下三个变量：一致性、一贯性和区别性（见表3-2）。一致性针对行动者，即不同的行动者在相同的环境下，对同一刺激物的反应是否相同。一贯性针对环境，即同一行动者在不同的环境中，对同一刺激物的反应是否相同。区别性针对刺激物，即同一行动者在相同的环境中，对其他同类刺激物的反应是否相同。

表3-2　　凯利的归因理论

一致性	一贯性	区别性	归因于
低	高	低	行动者
高	高	高	刺激物
低	低	高	环境

二、归因偏差

人们在归因的时候往往存在失真的情况，一般会将成功的原因归为态度或者情绪等内部因素，而较少归为环境等外部因素，但会将失败的原因归为环境等外部因素。

因此，心理学家研究认为，主要存在以下两种归因偏差。

1. 基本归因偏差

基本归因偏差是指在对他人行为进行归因的时候，即使有明显的环境因素，我们也倾向于把别人的行为归因于其性格、智力、能力等内部因素。这是因为人的行为是最容易被观察到的，而环境因素则容易被忽视。例如，当企业出现事故的时候，管理者往往会从员工身上找原因，而忽视设备老化等外界环境因素。

2. 自我服务偏差

自我服务偏差是指人们往往倾向于将自己的成功和别人的失败归结于自身努力、能力等内部因素，而将别人的成功或自己的失败归结于环境等外部因素。

读一读

明星代言广告

商品广告的设计者，经常利用观众基本归因偏差的心理倾向推销商品。当你看到某个身材健美的运动员或演艺明星，在电视里手持一罐某品牌饮料，一再重复该饮料可使身材健美或苗条时，你对他的行为做何解释？

如果你相信了他的说法，就是对这事件做了内部归因；如果你不相信他的说法，认为这种举动是收受了厂家报酬而为之，就是做了外部归因。

实际上，人们在这种情况下，存在基本归因偏差的可能性是相当大的，也就是说，更多人会采用内部归因方式。

（资料来源：孙晓玲．组织行为学：第 3 版［M］．北京：中国人民大学出版社，2018.）

三、印象管理——归因理论在组织管理中的应用

印象管理是指个人通过一定的方式，试图管理和控制别人对自己印象形成的过程。印象管理主要包括印象动机、印象建构和印象监控。无论是个人还是组织都希望被别人积极地看待，试图使别人对自己积极看待的努力被称为获得性印象管理，弱化自己的不足或者避免使别人对自己消极看待的努力被称为保护性印象管理。

印象动机即人们想操纵和控制自己在他人心目中印象的意愿。印象建构即个体倾

向于在别人心目中所建立起的印象类型并且如何去建立。印象监控即人们有意识地根据外界因素调整自己的行为等，以给别人留下符合自己预期的印象。

在组织中，人们最常用的印象管理的策略主要有以下两种。

（1）降级防御

它是指人们试图为某件事情摆脱麻烦或者承担较小责任，其方法包括解释、道歉、置身事外等。例如，某员工为迟到寻找各类原因。

（2）促进提升

它是指人们试图将取得积极结果的原因归结为自己或者让自己看起来更出色，其方法包括争取名分、宣扬、揭示困难、联合等。例如，当上级来视察时，组长总是与组员在一起讨论问题，这常常会使上级觉得，小组所取得的成绩与组长关系密切。

每个人其实都是演员

脑力竞技节目《最强大脑》最近热播，看腻了唱歌选秀类节目的人们忽然发现，原来脑力也可以拿来相互比较，并不断涌现出各路“大神”。

就在人们饶有兴致地观看时，2019年度最新一季《最强大脑之燃烧吧大脑》却因嘉宾爆料作弊而登上了热搜榜单。这件事从节目中一方队长鲍橒质疑对方战队选手王易木作弊开始，随后另一位队长魏坤琳指责鲍橒提前向选手泄题、要求选手“放水”等行为，并提供了微信截图作为证据。但很快鲍橒否认了其行为是泄题，且进一步暗示魏坤琳战队作弊。隶属于不同战队的明星嘉宾戚薇、郭采洁也纷纷转发，加入争辩。至此，一档定位于“科学竞技真人秀”的节目，正以一种看起来不怎么科学的方式，成了热议话题。目前来看，虽然争辩双方都没有充分的证据，但无论是魏坤琳战队作弊还是鲍橒战队泄题，唯一可以确定的是，我们所看到的竞技类真人秀缺乏真实性。众所周知，大多数综艺节目都是有台本的，包括嘉宾的人设、参与内容甚至台词，都是经过精心设计的。

其实不光是综艺节目，我们普通人的生活中也存在人设。自从微信推出之后，微信朋友圈已经逐渐渗透到了我们生活的方方面面，加拿大社会学家欧文·戈夫曼60余年前提出的拟剧理论指出：“日常生活就像剧场，每个人都是天生的演员，只要站到台前，就会戴上面具，有意识地通过各种符号美化自己，进行合乎他人期待的表演。”朋友圈的分组可见功能，被网友戏称为“第五大发明”，通过此功能，用户可以选择朋友圈内容的观看受众。如果把每条朋友圈的发布都当作是一场自我呈现的演出，那么设置“谁可以看”便是一个挑选观众的过程。表演者依据自己想呈现的不同形象，选择在不同观众面前表演不同剧目：在“家人可见”的分组中，他可能倾向于表现得乖巧孝顺；在“上级可见”的分组中，他可能是一个拼命三郎；在“朋友可见”的分组中，他可能是一个逗比；等等。

想一想：在现实生活中，还有哪些印象管理的例子？

业务演练

子任务1

任务主题：应用归因理论解释电车事故。

任务导入：在学习了归因理论之后，同学们能够应用它来解决实际问题吗？

任务要求：阅读以下案例，完成小组任务。

一辆满载乘客的3509号有轨电车在南沙车站附近转弯时脱轨撞墙，车上30人受伤，其中5人伤势较重。有轨电车公司经理罗伯明说，这次事故显然是由于该车超速行驶所致。他认为，事故发生时电车正驶过一段弧线，刚要驶入南沙站，当时车速达30公里/小时，比转弯处的规定行驶速度高二三倍。有轨电车公司的一些工作人员认为，正是因为车撞到铁轨右侧的院墙才免于翻车，否则会造成更大伤亡。据罗伯明介绍，发生事故的3509号车以前曾发生过三次脱轨，上一次出轨时的司机恰好也是这次的司机，那三次脱轨事故都发生在中山广场的转弯处。

事故发生后，有轨电车公司工会领导人就3509号车发生出轨事故一事发表了不同看法，认为事故的原因不能完全归咎于电车司机，有轨电车在线路设计和车辆维修上的问题难辞其咎。工会主席乔亚平也对此提出警告：“如果这些问题不能马上解决，这车我们是没法儿开下去了。”乔亚平承认他还不知道这次事故的具体原因，但他指出：“我们希望公司领导不要武断地认为这是人为的过失，这些车辆本身早就有毛病。”自这些新式有轨电车投入使用以来，已经发生了30多起脱轨事故。当初，有轨电车公司共订购了25辆新车，耗资150万元；而现在只有十二三辆还能正常运行，其余的都已入库待修。有轨电车公司发言人宣义德说，公司的技术人员对事故发生地点进行了详细调查，认定线路状况良好，符合运行条件。有轨电车公司对转弯处的速度曾有明确规定，不得超过每小时 10 公里。但据一些当事者和罗伯明经理的说法，当时这辆电车速度可能达到了每小时 20 公里以上。而另一位干部介绍，他在出事后与司机谈过，司机说他当时并没有给车加速，他开得很慢，速度只有 3~4 公里/小时。“我们可以肯定，这次事故不是由于司机加速造成的。”公司发言人宣义德说，“但是罗伯明经理仍认为把事故原因归于司机加速是有根据的。”

任务呈现：小组讨论并分享下列问题。

1. 你认为事故的原因是什么？

2. 从归因理论的角度来看，如果你是事故调查者，你认为还需要进行哪些方面的调查？

子任务 2

任务主题：应用归因理论解决绩效问题。

任务导入：阅读以下案例，对其绩效原因进行归因，评估归因对管理行为的影响，并提供改进行动方案。

任务要求：下面讲的是一个电脑程序员的绩效案例，请阅读案例，并回答案例后的问题。

30 岁的玛丽·马丁在中西部一所知名的州立学校取得了计算机科学学士学位，并以高于平均水平的成绩毕业。目前，玛丽是一家公司的计算机支持/分析部门的程序员，该公司业务遍布全国。在过去的一年里，玛丽旷工 10 天，她看起来缺乏动力，且很少按时完成工作，而且交给玛丽处理的程序通常都比较难。

以往的记录显示，玛丽完成常规程序平均需要 45 小时，而她的同事完成常规程序所需时间平均是 32 小时。此外，玛丽完成被认为是主要问题程序平均需要 115 小时，然而她的同事完成同样的主要问题程序平均只需 100 小时。当玛丽与编程小组一起工作时，她同事的绩效通常都不好。她的一些同事注意到，她在解决问题上没有创造性，很难和她一起工作。

玛丽所在的部门最近向接受其服务的所有用户发放了问卷，要求其评价收到的数据的有用性和准确性。结果显示，很多用户由于不理解这些报告，都不使用计算机的输出结果。调查同时表明，使用由玛丽写的程序生成的输出结果的用户发现，这些输出结果都是混乱的，对管理决策没什么用处。

任务呈现：思考并回答以下问题。

1. 利用韦纳归因理论分析，各个因素在多大程度上影响了玛丽的绩效？你认为导致玛丽绩效差的最主要两个原因是什么？

2. 根据一致性、区别性和一贯性，你如何评价玛丽的绩效？

3. 玛丽的绩效是由内因还是外因导致的？

4. 阅读以下四种改进方案，按照方案的有效性由小到大分别赋值1~5分，计算每种类别的总得分。你认为哪种是最合适的？为什么？这一方案可能带来哪些消极后果？

改进行动

a. 指责玛丽的绩效　　1 2 3 4 5

b. 威胁玛丽，如果她不提高绩效就解雇她　　1 2 3 4 5

改变工作

c. 安排玛丽做另外的工作　　1 2 3 4 5

d. 给玛丽降级，让她做要求不高的工作　　1 2 3 4 5

非惩罚性行动

e. 和玛丽一起工作，帮助她做好工作　　1 2 3 4 5

f. 鼓励玛丽，帮助她提高绩效　　1 2 3 4 5

不立即采取行动

g. 什么也不做　　1 2 3 4 5

h. 答应玛丽，如果她提高绩效就给她涨工资　　1 2 3 4 5

计算这四种方案的分数：

改变行动=a+b=

改变工作=c+d=

非惩罚性行动=e+f=

不立即采取行动=g+h=

练习题

1. 知觉有哪些基本特性？请举例说明。

2. 简述社会知觉偏差的几种效应。

3. 简述凯利的归因理论。

4. 举例说明在生活中遇到的归因偏差的例子，以及我们应怎样降低其消极影响。

项目四

员工激励——激励理论及应用

【项目导入】

现在人力资源管理工作中一个极其重要的任务就是采用科学、合理和人性化的激励机制，最大限度地调动员工的积极性、创造性和主观能动性，尤其是在招聘、培训和绩效管理等模块，运用恰当的激励方法和技巧，确保员工的行为与组织的战略统一，使员工为完成组织的目标而努力工作。本项目不仅介绍了激励的常见理论，还特别添加了学生熟悉并感兴趣的案例，帮助其理解如何将理论知识应用到人力资源管理的实践中去，真正做到学以致用。

一、主题案例

导入案例1：海尔员工激励

韩愈曰："世有伯乐，然后有千里马。"海尔集团总裁张瑞敏却认为，企业领导者的主要任务不是去发现人才，而是去建立一个可以选出人才的机制，并维持这个机制健康持久地运行。这种人才机制应该给每个人相同的竞争机会，把静态变为动态，把相马变为赛马，充分挖掘每个人的潜质。海尔集团明确地提出"人人是人才，赛马不相马"，即为海尔人提供公平竞争的机会和环境，尽量避免"伯乐相马"过程中的主观局限性和片面性。

关于海尔的"赛马不相马"用人理念，张瑞敏有着这样一些精辟的阐述："每个人都可以参加预赛、半决赛、决赛，但进入新的领域时必须重新参加该领域的预赛""给你比赛的场地，帮你明确比赛的目标，比赛的规则公开化，谁能跑在前面，就看你自己了。"

海尔不相信“伯乐”，并认为“相马”可能会错失良才、误用庸才。“千里马”不能看出来，而要在赛场中赛出来。能力决定业绩，业绩说明一切。

海尔的在位监控有两项主要内容：第一，领导主观上要有自律意识，要能够自我控制、自我约束；第二，集团客观上要建立控制体系，控制工作方向、工作目标，避免犯方向性错误，还要控制财务，避免违法违纪。

海尔有严格的监督控制机制，任职人员要接受三种监督：自检，即自我的约束和监督；互检，即所在团队的相互约束和监督；专检，即业绩考核部门的约束和监督。领导的考核指标分为五项：①自清管理；②创新意识及发现、解决问题的能力；③市场的美誉度；④个人的财务控制能力；⑤所负责企业的经营状况。五项指标根据重要程度给予不同权重，每项得分结合该项权重算出最终得分。分数分为三个等级，用于区别领导的工作表现。每月考评中，那些工作没有失误但也没有起色的领导同样被归入批评之列，这种持续不断的压力可以杜绝领导不思进取。

海尔集团实现了持续壮大，但内部的发展却并不平衡。各分支企业之间不仅有差距，有的差距还非常巨大。整体的发展，并不意味着所有的局部也能跟进发展。一位领导如果长期不动，很容易让他所领导的企业或团队思想僵化、模式固化，甚至导致企业守旧不前。

针对这种情况，海尔提出了“届满轮流”，即任职人员在特定岗位的任期结束后，集团会根据全局目标和个人发展需要，调动他到其他岗位任职。“届满轮流”不但避免了在原有领域固步不前，还为海尔培养了一批了解多个领域、能把握全局的综合管理人才。

导入案例 2：美国 3M 公司的创新激励

鼓励公司员工开动脑筋、挖掘创造力，是许多成功企业普遍采用的激励管理方式，并形成了企业的创新文化。在这方面，值得特别提出的是世界最富创新的美国 3M 公司。

美国的 3M 公司不仅鼓励工程师，也鼓励每个人成为“产品冠军”。公司鼓励每个人关心市场需求动态，成为关心新产品构思的人，并让他们做一些家庭作业，用来发现开发新产品的信息与知识，公司开发的新产品销售市场在哪里，以及可能的销售与利益状况等。如果新产品构思能得到公司的支持，就将相应地建立一个新产品开发试验组，该组由 R&D（研发）部门、生产部门、营销部门和法律部门等的代表组成。每组由“执行冠军”领导，其负责训练试验组，并且保护试验组免受官僚主义的干涉。如果一旦研制出“式样健全的产品”，试验组就一直工作下去，直到将产品成功地推向市场。3M公司知道，千万个新产品构思可能只能成功一两个。该公司的一个口号是“为了发现王子，你必须与无数个青蛙接吻”。“接吻青蛙”经常意味着失败，但3M公司把失败和走进死胡同作为创新工作的一部分，其哲学是“如果你不想犯错误，那么就什么也别干”。

研究开发是高风险的创造性活动，因此，研究开发是应该允许失败的。但是，允许失败并不是允许放任自由、不负责任、毫无目标的行为，而是为了激发工程师们的挑战精神和战胜各种困难的勇气，使其不被一两次失败吓倒，而是冷静地分析失败的原因，从而实现成功。因此，奖励失败正是为奖励成功而铺路。

对研究开发的成功，实行奖励与特别奖励已是普遍的事情；但对于研究开发的失败，却有着较大的差别。在一些企业，对于失败的项目，不但没有认真地总结失败的原因，还采取了对项目全盘否定的做法。虽然很多公司也都明白研究开发是应该允许失败的，但常常不能正确地对待失败。3M公司允许工程师们的工作时间中有15%在实验室进行自己感兴趣的研究开发，并努力创造轻松自由的研究开发环境。如果某个工程师的创造性构思失败了，那也没关系，他不会因此而遭到冷嘲热讽，还可以照常从事原来的工作，公司也依然会支持他新构思的其他试验。

思考题：

1. 企业如何鼓励、激发员工的创新精神和创新行为？
2. 企业如何利用激励政策来激发员工的创新精神？

二、学习目标

知识目标

1. 了解激励的含义、类型和机制。
2. 理解激励的主要理论。
3. 学会激励的主要方法和技巧。
4. 领会激励的原则和内在规律。

能力目标

1. 掌握在管理中运用各种激励理论的方法。
2. 能够分析管理实践中存在的激励问题。
3. 掌握在市场经济条件下调动员工积极性的方法。
4. 掌握目标管理法在员工激励中的应用方法。

任务一 设计一套员工激励方案

知识准备

一、激励

1. 激励的概念

英文“motivation”有两个含义：一个是动机，一个是激励。“动机”是名词，与人格、知觉、价值观和态度有关，它表示个体的需求、期望、价值和情感。“激励”是动名词，它是指个体和环境的互动过程。这个过程涉及环境的因素，如组织的设计、报酬、领导等；也牵涉个体的需求，如生理、安全、社会、成就等的需求。激励着重的是过程，该过程显示了如何由未满足的需求逐步转化成需求的满足和紧张（心理压力）的解除。因此，激励的理论可以分为两种，一种偏重内容（content）的讨论，一种偏重过程（process）的讨论。激励有个别的差异性，就算对同一个人，在不同时间也会有差异。

美国学者斯蒂芬·罗宾斯提出，激励就是解决个体在实现目标过程中努力的强度、方向与持续期的过程。强度是指人们的努力程度，但努力程度高不一定能带来高的工作绩效，除非努力指向有利于组织的方向，也就是说，只有努力程度与组织方向一致才具有实际意义，才有利于提高组织绩效，因此，方向反映了努力的质量。持续期指的是积极性能够持续的时长。因此，激励水平是由努力的强度（应为此目标花费多大努力）、努力的方向（要不要为此目标去努力），以及努力的持续期（此努力应维持多久）这三项组成的函数。

根据人本主义的观点，人们工作的动机是满足自己的需要，因此，激励的过程也是满足需要的过程。从这个角度讲，激励就是管理者通过采取各种能满足需要的措施，激发员工的工作动机，挖掘其潜力，调动其积极性与创造性，高效地实现组织目标的过程。应从以下三个方面理解这一概念。

（1）激励是一个过程

这一过程包含了了解人们的需要，通过诱因引发动机，再由动机推动人的行为实现目标的全过程。实现了目标，满足了需要，人们又会产生新的需要，并又开始根据需要设置诱因……这是一个循环往复、持续不断的过程。

（2）激励过程受内外多种因素的制约

激励从管理者设置满足员工需要的诱因开始，最终表现为通过员工的积极行为实现管理的目标。这一过程受多种因素的影响，如员工的需要、理想、兴趣、价值观、责任感等内在心理因素，当外在诱因与这些因素相吻合时，激励的外力才能与员工的内驱力整合为强大的驱动力，从而强化激励的效果，否则就不会产生激励作用。

（3）激励具有时限性

管理者采取的满足员工需要的激励手段有利于激发员工的工作动机，调动其积极性。但每一种激励手段的作用都有一个时间限度，超过时限其作用就会减弱甚至完全消失。因为随着人的需要的逐步满足，追求的愿望就会逐渐减弱，动机的强度自然也会逐渐变弱，原来的优势动机也逐渐弱化为辅助动机。因此，激励不能一劳永逸，应根据不同的时间、环境、人员采取不同的激励手段。员工的激励水平与工作绩效之间有着密切的关系，管理实践证明，激励能够使员工充分发挥其能力，实现工作的高质量与高效率。美国哈佛大学心理学家威廉·詹姆士研究发现，在实行按时计酬制度的情况下，一个人如果没有受到激励，仅能发挥其能力的20%~30%；如果受到激励，其能力能发挥到80%~90%，甚至更高。

2. 激励的过程

假如人的需求得不到满足，便会产生不安和紧张，于是就会设法消除这些不安和紧张的情绪，并采取适当的行动去达成目标。如果所取得的报酬与期望一致，就会产生满足感，而先前的紧张情绪也会消失。这个过程如图4-1所示。

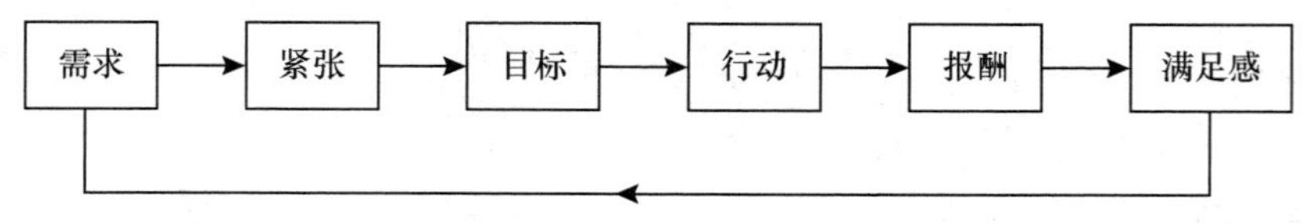

图4-1　激励的过程

明白了激励的过程后，管理人员对公司激发不了员工工作热忱的原因应该会有一定程度了解，例如，公司提供的报酬不符合员工的期望，又或是公司的组织架构使他们无法充分满足其他需求。因此，要激励员工的积极性，就必须制造一种有利于员工满足其大部分需求的工作环境，或者提供所需的奖励因素。要做到这一点，就又必须先了解一般人的各种不同需要。研究组织行为学的学者将激励理论分为早期的和当代的两类。需要注意的是，这种分类法只是按理论提出的时间先后来区分，并无好坏之别。同样，正如我们在前面提过的，激励理论也可以按内容和过程来划分。

二、激励理论

激励理论是关于调动员工积极性的指导思想、原理、方法的概括与总结。西方许多学者对激励问题进行研究，提出了一些成熟的理论。按照研究重点的不同，通常将激励理论分为内容型激励理论、过程型激励理论等行为改造型激励理论。

读一读

鸭子只有一条腿

曾经某王爷手下有个著名的厨师，他的拿手好菜是烤鸭，深受王府里的人喜爱，王爷对其更是倍加赏识。不过，王爷从来没有给予过厨师任何鼓励，这使得厨师整天闷闷不乐。

有一天，王爷有客人从远方来，在家设宴招待贵宾，点了数道菜，其中一道就是王爷最喜爱吃的烤鸭。厨师奉命行事，然而，当王爷夹了一条鸭腿给客人后，却找不到另一条鸭腿，于是他便问身后的厨师说："另一条腿到哪里去了？"

厨师说："禀王爷，我们府里养的鸭子都只有一条腿！"王爷感到诧异，但碍于客人在场，不便问个究竟。

饭后，王爷便跟着厨师到鸭笼去查看究竟。时值夜晚，鸭子正在睡觉，每只鸭子都只露出一条腿。厨师指着鸭子说："王爷你看，我们府里的鸭子不全都只有一条腿吗？"

王爷听后，便大声拍掌吵醒鸭子，鸭子当场被惊醒，都站了起来。

王爷说："鸭子不全是两条腿吗？"

厨师说："对！对！不过，只有鼓掌拍手，才会有两条腿呀！"

从这个故事中我们得到启发，要想让人们始终处于施展才干的最佳状态，有效的方法就是表扬和奖励，没有比受到上司批评更能扼杀人积极性的了。

在下属情绪低落时，表扬和奖励是非常重要的。身为管理者，应该经常在公众场所表扬创造佳绩者或赠送一些奖品给表现特佳者，以资鼓励，激励他们继续奋斗。一点小投资，可换来数倍的业绩，何乐而不为呢？

1. 内容型激励理论

内容型激励理论要研究的是激励的内容，要找出什么是激励员工的要素，简言之即人的需求和欲望。如果这些需求和欲望不能满足，个体将产生驱力，进而有寻求满足的行为。主要包括马斯洛需求层次理论、X 理论和 Y 理论、双因素理论、ERG 理论和麦克利兰的成就需要理论。

（1）马斯洛的需求层次理论

需求层次理论是马斯洛在 1943 年提出来的理论，他认为每个人内部都存在五种需求：生理、安全、社会、尊重和自我实现（见图 4-2）。这五种需求层次分明，个体顺着需求层次的阶梯上升，从生理需求开始，循序上升，直到自我实现的需求为止。

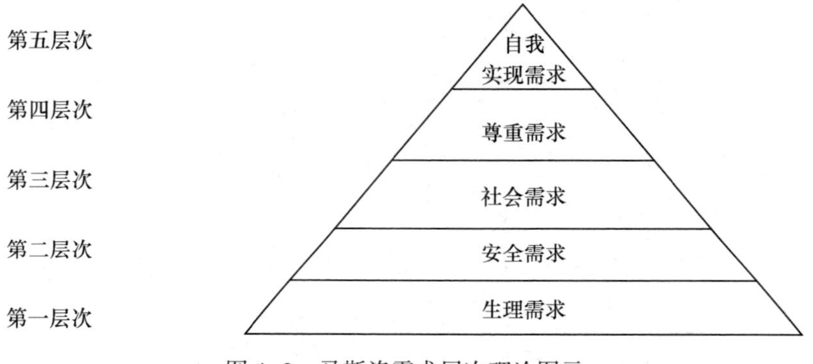

图 4-2　马斯洛需求层次理论图示

1）生理需求，包括饥饿、口渴、蔽体、性及其他身体上的需求。

2）安全需求，即保障身心不受到伤害的需求。

3）社会需求，包括感情、归属、被接纳、友谊等需求。

4）尊重需求，包括内在的尊重因素，如自尊心、自主权、成就感，以及外在的尊重因素，如地位、认同、受人重视等。

5）自我实现需求，包括个人成长、发挥个人潜力及实现理想等需求。

举例来说，人要生存，首先就要解决衣食住行的基本生活需求，所以要找寻工作；有了工作，便会追求工作安全感；接着是希望得到群体的认同；之后是追求荣誉、地位和尊严；最后会为实现自己的理想或抱负而进一步奋斗，以达到“自我实现”的最高需求层次。

管理人员要想激发员工的工作热忱，首先必须了解他们的五个层次需求。在不同的时候，每个人有不同的追求目标，所以管理人员要因时制宜，才可以订立出有效的激励方法。

虽然马斯洛的需求层次理论得到广泛认可，但其本身也存在着一定的问题。它的问题不在于这五个需求的分类，而在于个体的需求不都是如此循序渐进、井然有序的。许多个案显示，尊重和自我实现需求与生理和安全需求是同时存在的，没有先后之分。有时候人甚至会放下最基本的需求，竭力寻找更高层次需求的满足。你很可能听说过有些人为了自己的理想（自我实现），宁愿放弃人类最基本的需求，甚至是生命！

马斯洛的需求层次理论在管理上的含义体现在：一个已经满足的需求会失去引起动机的潜力。因此，管理者应该要设法针对正在产生或尚未满足的需求下功夫。例如，在面临技术转变和大量裁员时，雇主就可以通过工作保障来引起动机。再者，由于裁员会引发压力和工作不安全感，有的公司会以一些心理辅导活动来降低压力，满足需求。如果员工觉得他们的工作有了保障，管理人员就应该开始满足他们的自尊需求，这可以通过赋予职位尊称、参与管理和积极回馈来达成。当员工的自尊需求获得满足，管理人员就可以重新设计工作，以提供更多自主性的方式来进一步增强动机。

（2）双因素理论

双因素理论（也可称为激励—保健理论）是由美国心理学家赫茨伯格在 1959 年提出的。他把企业中的有关因素分为两种，即满意因素和不满意因素。满意因素是指可以使人得到满足和激励的因素，即激励因素。不满意因素是指容易产生意见和消极行为的因素，即保健因素。他认为这两种因素是影响员工绩效的主要因素。

他从调查研究中发现，导致员工不满的因素通常是关于环境或条件方面的外在因素，包括工资、组织成员间的关系、公司政策和管理等。我们只能通过降低这些外在因素的影响来缓和员工的不满情绪，却不能有效地提高员工的满足感和产生激励作用，所以这些因素又称为保健因素。若这类因素处理得不好，便会引发员工对工作不满情绪的产生，处理得好则可以预防或消除这种不满，但它不能起激励作用，只能起到保持人的积极性和维持工作现状的作用。

提高员工兴趣和努力的主要动力源于其对工作本身的发展、责任和成就感。赫茨伯格将这些因素称为内在因素。因为这些因素可以激励员工，所以又称为激励因素。激励因素主要来源于工作表现机会和工作带来的愉快，工作上的成就感，由于良好的工作成绩而得到的奖励，对未来发展的期望，职务上的责任感等。因而激励因素包括升迁机会、个人成长机会、组织认同感、工作责任感、工作成就感等。

根据这个理论，运用管理手段于不同的因素上，其效果是不同的。例如，注重保健因素最多只能减少员工的不满，不能带来满意，没有多大的激励作用；如果管理者想激励员工，则需要强调成就、认可、工作本身、责任和晋升等激励因素。

在企业组织中，要避免或消除员工的不满情绪，就必须常常“补充”保健因素。

例如，员工本身有定期调整薪酬的需求，那么即使他们的工作成果没有增加，这一期望也不会降低。但是，要真正达到激励他们的目的，就必须注重激励因素，给予员工有挑战、有创意和有事业发展机会的工作。只有增强员工的工作意义和责任感，使员工感到自己的重要性，激励因素才能发挥作用。

（3）ERG 理论

ERG 理论是生存、相互关系、成长三核心需要理论的简称。它是美国耶鲁大学组织行为学教授奥德弗在大量实证研究基础上，对马斯洛的需求层次论加以修改而形成的一种激励理论。他于 1969 年在《人类需要新理论的经验测试》一文中指出，在管理实践中将职工的需要分为以下三类会较为合理和有效：生存需要，即提供一个基本的物质生活条件，这包括马斯洛认为的生理需求和安全需求的内容；相互关系需要，即维持人与人之间友善关系的愿望，这与马斯洛的社会需求和尊重需求中的外部因素相一致；成长需要，即人们希望得到发展的内心愿望，这包括马斯洛的尊重需求的内在因素和自我实现需求的各项内容。

ERG 理论认为，同一时间可以有一个以上的需要被满足，如果高层次的需要被抑制，则较低层次的需要将增强。

ERG 理论并不同意马斯洛的“只有较低层次的需求被满足后，较高层次的需求才有被实现的可能”，他认为当一个人的生存需要和相互关系需要尚未被满足时，仍有可能追求成长的满足，甚至是同时追求三个需要的满足。ERG 理论还认为，教育程度、家庭背景和文化环境的不同，都会导致每个人对各种需要有不同的重视程度。

ERG 理论与马斯洛理论有些相似，但他们在以下两个重要方面有很大的分歧。

1）马斯洛的需求层次理论认为，人是在低层次的需求满足之后才向高层次的需求迈进的；而 ERG 理论认为，除了这种满足迈进过程之外，还存在挫折回归过程，因此，当个体实现成长需要的努力遭受失败时，相互关系需要就会重新成为主要动力，而且很可能再把他的努力投向较低层次的需要。

2）马斯洛的需求层次理论认为，个体在一段时间内集中力量满足一种需求；而 ERG 理论认为，同一时间内个体可能具有多种需求，因此，ERG 理论没有马斯洛理论那么僵化，在描述人类行为时留有更大的空间。

你处在哪个需求层次？

说明：对下面的每一问题，根据重要程度选择一个你认为最恰当的数字，须真实填写。

	很不重要	不重要	一般	重要	很重要
1. 与同事融洽相处	1	2	3	4	5
2. 掌握与工作有关的额外技能	1	2	3	4	5
3. 因努力工作而获得高薪水	1	2	3	4	5
4. 为同事所接受和赞赏	1	2	3	4	5
5. 保持工作上的独立性	1	2	3	4	5
6. 定期增长工资	1	2	3	4	5
7. 工作上有亲密的朋友	1	2	3	4	5
8. 自信	1	2	3	4	5
9. 从公司获取优厚的津贴	1	2	3	4	5
10. 与同事坦诚相处	1	2	3	4	5
11. 工作上有自我成长与发展的机会	1	2	3	4	5
12. 免受人身威胁，有安全感	1	2	3	4	5

要求：统计你的得分，并依据马斯洛需求层次理论和赫茨伯格双因素理论分别作出需求分析？

（4）麦克利兰的成就需要理论

美国的麦克利兰提出了成就需要理论，这种理论把人的基本需要分为成就需要、权力需要和归属需要三种。

1）成就需要。成就需要是指争取成功、追求优越感、希望做得更好的需要。成就需要对于个人、团体和社会的发展起着至关重要的作用。成就需要高的人一般都具有关心事业成败、愿意承担责任、有明确奋斗目标、喜欢创造性工作、不怕疲劳等特点。这种类型的人越多，企业成功的可能性就越大。成就需要可以通过行之有效的教育手段来培养提高。

2）权力需要。权力需要是指影响或控制他人且不受他人控制的需要。麦克利兰将组织中管理者的权力分为两种。一是个人权力。追求个人权力的人表现出来的特征是围绕个人需求行使权力，在工作中需要及时反馈，并倾向于亲自操作。二是职位性权力。职位性权力要求管理者与组织共同发展，自觉地接受约束，从体验行使权力的过程中得到一种满足。

3）归属需要。归属需要是指建立友好亲密的人际关系，寻求被他人喜爱和接纳的需要。麦克利兰指出，注重社交需求的管理者容易因为讲究交情和义气而违背或不重视管理工作的原则，从而会导致组织效率下降。

成就需要理论探讨了高层次需要的内容和作用，是对需求层次理论的补充和发展。该理论提出，成就需要是可以培养的，并认为能够通过举办培训班来提高人们的成就需要，这促进了理论研究与管理实践的结合。但成就需要理论的调查对象是物质条件和生活条件较好且社会地位较高的人，因此该理论的推广有一定的局限性。

哪种管理者最适合从事管理工作呢？麦克利兰认为，最优秀的管理者应当是一个权力欲和成就欲都极强的人，这样的人会把精力集中在他们的个人成就和发展上，他们通常是个性很独立的人，乐于主动承担责任，保证完成任务。为了解工作的情况，他们注重短期绩效回馈，这些特征往往与企业的成功密切相关。然而，当管理者管理他人时，这些个性又会是非常有害的。很明显，在一个复杂的组织中，管理者不可能从事一切影响成功的工作，因而群体精神就显得非常必要了。但群体工作绩效的回馈常常模糊不清或有一定的延误，因此，这种管理环境完全不适合激发管理者的成就动机。

对隶属需求强的管理者也同样不会有很好的发展。隶属型管理者对群体接纳他们有强烈的要求，所以，他们常常因担心某些人会疏远他们而在决策时犹豫不决。过分关注维持和睦的人际关系，更会导致他们把精力集中在如何使下级满意上级，从而忽视了他们的工作绩效。

相比之下，那些具有强烈制度化权力需求的管理者，在管理工作中比其他类型的管理者更为高效、更令人满意。因此，一个最好的管理者应具有高权力需求与低亲和需求。

读一读

松下幸之助在总结一生的管理经验时，提出了激励员工的21条诀窍。

1. 让每个人了解自己的地位，定期和他们讨论工作表现。
2. 给予与成就相当的奖赏。
3. 如有某种改变，应事先通知员工。
4. 让员工参与同他们切身相关的决策和计划。
5. 信任员工，并赢得他们的忠诚和信赖。
6. 实地接触员工，了解他们的兴趣、习惯和敏感的事物。
7. 聆听下属的建议。
8. 如果有人举止怪异，应该了解清楚原因。

9. 尽可能委婉地让大家知道你的想法。

10. 解释为什么要做某事，这样员工会把事情做得更好。

11. 万一你犯了过错，要立刻承认，并表示歉意。

12. 告知员工他们所担负职务的重要性，让他们有安全感。

13. 提出批评要有理由，并找出改进的方法。

14. 在责备某人之前，先指出他的优点，表示你只是想帮助他。

15. 以身作则。

16. 言行一致。

17. 把握每一个机会，表明你以员工为骄傲，这样能使他们发挥最大的潜力。

18. 假如有人发牢骚，要尽快找出他不满的原因。

19. 尽最大可能安抚不满的情绪，否则所有的人都有可能受到波及。

20. 制定长短期目标，以便人们据以衡量自己的进步。

21. 支持你的员工，应有的权力和责任是不可分的。

2. 过程型激励理论

过程型激励理论专注于解释为何员工会被激励起来，他们如何决定以哪种行为作出响应、响应到什么程度及维持多久。过程型激励理论主要有弗鲁姆的期望理论、亚当斯的公平理论、目标设置理论等。要注意的是，无论是内容理论还是过程理论，它们都互相补充，各自对工作上的激励提供了不同角度的分析及见解。

（1）弗鲁姆的期望理论

弗鲁姆的期望理论，又称“效价—手段—期望理论”，是由心理学家、行为科学家维克托·弗鲁姆于1964年在《工作与激励》一书中提出来的激励理论。弗鲁姆认为，人总是渴求满足一定的需要并设法达到一定的目标。这个目标在尚未实现时，表现为一种期望，这时目标反过来对个人的动机又是一种激发的力量，而这种激发力量的大小，取决于目标价值（效价）和期望概率（期望值）的乘积。

人们在预期他们的行动会给个人带来既定的成果且该成果对个人具有吸引力时，才会被激励起来去做某些事情以达到组织设置的目标。人们从事某项工作并达到组织目标，是因为他们相信这些工作和组织目标会帮助他们达到自己的目标、满足自己某方面的需要。因此，人们从事任何工作的激励程度将取决于经其努力后取得的成果的价值与他对实现目标的可能性的看法的乘积。用公式可表示为：激励力=效价×期望值。

其中激励力是一个人所受到激励的程度；效价是指一个人对组织设立的奖励或成果的偏好程度，也是个人对某一预期成果或目标的重视程度和评价高低的主观估计；期望值是指通过特定的活动所达到的组织预期成果的概率，也是个人的主观估计。期望理论说明：激励实质上是选择过程，促使人们去做某件事的激励力将依赖于效价和期望值两个因素，且只有在效价和期望值都较高的情况下，对员工的激励作用才会大。

期望理论认为人们行为的动机源于渴望与期待的结果的产生。一般而言，期望理论能用来预测任何有两三种情况待选择的情境。例如，它可用来预测是否离职或留下，是否增加或减少对一件工作的努力，以及是否以管理、计算机、会计或财税为主修课程。该理论认为，人们之所以采取某种行为（如努力工作），是基于他认为这样做可行，并会得到某种成果，而这种成果对他而言是具有吸引力的。一个人是否有努力的意愿，取决于自己的目标和他认为值不值得花费心血去达成那些目标，这就是期望理论所要说明和运用的基本观念。

因此，在实际工作中，设置工作目标要难度适宜，并注意组织目标与个人目标的融合。员工完成工作目标应得到公平合理的报酬，报酬也应与其个人需要相结合。具体应该注意以下几个方面。

1）发现员工重视的报酬或奖励是什么。

2）根据组织目标，明确期望出现的员工行为。

3）确保绩效目标可以达到，并为下属创造支持的环境；确保期望的绩效与报酬之间的联系是直接的、清晰的和明确的；如果员工重视内在的奖励，管理者要能够集中力量重新设计工作而不是提高报酬。

4）确保对员工没有冲突的期望。

5）确保奖励或报酬的差距和变化幅度是巨大的。

（2）亚当斯的公平理论

公平理论又称为社会比较理论，是由美国心理学家亚当斯提出的。该理论主要研究工资报酬分配的合理性和公平性对员工工作积极性的影响。

人们对报酬是否满意是个社会比较过程，满意的程度不仅取决于绝对报酬，更取决于相对报酬。比较的结果会使人们产生公平感或不公平感，如果感觉到自己的报酬与他人相同，则会感到公平，否则就会产生不公平感。

相对报酬=O/I，其中 O 代表报酬，包括工资、奖金、津贴、晋升、表扬等；I 代表贡献，包括知识、经验、技能、资历、努力等。

不公平感会造成人们心理的紧张和不平衡，并导致产生消除紧张的行为。公平理论的模型如图 4-3 所示。

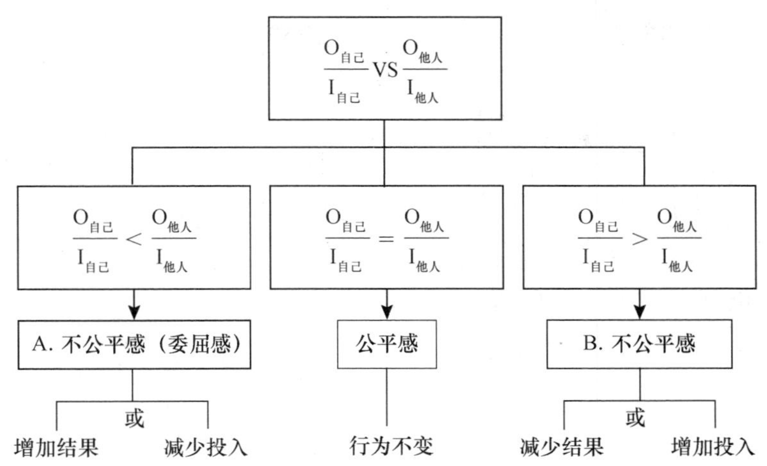

图 4-3　公平理论模型示意图

对于不公平感，如果比较的结果是 A，则可能会采取这些行动：改变自己的相对报酬，减少投入或设法增加报酬；改变他人的相对报酬，让他人多付出或设法减少其所得；更换比较对象，获得主观上的公平感；自我解释，自我安慰；发牢骚，泄怨气，造成人际矛盾；离开现有岗位，另谋职业。如果比较的结果是 B，则可能会采取这些行动：改变自己的相对报酬，增加投入；改变他人的相对报酬，增加报酬。实际上，一个人能做的主要是改变自己的投入，因为其他都属于自己不可控的因素。

公平感是一种主观心理感受，是人们的公平需要得到满足的一种直接心理体验。制约公平感的因素主要有两个方面：一是分配政策是否公平及执行过程是否公开，即客观是否公平；二是比较主体的公平标准，即主观感受是否公平。

公平感的不同决定了对同一种分配制度，不同的人的看法是有差异的。这样，主、客观公平两个维度的不同结合决定了对人们积极性的不同影响，在管理中应区别对待。下面是主、客观公平感的四分图（见图 4-4）。

在实际工作中，个人往往会过高地估计自己的投入和他人的报酬，而过低地估计自己的报酬和他人的投入，从而出现图 4-3 中结果 A 的情况，即认为自己的相对报酬小于他人，这极易导致员工对组织或管理人员的不满。

因此，管理者需要注意以下四点。

1）报酬分配政策应公平合理，建立按劳分配的报酬体系；确保薪酬政策的内部一致性，做到男女同工同酬；执行过程要公开，以提高透明度。

2）对员工进行“公平观”教育，使员工树立与企业价值观相吻合的公平观。保持本组织薪酬水平与其他组织的薪酬水平相比较时的竞争力。

<table>
<tr><td colspan="2" rowspan="2">项目</td><td colspan="2">主　　观</td></tr>
<tr><td>公　　平</td><td>不公平</td></tr>
<tr><td rowspan="2">客
观</td><td>公平</td><td>主、客观都公平
(强激励)</td><td>客观公平
主观不公平
(需要进行公平观教育)</td></tr>
<tr><td>不公平</td><td>客观不公平
主观感到公平
(倡导，但应给予其该得的)</td><td>主、客观都不公平
(去激励、积极性受挫)</td></tr>
</table>

图 4-4　主观与客观公平感的四分图

3）具体分配模式上不搞“一刀切”。在以提高劳动生产率为主要目的时，选择“贡献率”；在以促进、维持和谐安定的人际关系为主要目的时，选择“平均率’；在以促进社会发展和个人幸福为主要目的时，选择“需要率”。在坚持公平原则的基础上，要坚持效率优先的原则，具体体现在主要以绩效为基础进行分配。

4）保证员工的薪酬逐年得到增长，特别是扣除物价指数增长之外，还能略有增长。经济萧条时，如削减薪酬，一定要做好充分的论证和其他准备工作。

（3）目标设置理论

目标设置理论是由美国心理学家洛克在 1967 年，针对期望理论在实践中的应用而提出的。目标设置理论从研究目标本身的难度与明确性开始，以后逐步扩展到实现目标、满足人心理需要的整个激励过程中，揭示了设置目标的心理效果，并提出了目标设置的综合模式。

从激励效果看，有目标比无目标好，但目标对提高努力程度的影响却取决于四个要素：一是目标的明确性，即具体的目标要优于空泛的目标；二是目标的难度，即有一定难度的目标比随手可得的目标要好；三是目标责任心，即能够增强完成目标者责任心的目标比责任不清的目标好；四是接受目标，即完成目标者接受目标将提高完成目标过程中的自觉性与主动性，可以提高努力程度。

在完成目标的过程中，工作绩效水平取决于组织支持和员工的个人能力与个性特点。因此，要想高效率地实现目标，管理者必须为员工实现目标创造条件，如做好后勤支持、能力培训，协调好各方面关系，解决工作中遇到的困难等，以提高并保护员工的积极性。

实现目标后，应让员工获得满意的内在和外在报酬。内在报酬主要是由工作本身带来的，外在报酬主要是工作以外的因素带来的，如表扬、奖金、晋升等。

管理者只有同时做到上述要求，才能发挥目标的激励作用。

目标设置理论在实践中需要做到以下五点。

1）个人目标与组织目标一致。

2）目标设置既有挑战性又有现实可行性。

3）目标体系要方向明确、内容具体、时间界限清晰。

4）目标可以由管理者设置，也可以由员工自己设置，或者由管理者和员工共同设置。

5）目标设置必须要有反馈环节。

读一读

不同目标的结果

三个工人在建筑工地上砌墙。有人问他们在做什么。

第一个工人悻悻地说："没看到吗？我在砌墙。"

第二个工人认真地回答："我在建大楼。"

第三个工人快乐地回应："我在建一座美丽的城市。"

十年以后，第一个工人还在砌墙，第二个工人成了建筑工地的管理者，第三个工人则成了这个城市的领导者。

思想有多远，我们就能走多远。在同一条起跑线上，态度决定一切，要用美好的心情感触生活！你手头的小工作其实正是大事业的开始，能否意识到这一点意味着你能否做成一项大事业。

如果都像第一个人，愁苦地面对自己的工作，再好的工作也不会有什么成效；而同样平凡的工作，看似简单重复、枯燥乏味，有人却能以快乐的心情面对，在平凡中感知不平凡，在简单中构筑自己的梦想，这样的话又有什么困难不可以克服呢？

成功的人总是目光远大、有理想、有自己的人生奋斗目标，不会只看到眼前的困境。

3. 行为改造型激励理论

行为改造型激励理论主要是研究如何转化和改造人的行为，以及如何使人的心理与行为由消极变为积极的理论，主要包括强化理论等。

强化理论是美国哈佛大学心理学教授斯金纳提出的。他认为人类（或动物）为了达到某种目标，本身就会采取行为。当行为的结果有利时，这种行为会重复出现；不利时，这种行为就会减弱或消失。人们可以运用正强化或负强化的办法，来影响行为的效果，从而引导、控制、改造其行为，更好地为组织目标服务。利用强化理论来改造行为，一般有四种方式（见表 4-1）。

（1）正强化：指在期望的行为发生后提供令人快乐的结果，即对期望的行为进行奖励。但应注意，正强化不等同于奖励。

（2）负强化：指在所期待的行为出现后，终止或撤销某种不愉快的刺激，从而使其改变后的行为再现和增加。

（3）消退：有两种方式，一是对某种行为不予理睬，以表示对该行为的轻视或某种程度的否定，使其自然消退；二是对原来用正强化建立起来的、认为是好的行为，由于疏忽或情况改变，不再给予正强化，使其出现的可能性下降，最终完全消退。

（4）惩罚：在一些不期望发生的行为出现之后，做出令人不愉快的反馈，以使这种行为在以后尽可能少发生。

表 4-1　强化类型一览表

	令人愉快或所希望的事件	令人不愉快或不希望的事件
事件的出现	正强化 （行为变得更加可能发生）	惩罚 （行为变得更不可能发生）
事件的取消	消退（忽视） （行为变得不可能发生）	负强化 （行为变得更加可能发生）

根据强化的类型，在管理中工作动机的强化具有以下三个特点。

（1）奖励会增强在类似情况下再次发生这种行为的可能性。

（2）惩罚会减少在类似情况下再次发生这种行为的可能性。

（3）既无奖励也无惩罚的行为迟早会消失。

因而，管理者可以利用奖惩手段来塑造或改变员工的行为。在运用强化手段时可以选择连续强化或间断强化。连续强化是指对每个正确行为都给予强化。间断强化是指仅对部分行为进行强化。具体又有四种不同的间断强化类型：一是固定比率的强化，即按预先规定的固定比率进行强化，如计件工资制；二是可变比率的强化，即没有固定的比率，通常是所需的行为发生多次后才给予一次强化，有较大的随机性；三是固定时间间隔的强化，即不考虑行为表现如何，以一个固定的时间间隔进行强化，如计时工资制、月度奖金等；四是可变时间间隔的强化，即没有固定的时间，随时都有可能实施的强化，如根据效益好坏不定期发放的奖金、随机的工作抽查等。一般来讲，在行为改变的初期使用连续强化，在行为改变的后期使用间断强化。

读一读

斯金纳箱实验

斯金纳做了一个箱子（见图4–5），里面有一只老鼠，在箱壁的一边有一个可供按压的杠杆，在杠杆旁边有一个放置食物的小盒子。动物在箱内按下杠杆，食盒就会释放食物进入箱内，动物可以取食。

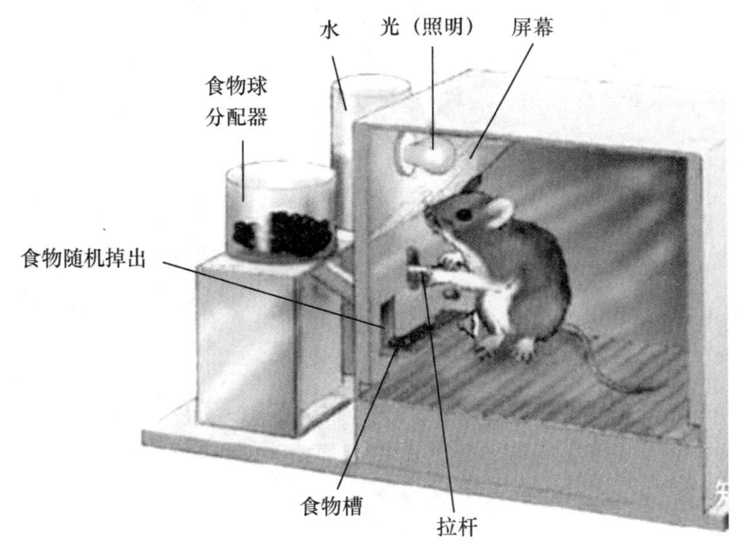

图4–5 斯金纳箱

1. 正强化

实验方式：将一只很饿的小白鼠放入一个有按钮的箱中，每次按下按钮则掉落食物。

结果：小白鼠学会了按按钮。

这说明，奖励可以培养行为习惯。通过掉落食物的奖励，让小白鼠学会了主动按按钮这一行为，这并不是单纯由刺激产生的自发反应，也包括了做选择的过程。

2. 惩罚

实验方式：每次小白鼠不按下按钮，则给箱子通电。

结果：小白鼠学会了按按钮。

这说明了，惩罚也可以培养行为习惯。但其具有一定的副作用，通过惩罚建立起来的行为模式，来得快，去得也快。一旦惩罚消失，行为模式也会迅速消失。一旦箱子不再通电，小白鼠按按钮的行为也随之迅速消失。

3. 固定时间奖励

实验方式：由开始的每次按按钮都会掉落食物，逐渐降低到每一分钟后按下按钮才掉落食物。

结果：小白鼠一开始不停地按按钮。过了一段时间后，小白鼠学会了间隔一分钟按一次按钮。

这说明，固定时间奖励并没有培养起行为者不停按按钮的行为，反而使行为者知道短期内行为不会再得到奖励，从而减少了行为。

4. 随机时间奖励

实验方式：多次按下按钮才掉落食物。

结果：小白鼠学会了不停按按钮。

这说明，通过随机奖励可以支配行为者做出特定的选择，比如，连续按按钮，这就叫作操作性条件反射。值得一提的是，经历了随机时间奖励实验的小白鼠，即使食物不会掉落，也会不断地按按钮，学习行为消失得非常缓慢。

这个实验在一定程度上解释了成瘾行为。人之所以产生依赖感或者说成瘾性，是由于随机时间奖励，行为者很难直观地判断强化机制是否失效，所以单次的失败不会给予明显的惩罚效果并终止行为者的习惯，从而导致行为者的学习行为也会一直持续下去。

业务演练

任务主题：员工激励方案的设计。

任务要求：

1. 各小组为某单位设计一套员工激励方案。

2. 员工激励方案内容要求：

■ 分析单位影响员工工作动机的主要因素；

■ 分析单位人事管理部门在员工管理激励中有何问题；

■ 结合单位实际情况，编制一套员工激励方案（有具体可操作的激励措施），并说明其理论依据；

■ 字数为 1 000~1 500 字。

任务呈现：

1. 各小组将本组撰写的员工激励方案上传到信息化学习平台。

2. 思考并回答以下问题：

■ 激励为何要从员工需求入手？

■ 员工都有哪些主导需要？其优势动机是什么？

■ 在编制员工激励方案前是否要对员工的主导性需求做一次调查？

■ 激励的原则和需要注意的问题是什么？

任务二　激励理论在实践中的运用

知识准备

一、目标管理

期望理论与目标设置理论都提到了目标在激励中的重要性。

目标管理法是在企业管理实践中自然生成的，是以系统的方法集合许多关键管理活动，使组织中的上下级共同商定组织的总目标及围绕总目标的部门和个人目标，并有意识地引导人们通过协调和支持来有效达成组织和个人目标的管理体系。

1. 目标管理的实质

（1）建立相互支持和明确责任的目标网络

目标管理是一种过程，它首先要求确定明确的总目标，根据总目标制订总计划，并根据总计划调配人员、调整组织，然后一级接一级地将目标分解到组织的各个单位。因为组织中各个层次的人员都参与设定了他们自己的目标，所以，目标管理的目标转化过程既是自上而下的目标分解，又是自下而上的责任承诺，其结果是形成了一个目标的层级结构。在这个结构中，上下级的目标相互支持，责任明确，并形成具体的、定量化的绩效目标。同时，目标管理还要求部门之间与个人之间的目标彼此连接，形成网络。在这个网络中，如果所有人都实现了他们各自的目标，那么，组织整体目标的实现也将成为现实。

（2）强调人的因素，鼓励员工参与管理

目标管理中的目标确定，不是完全由上级确定并分派给下级的，而是鼓励员工以参与的方式确定。这种目标的确定方式给予员工充分的信任，员工在这种信任和尊重的氛围中，对自己的职责和可能实现的绩效目标作出承诺，并与上级人员达成共识，然后员工就会自觉地去实现自己承诺的目标。因此，目标管理是一种参与的、自我控制的管理制度，员工在参与的过程中获得了成就感和被人尊重的满足感，组织目标也在员工的承诺中得以实现。

（3）目标管理强调效益第一

目标管理中目标的确定有明确的效益指标，在调配人员、分配资源、确立组织和实施的过程中都是以效益为中心的。只有效益指标得到了落实，我们才能说目标管理是成功的。因此，目标管理强调的是以效益为目标的管理，它重视绩效目标，重视成果评定，并借成果评定提高效益。

2. 目标管理的过程

（1）目标体系的制定

确定目标是目标管理中起决定性作用的工作，它包括确定组织的整体目标、制定下属人员的工作目标和制订行动计划三项工作。这个过程比较复杂，实际操作中应把握以下几个要点。一是目标管理必须被全体员工所理解，并真正得到上级领导的全力支持。这样可以起到动员和宣传的作用，有利于形成一个实行目标管理的良好组织氛围。二是上下级共同参与制定目标，这样有助于调动员工实现目标的主动性和积极性。三是目标的制定是一个反复的过程。由高层设置的目标是初步的，当由下级拟订出整个可考核的目标体系时，可根据它来进行修改。管理人员应反复地与他的上级一起审查所有下级的工作目标和他自己的目标，直到部门中的每项工作都制定合适的目标。四是最终形成的目标体系应既有自上而下的目标分解体系，又有自下而上的目标保证体系，从而保证总目标的实现。

（2）目标的实施

通过逐级授权，使每个人都明确在实现总目标的过程中自己应承担的责任，实行职责范围内的自主管理、自我监督、自我调整，以保证全面实现既定的绩效目标。在此过程中要把握以下几个要点。一是实行充分授权，创造个人自由完成目标所需要的条件。二是实行自我管理。自我管理的最大成效就是使员工感到工作是出自内心愿望，从而能够发挥最大的积极性。三是要保持经常的成果反馈。下级定期地向上级讨论实施目标的进展情况，上级则不断地将衡量的结果反馈给下级，以便他们能够调整自己的行动，与组织的整体行为保持一致。

（3）成果的评定与奖励

当目标的实施活动达到规定的期限，应按照定量目标值对实际取得的成果作出评价，并使这种评价与奖励挂钩。基于成果的奖励有助于目标管理的成功。因为评价的目的是为了促进管理工作的改善和职工个人能力的提高，并鼓舞全体员工的斗志，以便为下一循环打好基础，所以，评价采取在自评基础上的综合评价方法，管理人员及其下属共同讨论下属所取得的成果，努力使评价结果真实、准确而又易于接受。

（4）目标管理的评价

目标管理是目前管理者运用最广泛的管理方法之一。许多组织应用目标管理取得了显著的成效。在组织计划的实施过程中，目标管理形成了一个全员参与、全过程管理、全面负责、全面落实的立体管理体系，它的优点是非常突出的。

1）目标管理极大地提高了员工的士气。目标管理最显著的特点是员工的参与，参与使员工了解到他们的工作直接关系到组织目标的实现。目标管理提供了一种良好的激励氛围，使掌握了自己命运的员工对工作充满热情。

2）目标管理有助于改进管理和澄清组织行为指向。目标管理强调建立明确的目标的重要性，明确的目标指明了计划工作的方向，并为控制提供了标准。为了实现这种明确的考核目标，管理者需要在组织内部确定并协调各种资源的分配，安排合适的人力，并为下属提供帮助和支持，这一系列的工作都促进了组织管理水平的提高。目标管理还强调要有明确的职责分工，要尽量使每个目标都成为某一个人的明确责任。这项工作的落实往往会使人发现组织的缺陷并加以完善，因此目标管理有助于使组织内部的权责明晰化。

3）目标管理有助于形成有效的控制。有效控制的前提条件之一就是必须有明确的、可考核的目标。目标管理中建立起来的环环相扣、彼此支持、有明确可考核标准的目标是有效控制的最好工具。

读一读

幸岛短尾猴的故事

位于日本南部宫崎县的幸岛是短尾猴的故乡。日本科学家对幸岛短尾猴的研究已有半个世纪之久，研究过程中最著名的发现是猴子也会清洗红薯。科学家将这种行为看作是非人类种群表现出的一种文化现象。

1952年，日本京都大学的一位教授带着几名学生对短尾猴进行了观察研究，在研究的过程中，他们在沙土里种植了一些红薯，走的时候就把这些红薯留下了。后来，猴子发现了红薯，就开始将其作为食物。由于红薯是在沙土里生长的，红薯上经常粘着一些沙子，比较硌牙。

后来，有一个聪明的猴子发现，把红薯放到水里洗一下再吃就不会硌牙了，于是他高兴地把这个发现告诉了身边的猴子，这些猴子也开始用水洗红薯吃。再后来，这些猴子又把这个秘密告诉了其他的猴子，甚至告诉了其他岛上的猴子。于是有一天，一个令人震撼的场景出现了，皎洁的月光下，100多只猴子排着队在水里洗红薯。

这个故事说明了一个道理，一个人在小范围内做正确事情的时候，他的行为可以影响到身边的人，而这种影响会产生一种聚合效应。在目标管理中，领导带头谈目标、定目标、回顾目标就是在做正确的事情，而领导的这种行为可以影响到经理层和员工，使大家逐渐培养一种目标管理行为，并最终形成自我控制。

目标管理如果没有高层领导的支持和推动，没有高层领导的以身作则和示范作用，就会很难推行，因为它是一种思想和组织行为，领导须起到带头作用！

二、个性化奖励

所有的内容型激励理论都指出，对个体具有激励性质的因素是千差万别的，而且，期望理论认为个体对不同的刺激因素会赋予不同的效价。这表明，通过将个体奖励与个体需求和欲望相协调，组织能在吸引和激励员工方面产生竞争优势，其中一个明显的领域是福利的提供。例如，关于退休计划和保险，一个未婚无子的28岁员工和有三个孩子上大学的50岁员工的需求是不一样的。

管理者在试图分析和确定是什么激励了个体员工行为的时候，经常犯的一个错误就是过分强调了外在奖励（如加薪、奖金、工资水平、工作安全、工作称谓等），而忽略了内在奖励（如令人兴奋和有挑战性的工作、学习新技术的机会、成就感等）。事实上，最近有一项关于美国成人的随机抽样调查，让被调查者把工作中最重要的方面进行排序，结果薪水被排在了第三位。但是，当问被调查者是什么激励了其他人时，75%

的人回答说薪水是他人最主要的激励因素。很明显，绝大多数人觉得他们是被一些能满足更高层次的尊重、成长或成就需求的事物激励着的，但是却认为别人主要受到生理和安全需求的激励。

一些研究表明，如果一个人因本质上令人满意的工作而受到外在的奖励，他可能将绩效归因于外部的力量，而导致他对工作的内在兴趣降低，这说明过多依赖外部激励因素可能导致人们丧失对完成工作的自然兴趣。然而，这种观点已得到了一些研究者的挑战，他们论证道：在工作环境中，外部奖励对于任何类型的工作激励都是必要的。管理者必须关注这两种类型的奖励，不能失之偏颇，应尽力达到两者的适度平衡。根据每个个体在组织中所处的位置不同，他们所关注的激励性事物也不同。不同岗位、不同层级的人可能有不同的考虑，这就带来了个别的需求。例如，比起任期长的员工，新来的员工会觉得反馈更有激励性，而工作时间长的人则认为发挥自主性更为重要。

实际上，当《哈佛商业评论》的记者请12位高层管理者就激励员工这一问题陈述他们脑中最重要的想法时，联想集团主席柳传志指出，一名领导必须给不同员工群体创立不同的激励。他根据员工在组织中的功能，将员工分成了三个群体，并给每个群体分别提供了适当的激励。第一个群体是公司的高级经理。他们必须有公司所有者的意识，所以让他们持有公司的股票。这群员工还希望得到认可，因此也提供给他们发表演说的机会。第二个群体是中层管理者，他们想成为高级管理者，所以对这个群体使用的主要激励手段包括提供展示和发挥他们知识、技能的机会，这样他们在公司里获得提升的机会就会更多。第三个群体是一线员工。他们最需要的是稳定和安全感，因此要根据他们的绩效，使他们获得可预测的奖金，而且，他们被允许参与有关奖金分配的决策。

三、员工参与方案

为了鼓励员工对组织的成功做出更多的承诺与奉献，不少组织运用了员工参与方案，其中包括参与管理、质量圈和员工持股计划等方式。这种激励技术的隐含逻辑基础是：让员工参与影响他们自己的决策，并增加他们对工作生活的自主权和控制力，这会使员工的工作积极性更高、生产效率更高、对组织更忠诚、对工作也更为满意。这种方案受到马斯洛的需求层次理论、麦克利兰的成就需要理论、赫茨伯格的双因素理论等的影响。

1. 参与管理

所有员工参与管理方案都有一个明显的共同特征，即下属在很大程度上可以与直接主管共享决策权，即他们共同作出决策。

员工参与管理在当今很多情况下被推崇为治疗员工士气低落和生产力低下的灵丹妙药。然而，这种做法是否有效，关键取决于以下三方面内容：一是员工参与解决的问题是否关系到他的根本利益；二是员工是否具备必要的能力和知识，从而为决策带来有效的贡献；三是参与的各方是否相互信任、相互依赖。

为什么管理层希望与下属分享决策权呢？原因包括很多方面。首先，在工作日益复杂的今天，管理者常常并不了解员工所做的具体工作。所以，参与管理使那些最了解工作的人共享决策权，其结果会带来决策的更加完善。其次，员工参与还可以提高人们对决策的承诺。如果员工参与了决策过程，则在实施决策时，他们反对这项决策的可能性会更小。最后，参与管理为员工提供了内部奖励，它使员工的工作更有趣也更有意义。

许多研究探讨了参与管理与工作绩效之间的关系，人们发现，参与管理对员工生产效率、动机和工作满意度这些变量只有中等水平的影响程度。当然，这并不意味着在有些条件下使用参与管理毫无益处。也有研究表明，参与管理的使用并不是提高员工绩效的万全之策。

2. 质量圈

质量圈技术最初在美国出现，20 世纪 50 年代传到日本。质量圈的具体做法是，由 8 到 10 名员工和主管组成工作小组，共同承担工作责任。小组成员定期会面，常常是一周一次，利用上班时间和工作场所讨论质量问题，探讨问题的成因，提出解决建议，并实施纠正措施。他们承担解决质量问题的责任，对工作进行反馈并对反馈进行评价，但管理层一般保留最终决定权以确定是否实施建议方案。

一些研究证据表明，质量圈会对工作效率产生一定的积极影响，但它对员工满意度的影响却很小。而另一些研究并没有发现质量圈对工作效率有显著的积极影响。可见，许多质量圈方案并未达到预期的效果，其原因可能来自两个方面。

其一，员工实际上只有很少的时间参与活动。这些方案通常每周只碰面一次，每次不过讨论两三个小时，这种简短的讨论不可能带来重大的影响。

其二，质量圈过程实施的简便性常常会削弱它的效果。质量圈常常被看作是一种简单方法，因为对它的实施几乎不需要改变这一方案以外的任何方面，而且在许多情况下，管理部门的参与仅仅是提供资金。但由于缺少计划性和高层管理者的承诺、参与等因素，质量圈常常以失败告终。

3. 员工持股计划

员工持股计划是公司建立的一项福利措施，作为福利的一部分，员工可以获得股票。现在很多公司超过一半的股票都由员工所有。

一项研究对 45 个采用员工持股计划的公司与 238 个传统公司进行了比较，发现在雇员增长和销售增长两方面，员工持股公司均优于传统公司。另一项研究发现，在其他条件相当的情况下，采用员工持股的公司与未采用员工持股的公司相比，四年之后所有股东的回报率平均高出 6.9%。不过，也有一些研究得到了令人失望的结果。

应该说，员工持股计划具有提高员工满意度和工作动机的潜力。但是，为了使这种潜力转变为现实，员工除了拥有企业的股份之外，还需要定期了解企业的经营状况，对企业的业务施加影响，真正成为企业的主人翁，这样才能有机会显著改善组织绩效。

读一读

综合型激励理论

行为主义激励理论强调外在激励的重要性，而认知派激励理论强调的是内在激励的重要性。综合型激励理论则是这两类理论的综合、概括和发展，它为解决调动人的积极性问题指出了更为有效的途径。

心理学家勒温提出的场动力理论是最早期的综合型激励理论。这个理论强调，对于人的行为发展来说，最主要的是个人与环境相互作用的结果。外界环境的刺激实际上只是导火线，而人的需要则是内部的驱动力，人的行为方向决定于内部系统的需要强度与外部引线之间的相互关系。如果内部需要不强烈，那么，再强的引线也没有多大的意义。

波特和劳勒于 1968 年提出了新的综合型激励模式，将行为主义的外在激励和认知派的内在激励综合起来。在这个模式中含有努力、绩效、个体品质和能力、个体知觉、内部激励、外部激励和满足等变量。

在这个模式中，波特与劳勒把激励过程看成外部刺激、个体内部条件、行为表现、行为结果等因素相互作用的统一过程。一般人都认为，有了满足才有绩效。而他们则强调，先有绩效才能获得满足，奖励是以绩效为前提的，人们对绩效与奖励的满足程度反过来又会影响以后的激励价值。人们对某一作业的努力程度，是由完成该作业时所获得的激励价值和个人感到做出努力后可能获得奖励的期望概率所决定的。很显然，对个体的激励价值越高，其期望概率越高，其完成作业的努力程度也越大。同时，人们活动的结果既依赖于个人的努力程度，也依赖于个体的品质、能力，以及个体对自己工作作用的知觉。

波特和劳勒的激励模式还进一步分析了个人对工作的满足与活动结果的相互关系。他们指出，对工作的满足依赖于所获得的激励同期望结果的一致性。如果激励等于或者大于期望所获得的结果，那么个体便会感到满足。如果激励和劳动结果之间的联系减弱，那么人们就会丧失信心。

业务演练

任务主题：员工激励案例分析。

任务要求：阅读以下案例，完成小组任务。

假设你是某网络公司技术支持部门的主管，综合运用你在本项目中所学的知识，结合你的个人经验，分析以下案例中管理者面临的四种措施的优势及劣势，同时分析哪个措施是最合适的，并解释原因。

在技术支持部门工作的小王，最近遇到了一些问题。小王大学学习的是物理学，自从毕业后她就加入了公司。在你所在的企业，小王是为数不多的女性管理培训生。当她完成了两年的轮岗培训后，公司里没有特别适合她专业的岗位。但是小王最后加入了你的部门，岗位是技术支持助理。小王工作努力，对岗位要求的职责工作完成得游刃有余。但是，她经常与部门同事在沟通方面存在问题，同时，她也缺乏独立工作、处理问题的能力。在最近的一次绩效面谈中，你和小王谈到这个问题，但是小王觉得这些都不是大问题，并且和你特别强调了她的技术能力。

在一些非正式的场合，不少同事和你提出，有些技术问题小王根本不能处理，甚至有些同事向你反映，小王的能力不适合这个岗位。众所周知，对于技术支持部门来说，技术能力是岗位要求的关键能力。技术能力的欠缺意味着不胜任岗位将面临解雇的结局。

作为部门管理者，你必须解决这个问题。而解决问题的最理想状态在于，既不能打击员工的工作积极性，同时还要提高团队的凝聚力。

你面临的四种解决措施如下。

（1）解雇小王。尽管培训小王对公司来说已经是一笔不小的开支，但如果不解雇小王，后续的错误成本可能更高。

（2）安排小王只做你觉得在她能力范围内的工作，这样可以提高小王的工作满意度和工作积极性。

（3）调离部门。安排小王去一个不需要过多与人交流的部门，同时尽可能做到人岗匹配。

（4）加强培训。安排小王重复进行管理培训生第二年的项目，虽然这个会使你的团队短期里不团结，但是可以提高小王的能力去适应现有的岗位。

任务呈现：小组讨论并分享。

（1）以小组为单位，讨论四种解决措施，分析优势及劣势，选出最合适的措施，并解释原因。

（2）分组展示，全班讨论，教师评价各组表现。

练习题

1. 什么是激励？描述激励的过程。
2. 内容型激励理论包括哪些理论，主要内容是什么？
3. 过程型激励理论包括哪些理论，主要内容是什么？
4. 行为改造型激励理论包括哪些理论，主要内容是什么？
5. 在管理中如何运用需要层次理论、目标设置理论、公平理论等？
6. 案例分析。

固定工资还是佣金制

白泰铭在大学的专业是日语，但成绩不算突出，毕业后便被一家中日合资的公司招为推销员。他很满意这份工作，工资高，而且还是固定工资，不用担心自己未受过专门训练而比不过别人。若拿佣金，比人少得太多就会丢面子。

刚上班的头两年，小白的工作虽然兢兢业业，但销售成绩只属一般。不过随着他对业务越来越熟悉，他的销售额也在渐渐上升。到了第三年年底，他已列入全公司几十名销售员中的前 20 名了。他很有信心地估计，下一年自己会成为推销员中的冠军。不过这家公司的政策是不公布每人的销售额，也不鼓励互相比较，所以他还不能很有把握地说自己一定会坐上第一把交椅。

去年，小白干得特别出色，尽管定额比前年提高了 25%，但到九月初他就完成了这个销售额。根据他的观察，同事中间还没有人完成定额。十月中旬，日方销售经理召他去汇报工作。听完他用日语做的汇报后，日方的销售经理对他格外客气，祝贺他取得的成绩，并在他要走时对他说："公司要再有几个像你一样的推销明星就好了。"

今年，公司又把他的定额提高了 25%，尽管一开始不如去年顺利，但他的业绩仍是一马当先。他根据经验估计，十月中旬前他准能完成自己的定额。可是他觉得自己的心情并不舒畅，最令他烦恼的事就是公司不公布大家业绩的好坏。他听说本市另两家也是中外合资的企业都搞销售竞赛和有奖活动。一想到自己公司的这套做法，他就特别恼火。其实一开始他并不关心排名的问题，但如今却十分重视。不仅如此，他开始觉得公司对推销员实行固定工资制是不公平的，一家合资企业不应搞大锅饭，应该按劳付酬。

上星期，他主动去找了那位日方经理并谈了他的想法，建议改为佣金制，至少也要按成绩给奖金。但经理说这是既定政策与公司的文化特色，所以拒绝了他的建议。昨天，小白辞职去了另一家公司。

思考题：

（1）小白为何不同意公司现有的付酬制度？试用亚当斯的公平理论来解释。

（2）小白能否算一位高成就激励者？试用麦克利兰理论的标准来说明。

项目五

群体管理——打造高绩效团队

【项目导入】

在 VUCA 时代，团队合作日益成为当代组织工作的重要形式，团队工作的能力也成为在招聘中衡量求职者的一项重要标准。因此，了解团队的特征及其对个人的影响是非常具有现实意义的。但是，群体和团队有什么区别？群体是怎样达成一致意见的？团队成员如何一起工作？如何打造高绩效的团队？这些都是我们在本项目中要解决的问题。

一、主题案例

辉腾公司的员工关系

董莉第一天到辉腾公司华南分公司上班时就注意到了孙华。董莉感觉孙华对她表现得较为疏远，她认为有可能是因为孙华妒忌自己学历高且毕业于海外知名大学。作为职场新人，董莉下定决心要和办公室里的每一位同事都建立良好的关系。于是她主动和孙华沟通，一有机会就会在办公室同事面前称赞孙华的工作表现，出差回来偶尔也会给孙华的孩子带些小礼物。

然而，随着公司华东地区营销主管任命的宣布，董莉就不再和孙华讲话了。董莉的老家在华东某市，因而她一直留意着华东地区营销主管这个职位，并认为以自己的能力有极大可能获得该职位。与她一同竞争的还有其他两位竞争对手。和竞争对手相比，董莉资历相对较浅，但是她的工作能力很强，且多次获得过高层管理者的褒奖。因孙华不具备研究生学历所以不在候选人名单之列，但他的意见在高层决策中有较大的影响力。董莉相信，如果孙华全力推荐她，她的胜算很大。

但最后，竞争对手宋红得到提升，去了华东分公司。董莉很失望，一方面是因为自己的落选，另一方面更是因为宋红在能力、人品方面都有问题，董莉和孙华在私下里都多次表达了对宋红的反感。董莉认为公司选中宋红是对自己的侮辱，甚至她对自己的整个职业生涯都开始反思。有传言说孙华对提拔决策施加了重要影响，这证实了董莉的猜测，于是她决定把和孙华的接触降到冰点。

办公室关系迅速冷却下来，并持续了相当长的一段时间。孙华很快也感受到了董莉的刻意冷淡，也放弃了修复关系的打算，彼此之间不作交流，实在不得已的情况下用不署名的便签进行工作上的交流。这种办公室的冷战令他们的直接上司熊飞忍无可忍，于是把他们两个召集到一起开了个会，让他们说清究竟为什么别扭。

董莉一开始否认，她表示与孙华之间没有任何工作关系上的变化，而当她看到领导严肃认真、一副不解决问题绝不罢休的模样时，脱口说出了自己的看法："通过这次人事晋升推荐，我看明白了孙华更喜欢和宋红这样的人打交道。道不同不相为谋。"

孙华惊讶地张大了嘴。

熊飞说："这次人事调整，孙华确实有功劳。宋红被成功地调离了华南分公司，这样你们谁也不用花心思想办法去对付她了。如果你因为这个提升对孙华不满，那我希望你知道，孙华在这次考核中说了你很多的好话，他夸奖你的业务能力，并且力荐人力资源部门给你加薪，推荐你成为营销总监的储备干部。"

董莉听到这些后感到十分尴尬，她不好意思地向孙华道歉，孙华耸耸肩说："下班后请我到星巴克喝咖啡吧。"

在星巴克，董莉向孙华坦白了过去这段时间她的各种假想，为自己的偏见感到羞愧。孙华说，董莉以为的他的疏远、冷漠，实际上是一种敬畏，他看到她的优秀和效率，所以小心翼翼，唯恐阻碍了她的发展。

第二天，办公室气氛恢复了正常，各项工作有条不紊地进行。

思考题：

1. 董莉和孙华之间产生的矛盾是什么？

2. 本案例对于建立高效群体有何借鉴意义？

（资料来源：孙晓玲. 组织行为学：第 3 版［M］. 北京：中国人民大学出版社，2018.）

二、学习目标

知识目标

1. 掌握群体的基本概念、发展阶段及属性。

2. 掌握团队的基本概念及类型。

3. 掌握高绩效团队的特征和打造高绩效团队的方法。

能力目标

能够在实训中提升团队合作能力、团队管理能力和组织协调能力。

任务一　群体行为管理

知识准备

一、群体的概念与类型

1. 群体的概念

在组织行为学中，我们可以把群体简单定义为为了实现某个特定的目标，两个或两个以上相互作用、相互依赖的个体的组合。

美国社会心理学家霍曼斯在研究群体时发现，群体的构成包括四个要素，即活动、相互作用、感情和群体规范。社会活动的组织和开展维系着群体的存在，而只有在群体活动中，通过群体成员之间的沟通与接触，群体成员之间以及成员与群体之间所产生的心理认同、心理倾向和体验（也就是群体的感情），才对群体的活动和群体成员间的关系有着重大的影响。在群体活动中，群体内成员之间为了使大家的行为指向共同的目标，需要在活动过程中确立具有约束力的行为准则，以此协调群体成员的个别行为。

2. 群体的类型

群体的类型多种多样，依照不同的标准，可以把群体划分为不同的类型。这里主要介绍几种在组织研究中常用的群体类型。

（1）按群体规模分类

按照群体的规模，群体可以分为大型群体和小型群体。

虽然无法简单地利用数量划分大小型群体，但大型群体和小型群体之间确实存在一些差别。一般而言，大型群体的成员相对较多，成员间关系比较松散，人与人之间的直接接触和沟通较少，群体成员之间主要因为组织机构、工作任务和目标等原因发生相互作用，或者组织群体活动。

小型群体的成员相对较少，小型群体成员间能够频繁地直接交往和活动，群体成员间的感情联系较为紧密。组织行为学中群体行为研究的重点是存在直接互动关系的小型群体。

（2）按群体组织属性分类

按照群体的组织属性，群体可以分为正式群体和非正式群体。

正式群体是指组织结构确定、职务分配明确、职责清晰的群体。在正式群体中，一个人的行为是组织目标规定的，是为了完成组织目标而进行的。例如，某公司由 10 名成员组成的销售部门就是一个正式群体。正式群体又称为工作群体。

非正式群体是指不为组织正式承认，也不是正式组织的目标、任务和组织结构所决定的群体，他们可能是出于政治、友谊或共同兴趣的原因形成的。按照形式、动机的不同，常见的非正式群体主要可分为友谊型群体、利益型群体和兴趣爱好型群体。例如，三个来自不同部门的员工定期共进午餐，公司里喜欢打乒乓球的员工组成乒乓球俱乐部，这些都是非正式群体的例子。在非正式群体中，成员之间的互动虽然是非正式的，但却能够显著影响他们的行为和绩效。

正式群体和非正式群体可以在一个组织中同时存在。在一个组织中，非正式群体可以帮助管理者减少管理的工作量，弥补管理者的能力缺陷，并且为雇员提供集体的融入感与安全感。但是有些非正式群体也可能限制群体成员的产出，或抵制变革等。组织应该重现和利用非正式群体对员工的积极作用，但也要正确引导和纠正对组织不利的小团体，使其对组织目标的实现和员工的利益产生积极影响。

（3）按群体成员归属分类

按照群体成员个人的实际归属情况，群体可以分为实属群体和参照群体。

实属群体是个体实际归属的群体，个体在其中要承担相应的责任和义务，享有相应的权利和照顾，并与他人发生互动关系，受到群体规划、行为规范、群体压力等因素的制约。

参照群体不一定是个体实际归属的群体，但肯定是个体在心理上向往的群体，个体会把这种参照群体的规范、标准、价值观等作为学习的榜样和行动的参照。

非正式群体对组织的影响

某地产业园中大多是生产服装的中小型企业，A 公司也位于此产业园。A

公司生产的绝大多数产品是按照国外订单定制，然后出口的。一直以来，A公司一直都保持着稳定的发展。公司也非常重视员工的待遇与福利，希望能够提供有竞争力的待遇来留住核心人才。2015年，产业园里某些企业的员工因住房公积金问题罢工，A公司的厂长觉得自己企业在员工待遇方面一直都是合规操作，并且给员工也缴纳了住房公积金，本企业的员工应该不会跟着罢工。但是，在产业园的罢工潮达到高峰时，A公司60%的员工也开始在厂区静坐，举行罢工。厂长觉得非常不能理解，仔细一问才知道，这些一起罢工的员工大多来自同一个省份，或者以前在同一家公司工作过。A公司罢工的员工想以罢工的形式，支持产业园中其他企业的罢工人员。

这些由老乡或老同事组成的员工群体就是一种非正式群体。在以上的案例中，这种非正式群体的破坏活动具有集体性，一般不表现为单个成员与公司上司进行对抗，而是以群体形式使整个公司的基础松动，所以其破坏力特别强，后果也特别严重。

二、人们加入群体的原因

人们加入群体的原因多种多样，我们可以将其分为五个方面。

1. 安全需要

通过加入一个群体，能减少个体独处时的不安全感，还能降低自我怀疑，并在威胁面前更有信心。

2. 地位需要

通过加入某些群体，个体可以获得别人的认同，从而增加满足感。

3. 情感需要

群体可以满足其成员的社交需要，人们往往会在群体成员的相互作用中感受到满足。

4. 权力需要

在群体活动中，可以满足个人对权力的需要。

5. 实现目标需要

有时，为了完成特定的目标需要多个人共同努力，集合众人的智慧和力量。

三、群体发展的阶段

群体发展的五阶段模型可以在一定程度上反映群体的变化。

第一个阶段是形成阶段。群体成员刚刚互相认识，对群体的目的、结构以及领导方面存在不同的意见，不知道哪些行为可以被群体所接受。当群体成员开始把自己当作群体的一分子来思考问题时，这一阶段就算结束了。

第二个阶段是震荡阶段。在这个阶段，内部冲突不断，一般会通过群体成员的讨论及协商解决，在群体内部开始出现比较明朗的领导层级，并对群体的发展方向达成共识。

第三个阶段是规范阶段。在前一个阶段，群体内部冲突解决后，群体成员的关系进一步密切，从而形成群体规范和群体凝聚力。

第四个阶段是执行阶段。在这个阶段，群体成员会齐心协力地完成当前的工作任务，群体的绩效达到最高。

第五个阶段是解体阶段。不是所有的群体都会经历这个阶段。对于长期存在的工作群体来说，执行阶段是其发展历程的最后一个阶段。但对于临时群体来说会存在解体阶段来为活动收尾和群体解散做好准备。

做一做

经典的成功团队——取经团队

《西游记》中唐僧师徒团队是一个经典的成功团队，组成这个团队的目的是为了到西天取经。在取经团队中四个人是互相依存、缺一不可的。唐僧虽然既非擒妖能手，又不会料理行程上的事务，但他目标明确、善于用人，得到了上司的直接授权，又得到以观音为首的各路神仙的广泛支持和帮助，是团队的核心人物。孙悟空本领高强，恃才傲物，争强好胜，是实现组织目标的关键人物。猪八戒虽然本领较弱、组织纪律性不强、贪财好色，但具有乐观主义精神，能说会道，起到了润滑剂的作用。沙和尚言语不多、任劳任怨，承担了项目中挑担等无聊的工作，起到了协调和实干的作用。

问题：依据群体发展五阶段模型，取经团队的发展经历了哪几个团队发展的时期？分析并给出理由。

四、群体的属性

工作群体并不是一群无组织的乌合之众，而是有属性的。群体的属性可以帮助我们理解群体成员的行为，并且帮助解释和预测群体内的个体行为和群体绩效。

1. 角色

莎士比亚说："世界是个大舞台，所有人都是舞台上的演员。"确实，所有的群体成员都是演员，每个人都在扮演一种角色。角色是指人们对于在某个社会单元中占据特定位置的个体所期望的一套行为模型。在生活中，我们需要扮演多种不同的角色，如果想要理解一个人的行为，关键在于弄清他现在扮演的是什么角色。

想一想

李威的多重生活

李威是一所高校的教师和某系副主任，同时又是某科技公司的总经理。在工作中，他要扮演多种角色，例如，大学的雇员、大学的中层管理人员、授课教师、所在研究所的负责人、三个研究生的导师、科技公司法人代表等。下班后，他要扮演的角色就更多了：丈夫、父亲、儿子、教师篮球队主力中锋、曲艺俱乐部会员等。

其中的许多角色是相互兼容的，有些则是相互冲突的。例如，李威的教师身份会不会影响到他作为一个公司的法人代表去作出裁减雇员的决策？由于最近科技公司的一项业务发展需要，他不得不调往上海开发新的市场，但其家人却非常希望他留在杭州，他工作角色的要求应该在丈夫和父亲角色的要求面前让步吗？

（资料来源：严进. 组织行为学：第3版［M］. 北京：北京大学出版社，2020.）

2. 规范

所有群体都确立了群体的规范。群体规范的存在限制了群体成员的行为。比如说，员工不会公开批评自己的上司。所谓规范，就是群体成员共同接受的一些行为标准。群体规范规定了群体成员能够做的行为以及不能做的行为。一旦群体规范被群体成员认可并接受，它们就能够影响群体成员的行为，这时只需要最低限度的外部控制。

规范几乎涵盖了群体行为的各个方面。有些规范是明文规定的，例如，在工作群体中的绩效标准，它详细地阐明了员工应当以何种努力程度来工作，以何种方式完成工作，何种程度的拖延是可以的，和许多诸如此类的事项。有些规范不是明文规定的，例如，有些工作群体约定俗成每周五是便装日。

想一想

某大学青年教师宿舍的一层有十间房，共住了18名青年教师。这是一个由年龄、地位和收入都大致相同者组成的松散生活群体。宿舍用电规则上明文规定：严禁使用电炉，违者重罚。

然而，除一间宿舍外其余几间房都有电炉，而且大家还公开推广了一种偷电方法：在各自门外的电度表进出线间跨接了一种马蹄形导线，月末校动力科派人抄录电表时暂时拆去。半年中，曾有两间房因忘了拆去导线而被抓住，各罚款30元，大家也都表示同情。

他们这种行为显然是与正式规范特别是师德相背离的，但他们却有一套自己的规范：

(1) 与贪污、受贿、以权谋私、大发横财相比，白用一点电微不足道，工资这么低还完成教学任务就够高尚的了；

(2) 这年头人际关系第一，谁也犯不着反对别人，更不能去告状；

(3) 不与大家一致，要受孤立。

人们对唯一不用电炉者说："夫子，你真是洁身自好啊!"被问者立感压力，连忙辩解："不不，我是懒，不爱做饭。"以此证明他的确没有揭发，算是对群体没有危险的人。

思考题：群体规范与规章制度有何不同？群体规范对人的约束力量的心理机制是什么？

3. 规模

群体的规模会影响该群体的整体行为。规模较大的群体可以更有效地寻求事实；7人左右的小群体则可以更有效地避免社会惰化，并实现一定的结果。其中，社会惰化指的是个体在群体中工作时不如独立工作时那么努力的倾向。

20 世纪 20 年代末，德国心理学家马克思・瑞格尔曼比较了拔河实验中的个人绩效与群体绩效。他最初预计，3 个人一起拔河的拉力是 1 个人单独拔河时的 3 倍，8 个人一起拔河的拉力是 1 个人单独拔河时的 8 倍。但平均来看，1 个人单独拔河产生 63 千克力；在 3 人组成的群体中，个人拉力降到 53 千克力；在 8 人组成的群体中，个人拉力降到 31 千克力。

中国也有句老话："一个和尚挑水吃，两个和尚抬水吃，三个和尚没水吃。"这说明，随着群体规模增大，群体绩效也会增加，但新成员的补充却降低了生产率方面的收益。

最近有研究表明，个人的职业道德感越强，就越不可能产生社会惰化。防止社会惰化可以有以下几种方法：①能够明确评定个人在群体中的贡献；②实行以群体整体成功为目标的奖励引导；③有鼓励个人投入的群体精神（或群体规范）；④群体规模尽可能小些；⑤群体成员之间关系密切；⑥工作本身比较有趣，能有效激发人们的参与水平；⑦让个体认识到任务的重要性。

想一想

偷懒是不道德的吗？

思考平时老师布置的需要小组完成的课堂作业或项目作业，回答以下问题。

（1）如果你所在的课堂项目小组中某个成员消极怠工，你会告诉老师吗？为什么？如果在工作中你所在的项目小组中有偷懒不工作的成员，你会向领导报告吗？

（2）你认为社会惰化必然是偷懒行为（未能履行职责）吗？什么情况下偷懒行为无可厚非甚至是合理的？

4. 凝聚力

不同的群体具有不同程度的凝聚力。凝聚力指的是成员之间相互吸引以及愿意留在该群体中的程度。如果群体成员之间存在高度的互动，群体的凝聚力可能会比较高。

凝聚力影响群体的生产率。研究表明，凝聚力与生产率的关系取决于群体中与绩效有关的规范。如果这些绩效规范要求很高（如高产出、高工作质量、与群体外的人保持良好的协作关系等)，那么高凝聚力群体的生产率就会比较高。

如何增强群体凝聚力，可以从以下几个方面进行尝试：①控制群体规模；②使群体成员认同群体目标；③增加群体成员之间的互动；④参与与其他群体的竞争；⑤加大群体奖励并减小个体奖励。

读一读

群体思维是欧文·詹尼斯在1972年提出的，它是一种有缺陷的群体互动过程，在这个过程中，大家对不合理的观点、想法或方案并没有提出质疑和反对意见。

通常是组织内那些拥有权威、说话自信、喜欢发表意见的主要成员的想法更容易被接受。这是因为群体成员感受到群体规范是要求达成共识，所以不愿表达不同见解。当一个组织过分注重整体性，而不能持一种批评的态度来评价其决策及假设时，这种情况就会发生。

群体思维最典型的案例当属肯尼迪政府在1961年入侵古巴的“猪湾事件”。1961年，美国总统肯尼迪批准了对古巴的偷袭计划，这份计划是经过高级顾问团长时间考虑和策划的，并非心血来潮或突发奇想。可是当1 400多名入侵者到达猪湾后，他们发现情况远远不如他们事前想象的那么乐观。结果，这1 400人寡不敌众，加之没有空中支援、必备的弹药补给和撤退路线，最终将近1 200人投降、被俘，其余的全部阵亡。

在后来人看来，如此考虑不周的计划怎么就能够批准呢？难道那些总统的智囊团都是“吃干饭”的吗？肯定不是。可是，就是这样一群高智商的精英们竟作出了如此错误的决定。事后，作为总统顾问的阿瑟·施莱辛格非常懊悔，因为当初他曾想向总统提出一份措辞非常严厉的反对偷袭计划书，但是在大家一起开会的时候他却压制了自己的顾虑，保持了沉默，因为他不想在众多赞成声中成为那个“不一样的声音”。而且，在领袖都非常情绪高涨的情况下，所有人都在顺着领袖的思路走，如果自己这样坚持，似乎并不会有什么好的结果。就这样，群体思维在肯尼迪的高级顾问团中悄然出现了，看似前景一片大好，但苦果也正是在这种“缺陷性行为”中暗暗种下的。

反观我们周围的团队，是不是也有群体思维的情况出现呢？有些团队看似表面和谐，其实暗藏了种种危机。很多人担心自己不和谐的声音会影响整个团队的和谐，担心自己的“反调”会影响团队的士气，担心自己的反对会让老板不开心，所以选择了不作声。

那么，要改变这一状态，其关键在于团队领导者的态度。作为团队的领导者，要鼓励团队成员多提问、多质疑、多提不同意见、多做批判式评估。只有这样，团队成员才会把不同的声音发出来，而不是憋回去。

五、群体决策技术

中国有句古话："三个臭皮匠，顶个诸葛亮。"这句话说明了群体决策的广泛应用性，但是群体作出的决策不一定优于个体作出的决策。在许多情况下，群体决策是无法取代个体决策的，它们在不同的管理情境下可以发挥不同的作用。

1. 群体决策的优点

群体决策的优点包括以下几个方面。

（1）用于决策的信息较完善

群体成员可以为群体决策提供多种渠道的信息，而丰富、完善的信息可以帮助群体进行正确的决策。

（2）观念更为丰富

因为每个人的思维方式、经历和知识面不同，所以群体成员在决策时可以对同一个问题提出不同的解决方案。这样，群体可以作出更为客观的决策。

（3）决策更容易被接受

如果执行决策或者被决策影响的人能够参与到决策的过程中，那他们将更容易接受决策，而且会鼓励别人也接受决策。

2. 群体决策的缺点

因为参与决策的群体成员倾向于把保持群体和谐一致作为目的，所以往往不能理智地分析各种备选方案。群体决策的主要缺点表现在以下几个方面。

（1）责任分散

群体决策往往会造成责任分散、规避决策责任，有时甚至会滥用表决权。

（2）决策成本高

群体决策所用的时间与个体决策所用的时间相比，往往要多得多，这就限制了管理者在必要时作出快速反应的能力。而且，群体决策所需的费用一般比个体决策多。

（3）从众压力大

群体中可能存在从众效应。群体成员希望被群体接受和重视的愿望可能会导致不同意见被压制，在决策时使群体成员都追求观点的统一。特别是在由不同层级的人员组成的群体中，下级往往不能真正地参与决策，甚至会表现出为迎合上级意图而不提出自己真正意见的倾向。

（4）少数人控制

群体讨论可能会被一两个人控制。如果这种控制是由低水平的人员所致，群体的运行效率就会受到不利影响。

3. 群体决策的技术

因为群体决策中可能出现以上提到的这些问题，所以我们可以采用一些改进的群体决策技术来避免这些问题。

（1）头脑风暴法

头脑风暴法，简单地说就是群体成员以会议的形式，就需要决策的问题讨论、座谈，充分发表看法，并不允许大家对这些想法加以评论，以此克服群体中产生的从众压力。

具体来说，头脑风暴法可以这样操作。6~12 人围坐在一张桌子旁，群体的领导首先将问题解释明白，确保群体成员能够清楚地理解需要解决的问题。然后，在给定的时间内大家可以自由发言，尽可能多地想出问题的各种解决方案。在讨论的过程中，任何人都不能对别人的观点加以评论，哪怕某些观点是稀奇古怪的。所有谈到的方案都被记录下来，最后再拿出来由大家一起讨论分析。

头脑风暴法是创造新观点、新方案的一种方法。群体决策中如果需要创新或全面思考，使用头脑风暴法的效果会很好。

（2）名义群体法

名义群体法是指在群体会议的开始，限制群体成员的讨论，群体成员先进行个体决策，然后再针对每个人的意见和建议进行群体决策。

具体步骤如下：①群体领导者提出需要讨论的问题；②群体中每个成员在理解要讨论的问题后，独立写下自己的看法；③群体成员依次向群体解释自己的想法，并对每位成员的想法进行记录，在这个阶段，群体成员之间不能讨论；④群体成员开始讨论，对之前个体发表的每条意见进行评价；⑤每一个群体成员独立地把各种想法排出次序，最后的决策是综合排序最高的想法。

（3）德尔菲法

德尔菲法也称专家调查法，是 1946 年由美国兰德公司创始实行的。该方法是由企业组成一个专门的预测机构，其中需包括若干专家和企业预测组织者，之后按照规定的程序，背靠背地征询专家对未来市场的意见或判断，最后进行预测。

德尔菲法的具体实施步骤如下。

1）确定调查题目，拟定调查提纲，准备向专家提供的资料（包括预测目的、期限、调查表以及填写方法等）。

2）组成专家小组。按照课题所需要的知识范围，确定专家。专家人数的多少，可根据预测课题的大小和涉及面的宽窄而定，一般不超过 20 人。

3）向所有专家提出所要预测的问题及有关要求，并附上有关这个问题的所有背景材料，同时请专家提出还需要什么材料。然后，由专家做书面答复。

4）各个专家根据他们所收到的材料，提出自己的预测意见，并说明自己是怎样利用这些材料并提出预测值的。

5）将各位专家第一次判断意见汇总，列成图表，进行对比，再分发给各位专家，让专家比较自己同他人的不同意见，修改自己的意见和判断。也可以把各位专家的意见加以整理，或请身份更高的其他专家加以评论，然后把这些意见再分送给各位专家，以便他们参考后修改自己的意见。

6）将所有专家的修改意见收集起来，汇总，再次分发给各位专家，以便做第二次修改。逐轮收集意见并为专家反馈信息是德尔菲法的主要环节。收集意见和信息反馈一般要经过三、四轮。在向专家进行反馈的时候，只给出各种意见，但并不说明发表各种意见的专家的具体姓名。这一过程重复进行，直到每一个专家不再改变自己的意见为止。

7）对专家的意见进行综合处理。

德尔菲法的实施需要我们注意以下四点。

1）并不是所有被预测的事件都要经过前五步。可能有的事件在第三步就达到统一，而不必在第四步中出现。

2）在第五步结束后，专家对各事件的预测也不一定都达到统一。不统一也可以用中位数和上下四分点来作结论。事实上，总会有许多事件的预测结果是不统一的。

3）必须通过匿名和函询的方式。

4）要做好意见甄别和判断工作。

读一读

（一）“挑战者号”事件

“挑战者”号航天飞机的失事在全世界范围内造成了不小的轰动，美国政府对此事件还专门成立了调查小组进行调查。“挑战者”号事件的直接原因是右部火箭发动机上两个非常不起眼的零件衔接处出现断裂，直接导致了喷气燃料的热气泄漏。调查表明，对于这个事件的发生，技术原因是必然存在的，但高层决策失误才是导致这宗惨案发生的最大原因。虽然“挑战者号”航天飞机的承包建设公司交货后在说明书中明确地指出有关的禁止条件，但是，萨科尔公司和宇航局的工程师们并没有太放在心上，有的甚至压根就忽视了这样的重要细节。直到发射后，问题明显地表现出来了，所有参与发射的人员依旧心存侥幸，偏执地相信能够安全飞行，并认为不能因为这种小概率的问题而中止这项伟大的航天征途的进行。在组装航天飞机的过程中问题就已经产生，但是由于决策上的错误导致了悲剧的发生。在早期的试飞行实验过程中，一些工程师就开始注意到腐蚀带来的影响，但是他们并没有从宇航局和萨科尔公司那里获得任何支持，甚至在为解决密封圈腐蚀问题的会议上，宇航局高级官员科尔斯特还将这次会议定为一次毫无意义召开的讨论和汇报会。正是由于领导有限的见识和经历，他们没有办法充分认识到问题的严重性。他们在估计事件发生的概率、探寻行为发生的原因，以及估量决策结果风险大小时的能力不足，导致了他们在决策中的想法思路太过于简单化，从而使决策结果非常草率。决策中的认知偏差也是重要问题之一。在决策中，领导出于自身的经验主义和从前成功事例的误导，往往忽略了实际情况的发展，作出一些“拍脑门”决策。人们出于本性产生的骄傲情绪，往往容易在作出决策时产生非常大的认知偏差，从而造成更大的潜在危险。并且在作出发射“挑战者”号的决策会议上，宇航局安全办公室的专家竟然没有一个人在场，因此作出这样草率且失败的决策也是在所难免的。

（二）雅典公民大会机制分析

雅典城邦自从梭伦改革后，公民大会制度日渐完善。这是古希腊民主政治发展的基石，它使得雅典城邦的大部分公民都有权利和机会参与决定城邦的事务，并使公民深深地融入城邦建设决策中，在决定城邦事务的同时也决定了自身的事务。公民大会是全体雅典成年男性公民各抒己见的场合，决定的都是关系城邦发展进程的重大事务，所以公民大会的出错将导致难以想象的后果。它也是一种群体决策的机制，但这种群体决策是在大范围内进行的，因而其盲目性和草率性也是无法避免的。对于他们所了解的事务，他们能在群体讨论的基础上作出理智、正确的判断；但对于他们都不了解的事情而言，再充分的讨论、再激烈的思想碰撞，对于解决问题来说也是没有多大实际助益的，因为决策判断必须基于对事务的了解和客观事实出发，而他们基本上都是通过自身的主观臆测来进行判断和决策，这样作出的决策结果必然存在特别大的误差率和随意性。并且因为公民大会中大多数的公民文化水平不高，政治素养也不强，所以如果公民大会中混入一两个图谋不轨的阴谋家，就很容易操纵公民大会的决策结果，并导致决策结果脱离正确的方向。例如，历史上在伯罗奔尼撒战争中期，雅典城邦的将军们就曾经在公民大会讨论是否要对西西里发动战争，虽然其中大多数参与决策的公民压根就不知道西西里这个地方的情况，但受到少数别有用心的人故意煽动，结果在公民大会上作出了入侵西西里的毁灭性决定。决策的讨论者压根不晓得决策对象的情况以及决策会带来的后果，这个例子说明了群体决策程序的简单和缺乏制约会造成的后果。

业务演练

子任务1

任务主题：群体决策案例分析。

任务导入：

一次激发创意的讨论会

某保险公司内，一个工作小组正围绕汽车保险业务的索赔流程改进问题展开激烈讨论。

“我认为应该把那些有人受伤的索赔案同那些没有人受伤的案子分开。”小王提议说，“我们理赔最多的，就是那些有人受伤的案子。”

邻座的小李说道：“那为什么不按照理赔额的高低来分类？除了小案子、大案子外，有时也可能有某些人员受轻伤或没受伤，但却导致大笔财务损失的案子。”

组长孙杨说：“我们可以依据理赔额的高低来决定案子的大小。不过，究竟什么叫小案子？这么说吧，没人受伤或仅受轻伤，而且财务损失不严重的，就叫小案子。其他的，全算大案子。如果我们做了这种分类，下一步我们该如何以不同的方式来分别处理这两类案子呢？”

女组员小张说道：“目前，把间接成本以及其他零散的花费都计算在内，处理一个小索赔案，每小时的费用和处理一个大案子的费用几乎不相上下。因此我认为，我们应尽快处理完那些小案子，把那么多的时间花在它们上面，实在不值得。”

“要是我们根本不处理这些小案子呢？”坐在旁边的小徐问道，“如果小于某个金额的索赔，我们全都如数照付，会怎样？”

“让经纪人去办。”小徐说，“要是索赔小于某个金额，那就让经纪人去处理，经纪人可以理赔。这样一来，事情很快便能摆平，同时，经纪人与顾客间的关系也会更加巩固。至于我们，根本就不必在这上面花时间了。”

正当孙杨把大家的建议概要写在黑板上时，坐在窗户边的小陈突然高声说：“让修理厂去处理！”

听到他的话，每个人都将眼光集中在他身上，因为按照传统，修车厂和保险公司几乎是“势不两立”的。

孙杨愣了会儿说：“让修理厂去处理？真有趣！”

“不错。”小陈接着说，“反正修理费是他们开出的。或许我们可以化敌为友，省得顾客动脑筋设法来讹钱。”

来自推销部的小顾认为这个主意不错，他说：“现在我们给顾客的是什么？一张支票。而顾客真正要的是什么，是一辆修好的车。我们不妨把这些索赔做这样的分级，如果投保人并未受伤或仅受轻伤，那我们便可以告诉顾客，只要把车送到这个修车厂，他们就会处理。”

有人也问道：“如果有欺诈，比如修车厂造假账，或者顾客捏造意外，怎么办？”

紧接着，一连串的讨论随之展开，而整个计划的框架也基本成型：公司可以委托那些珍惜固定生意并想维持这些生意的修理厂，让它们负责估价和修理，而这些与保险公司合作的修理厂要定期接受报价及修车质量的检验；至于那些不诚实的顾客，公司将审核其索赔是否合理。

（资料来源：魏江，等. 管理沟通：成功管理的基石［M］. 北京：机械工业出版社，2006.）

任务要求：4~6 位同学一组，根据案例回答以下问题。

（1）在本案例中选用了何种群体决策技术？试分析其特点。

（2）为什么组织越来越多地运用群体决策？

任务呈现：

（1）将小组讨论的结果以思维导图的形式呈现。

（2）展示各组成果，并让其他小组对展示小组的方案提出疑问，分析讨论各组方案的合理性。

（3）各小组根据讨论结果修改完善自己小组的方案。

子任务 2

任务主题："世界咖啡"活动的召集与组织。

任务导入："世界咖啡"活动是一种非常重要的交流工具。它召集来自不同角色、不同心境、不同思维的"旅客们"围坐在咖啡馆的桌子旁进行对话。这是一种有效的集体对话方式，可以让深藏的思想碰撞出火花，形成集体的智慧。

任务要求：

1. 4~6 位同学一组，在以下 5 个议题中选择一个议题。

——如何提升自己的自律性？

——在职场混，哪些通用技能最值得学？

——如何更快融入新公司？

——如何处理好与老师、同学的关系，从而实现双赢？

——如何与喜欢的人快速相互熟悉？

2. 讨论时间为 20 分钟。

任务呈现：将小组讨论的结果以思维导图的形式呈现。

实施流程：

①欢迎大家入场；

②介绍"世界咖啡"活动的历史，以及交流过程中的注意事项；

③介绍"世界咖啡"活动的流程和规则；

④破冰，自我介绍，定桌长（每桌的主持人）；

⑤第一轮，讨论 20 分钟（注意控制发言时间）；

⑥除了桌长之外，所有小组成员可以自由更换交流的小组；

⑦第二轮，讨论 20 分钟，桌长欢迎新成员，简要介绍上轮成果，成员自我介绍后开始讨论；

⑧所有人回到自己的圆桌，把在其他组讨论的结果带回自己组里，完善讨论成果，并用图形呈现出来；

⑨各桌长带领小组成员向全体汇报。

任务二　打造高绩效团队

知识准备

一、团队及其工作的特点

1. 团队与群体的区别

群体是由两个或两个以上相互作用、相互依赖的个体，为实现某个特定目标而结合在一起的。团队是一种特殊的工作群体，它与普通的群体不同。团队工作强调集体的绩效、共同的责任、积极的合作和互相补充的技能，以下是团队与群体的区别。

群体	团队
目标：单个相加 责任：个体取向 协同：一般中性 技能：随机结合	目标：集体绩效 责任：集体取向 协同：积极配合 技能：互相补充

读一读

携程四君子的合伙创业史

被称为“携程四君子”的梁建章、季琦、沈南鹏和范敏，是中国优秀合伙人的典范，他们优势互补，有的懂技术，有的懂财务，有的懂运营，还有的懂资本运作。他们携手，短短四年就将携程打造成了中国 OTA 领域的第一家上市公司。

从性格方面来讲，季琦有激情，锐意开拓；沈南鹏风风火火，一副老练的投资家做派；梁建章偏理性，用数字说话，眼光长远；范敏善于经营，方方面面的关系处理得体。四人特长各异，各掌一端，在公司内部有相当的共识。

范敏曾用一个比喻来形容四个创始人的定位："我们要盖楼，季琦有激情，能疏通关系，他是去拿批文和搞来土地的人。沈南鹏精于融资，他是去找钱的人。梁建章懂技术，他是去打桩和定出整体框架的人。而我善于搅拌水泥和黄沙，楼就是这样造出来的。"

2. 团队的分类

如果按照团队存在的目的和形态进行分类，一般可以将团队分为问题解决型团队、自我管理型团队、多功能团队和虚拟团队。

（1）问题解决型团队

这类团队常常是为了解决组织中的某些专门问题而设立的。团队的成员通常每周利用几个小时来讨论改进工作程序和工作方法的问题（如何提高产品质量、改进生产效率和改善工作环境等问题），并提出建议，但他们通常没有权力根据这些建议单方面地采取行动。

（2）自我管理型团队

自我管理型团队是与传统工作群体相对的一种团队形式。传统工作群体通常是由领导者来进行决策的，群体成员遵循领导的指令。而自我管理型团队则自己进行工作分配、决定工作节奏，甚至决定谁可以加入团队中来。

（3）多功能团队

有的团队是由来自组织内部同一层次、不同部门或工作领域的员工组成的，他们合作完成包含多样化任务的一个大型项目，这样的团队就是多功能团队，也称为跨职能型团队。多功能团队打破了部门之间的界限，使来自不同领域的员工能够交流，有利于激发新观点，协调解决复杂的问题。

（4）虚拟团队

由于现代科技的发展（如互联网、可视电话会议等），使得协同性的工作不再需要面对面进行了。这种利用计算机和网络技术把实际上分散的成员联系起来，以实现一个共同目标的工作团队，就是虚拟团队。

二、高效团队的特征

高效团队是指发展目标清晰、完成任务的效果显著，且团队成员在有效的领导下相互信任、沟通良好、积极协同工作的团队。高效团队需具备以下特征。

1. 合适的团队规模

最好的工作团队规模一般比较小。研究表明，如果团队成员多于 12 人，团队展开工作的效率就会降低，团队的凝聚力、忠诚感和相互信赖感也会随之下降。所以，管理人员要想塑造高效团队，最好把团队成员人数控制在 12 人以内。

如果一个自然工作单位本身较大，而又希望达到较好的效果，那么可以考虑把工作群体分化成几个小的工作团队。

2. 成员的能力互补

要想有效地运作，一个团队至少需要三种不同技能类型的人进行合理搭配：第一种，具有技术专长的成员；第二种，具有解决问题和制定决策技能的成员，即能够发现问题，提出解决问题的建议，并权衡这些建议，然后作出有效选择的成员；第三种，具有善于聆听、提供反馈、解决冲突及其他人际关系技能的成员。

但在团队形成之初，这三种类型的成员并不需要全部具备。在必要时，一个或多个成员去学习团队所缺乏的某种技能也是可行的。

3. 角色分配具有多样性

团队有不同的要求，因而挑选团队成员时应确保多样性并保证他们能占据所有的角色。潜在的团队角色有九种，成功的工作团队也应具备这九种角色。

团队角色分配

美国教授贝尔宾认为，没有完美的个人，只有完美的团队。尽管人无完人，但团队却可以是完美的，只要适当地拥有以下九种角色。

· 智多星。智多星创造力强，充当着创新者和发明者的角色。他们为团队的发展和完善出谋划策。通常他们更倾向于与其他团队成员保持距离，运用自己的创造力独立完成任务。他们对于外界的批判和赞扬反应强烈，想法总是很激进，并且可能会忽略实施的可能性。他们是独立、聪明、充满原创思想的，但可能不善于与气场不同的人交流。

· 外交家。外交家是热情、行动力强、外向的人。无论公司内外，他们都善于和人打交道。他们是与生俱来的谈判高手，并且善于挖掘新的机遇和发展人际关系。虽然他们并没有很多原创想法，但是在听取和发展别人想法的时候，外交家效率极高。因为他们性格开朗外向，所以无论到哪里都会受到热烈欢迎。外交家为人随和，好奇心强，乐于在任何新事物中寻找潜在的可能性。然而，如果没有他人的持续激励，他们的热情会很快消退。

· 审议员。审议员是态度严肃、谨慎理智的人，他们对过份热情有着与生俱来的免疫力。他们倾向于三思而后行，做决定较慢，通常非常具有批判性思维，善于在考虑周全之后作出明智的决定。具有审议员特征的人所作出的决定基本上是不会错的。

· 协调者。协调者最突出的特征就是他们能够凝聚团队的力量向共同的目标努力。成熟、值得信赖、自信，这些都是他们的代名词。在人际交往中，他们能够很快识别对方的长处所在，并且通过知人善用来达成团队目标。虽然协调者并不需要是团队中最聪明的成员，但是他们拥有远见卓识，并且能够获得团队成员的尊重。

· 鞭策者。鞭策者是充满干劲、精力充沛、渴望成就的人。他们通常很有进取心，性格外向，拥有强大的驱动力。他们勇于挑战他人，并且关心最终是否胜利。他们还喜欢领导并激励他人采取行动。在行动中如遇困难，他们会积极找出解决办法。他们是顽强又自信的，在面对任何失望和挫折时，都倾向于显示出强烈的情绪反应。鞭策者对人际不敏感，好争辩，可能缺少对人际交往的理解。这些特征决定了他们是团队中最具竞争性的角色。

· 凝聚者。凝聚者是在团队中给予最大支持的成员。他们性格温和，擅长人际交往并关心他人。他们灵活性强，适应不同环境和人的能力非常强。同时他们的观察力强，善于交际。作为最佳倾听者的他们通常在团队中倍受欢迎。他们在工作上非常敏感，但是在面对危机时却往往优柔寡断。

· 执行者。执行者是实用主义者，有强烈的自我控制力及纪律意识。他们偏好努力工作，并系统化地解决问题。广而言之，执行者是典型的将自身利益与团队紧密相连、较少关注个人诉求的角色。然而，执行者或许会因缺乏主动而显得刻板。

· 完成者。完成者是坚持不懈、注重细节的。他们不太会去做他们认为完成不了的任何事。他们由内部焦虑所激励，但表面看起来很从容。一般来说，大多数完成者都性格内向，并不太需要外部的激励或推动。他们无法容忍那些态度随意的人。完成者并不喜欢委派他人，而更偏好自己来完成所有的任务。

· 专业师。专业师是专注的，他们会为自己获得专业技能和知识而感到骄傲。他们首要专注于维持自己的专业度以及对专业知识的不断探究。然而由于专业师们将绝大多数注意力都集中在自己的领域，他们对其他领域所知甚少，以致最终他们成了只对单一领域有贡献的专家。

4. 具有共同的计划和目标

有效的团队会根据本团队的使命，设计计划和目标，继而制定战略来将其实现。同时，有效团队的共同目标是遵循 SMART 法则的，也就是说，会是具体的、可测量的、切实可行的绩效目标。具体的目标易于沟通，同时也会帮助团队成员致力于实现目标。

5. 避免闲散

高效的团队往往士气非常足，凝聚力较高，在团队工作中不会出现“搭便车”的现象。

三、如何建设高绩效团队

1. 明确团队目标，制订行动计划

一个优秀的团队，必然建立在相同的利益、兴趣和奋斗目标之上。因此，团队成立之初，必须根据团队使命、组织目标和利益相关者的需求来制订团队目标和工作计划。例如，管理咨询公司与客户签订合同后，根据客户的需求组建项目团队，制定项目团队的使命和组织目标（如在规定的时间内利用管理咨询公司的专业知识和技能帮助客户解决实际问题，并顺利回收咨询服务项目款等）。在此目标基础上，团队需进一步制订工作计划和目标，明确每个阶段、每周甚至是每天的工作任务，以及所要完成的项目成果，设计关键节点以利于项目的整体把控。

2. 界定成员职责

目标明确后，须确定团队的主要负责人，使其全权负责相应工作的计划与组织实施，并对团队集体负责。根据目标确定团队的主要工作职责，然后将每项职责细化并分解落实到每个成员。进一步理顺每个成员的主要工作职责，要求每个成员必须清楚他们真正的工作职责、级别角色、工作权限及在团队中的价值贡献，并使大家明白每项工作具体由谁负责，这样就从某种程度上避免了偷懒。

3. 建立团队制度

团队建设与发展离不开管理制度，建立合适的团队管理制度，是打造高绩效团队、实现组织目标的切实保障。例如，在团队运作过程中，主要是建立健全处罚、奖励考核、内部沟通等制度。

4. 实施团队考核，坚持赏罚分明

团队的激励考核制度建立后，关键是要执行，如果执行力偏弱，再好的制度也会

形同虚设。因此，在团队运作过程中，要严格执行绩效考核制度，根据团队业绩的考核进行赏罚，通过绩效考核制度引领团队前进。

5. 重视过程沟通，强调阶段管理

前文已经提到，团队建立之初就应该确定团队的行动计划，严格控制每个关键节点。而要想达到这个目的，就必须建立定期和不定期的团队沟通机制。团队中的每一位成员不仅有责任将自己的工作进展随时反馈给团队其他成员，还有义务尽可能地去了解其他成员以及整个团队的工作进展情况，并根据情况适当地修正自己的行为，避免偏离正确的轨道，从而最终实现团队目标。

读一读

跟李云龙学团队建设

在李幼斌版的《亮剑》中，李云龙虽然没有读过多少书，但是在带兵打仗方面却很有天赋，尤其在团队建设方面堪称高手。不管是在新一团还是到独立团，李云龙都能把士气低下、武器装备垫底的队伍，经过短时间打造成嗷嗷叫的、敢打硬仗的队伍。

我们从以下七个方面可以看出李云龙在团队建设方面的独特之处。

①独特的价值观。李云龙用他的一言一行来诠释团队的价值观，就是“亮剑精神”。李云龙说：“就像一个剑客，和对手狭路相逢，他发现对方竟是天下第一的剑客。这时候他明知是个死，也必须亮出宝剑，没有这个勇气就别当剑客。倒在对手的剑下不丢人，那叫虽败犹荣。咱中国军人不能当孬种。逢敌必亮剑，决不含糊。”这成了全团上下的共同价值准则。在亮剑精神的鼓舞下，独立团没有一个孬种，和日本鬼子正面交锋，子弹打完了拼刺刀，直至战斗到最后一个人。组织如果没有价值感，组织成员就会成为一盘散沙，无法拧成一股绳。

②清晰的目标。不搞清楚为什么打仗，方向就会有偏差，步调也会不一致。在抗日战争时期，李云龙对战士们说：“你们杀小鬼子不是为我李云龙，是为你爹、你娘、你姐，为千千万万屈死的中国人而战。”至于小的目标，每次打仗前，李云龙向旅长保证，营长向李云龙保证，连长向营长保证，连长让士兵保证。这种清晰的目标和层层责任制，使得每次战役，士兵们都争先

恐后、破釜沉舟，不达目的不罢休。组织是需要一个清晰的目标的，没有目标，组织成员就会迷失方向。

③领导的人格魅力。李云龙性格刚烈，不循规蹈矩，爱憎分明，治军严厉，爱兵如子。他从红军时期就是团长，在团长的位置上三上三下，功过相抵，深得领导的器重。就是这么一个人，领导对他又爱又恨，爱他作战勇猛，经常想出好点子打胜仗；恨他战场抗命，不听从指挥。战士们对他又爱又怕，爱他爱兵如子，任何时候都不放弃一个兄弟；怕他性格暴烈，动不动就发脾气，动手打人。日本鬼子一听他的名字就胆战心惊，用高价钱收买他的人头。国民党军队也屡次在他手下吃哑巴亏。就是这么一个有鲜明性格特征的人，名声在外，吸引了很多有才能的人加入他的队伍，并死心塌地跟着他。“李云龙在，独立团就在。”一个组织有了一个灵魂人物，这个组织就能凝聚在一块，并不断吸纳新鲜血液。

④分工明确。在独立团中，李云龙和政委赵刚可以说是一对黄金搭档。李云龙激进，赵刚稳重；李云龙打仗有天赋，赵刚做思想政治工作厉害；李云龙感性，赵刚理性；李云龙管军事，赵刚管生活。他们的合作，硬是把独立团打造成了一支能打硬仗的威武之师。在李家坡战斗中，李云龙在与政委赵刚讨论作战方案时，李云龙安排自己带突击队打前锋，等到前锋打光了（全部牺牲）再让赵刚补上。这时赵刚有一段话：“你（指李云龙）这叫擅离职守，团长就应该在指挥的位置上，而不是带突击队冲锋，我要给旅长打电话……”屁股决定脑袋，在一个组织中，每个人的职责都是明确的，不能缺位，也不能越位。

⑤用人所长，合理配置。李云龙知人善用，和尚魏大勇在少林寺练过几年武功，身手了得，他让魏大勇做他的警卫员；一营长张大彪打仗勇猛，刀法了得，李云龙让他训练大刀队；骑兵连长孙德胜是用五挺机关枪换来的；段鹏是李云龙在醉仙楼赴宴刺杀日本鬼子军官的途中发现的。这些人都有一技之长，并愿意死心塌地跟着李云龙干，除了和李云龙的个人魅力有关，还和李云龙擅于用人所长有关。在一个团队中，把合适的人放在合适的位置很重要，金子放错地方就是石头。

⑥重视思想工作。李云龙做思想工作绝对是个高手，刚接手独立团的时候，独立团刚打了败仗，被副总指挥骂成“发面团”，全团士气低落。这时李云龙发挥他的演讲才能说：“往后要让鬼子们瞧见，碰到了我们，就像碰到一群野狼，一群嗷嗷叫的野狼。在我们狼的眼里，任何敢于叫阵的对手都是嘴

巴里的一块肉，咱们野狼团什么时候改善生活？就是碰到鬼子的时候！”在他的鼓舞下，独立团士气高涨，极度渴望用一场胜利来洗刷之前的耻辱，终于把日本的精锐部队山崎大队给干掉了。

⑦用业绩说话。李云龙为了选拔有特长的人，特意杀了一头猪，把全体战士叫到一起，说谁能把他放倒，就有肉吃，没有本事的人站一边去，结果人才就选拔出来了。每次打仗前，他都要求士兵在战役完毕时带些东西回来，大到迫击炮、机关枪，小到罐头、衣服，如果谁没带点战利品回来，就汤都没得喝。因此，李云龙的部队一开始是装备最差的，后来竟成了装备最好的队伍。组织的根本目的是实现目标，这就需要每个人用业绩来讲话，没有业绩的组织是不合格的组织。

业务演练

子任务1

任务主题：认知与行为测试。

任务导入：一个团队应该包含九种角色，你在团队工作中会扮演哪个角色呢？快来完成下面的测试吧。

任务要求：对下列问题的回答，可能在不同程度上描绘了你的行为。每题有 8 句话，请将 10 分分配给这 8 个句子。分配的原则是：最能体现你行为的句子分最高，以此类推，其中最极端的情况是 10 分全部分配给其中的某一句话。请根据你的实际情况把分数填入后面的表中。

1. 我认为我能为团队做出的贡献是：

a. 我能很快发现并把握住新的机遇

b. 我能与各种类型的人一起合作共事

c. 我生来就爱出主意

d. 我的能力在于，一旦发现某些对实现集体目标很有价值的人，就能及时把他们推荐出来

e. 我能把事情办成，这主要靠我个人的实力

f. 如果最终能有好的结果，我愿意面对暂时的冷遇

g. 我通常能意识到什么是现实的，什么是可能的

h. 在选择行动方案时，我能不带倾向性也不带偏见地提出一个合理的替代方案

2. 在团队中，我可能有的弱点是：

a. 如果会议没有得到很好的组织、控制和主持，我会感到不痛快

b. 我容易对那些有高见而又没有适当发表出来的人表现得过于宽容

c. 只要集体在讨论新的观点，我总是说得太多

d. 我的客观看法使我很难与同事们打成一片

e. 在一定要把事情办成的情况下，我有时使人感到特别强硬甚至专断

f. 可能由于过分重视集体的氛围，我发现自己很难与众不同

g. 我易于陷入突发的想象之中，而忘了正在进行的事情

h. 我的同事认为我过分注意细节，总有不必要的担心，怕把事情搞糟

3. 当我与其他人共同进行一项工作时：

a. 我有在不施加任何压力的情况下影响其他人的能力

b. 我随时注意防止粗心和工作中的疏忽

c. 我愿意以施加压力来换取行动，并确保会议不是在浪费时间或离题太远

d. 在提出独到见解方面，我是数一数二的

e. 对于与大家共同利益有关的积极建议，我总是乐于支持

f. 我热衷寻求最新的思想和发展

g. 我相信我的判断能力有助于作出正确的决策

h. 我能使人放心的是，即使对那些最基本的工作，我也能组织得井井有条

4. 我在工作团队中的特征是：

a. 我有兴趣更多地了解我的同事

b. 我经常对别人的见解进行挑战或坚持自己的意见

c. 在辩论中，我通常能找到论据去推翻那些不甚有理的主张

d. 我认为，只要计划开始执行，我就有推动工作运转的才能

e. 我不在意使自己太突出或出人意料

f. 对承担的任何工作，我都能做到尽善尽美

g. 我乐于与工作团队以外的人进行联系

h. 尽管我对所有的观点都感兴趣，但这并不影响我在必要的时候下决心

5. 在工作中我得到满足，因为：

a. 我喜欢分析情况，并权衡所有可能的选择

b. 我对寻找解决问题的可行方案感兴趣

c. 我感到自己在促进良好的工作关系方面很有天赋

d. 我能对决策有强烈的影响

e. 我能适应那些有新意的人

f. 我能使人们在某项必要的行动上达成一致意见

g. 我感到自己的身上有一种能全身心投入工作中的特质

h. 我很高兴能找到一块可以发挥想象力的天地

6. 如果突然给我一件困难的工作，而且时间有限、人员不熟，那么：

a. 在有新方案之前，我宁愿先躲进角落，拟订出一个解脱困境的方案

b. 我比较愿意与那些表现出积极态度的人一起工作

c. 我会设想通过用人所长的方法来减轻工作负担

d. 我天生的紧迫感将有助于自己不落在计划后面

e. 我能保持头脑冷静，并富有条理地思考问题

f. 尽管困难重重，我也能保证目标始终如一

g. 如果集体工作没有进展，我会采取积极措施去推动

h. 我愿意展开广泛的讨论，意在激发新思想和推动工作

7. 对于那些在团队工作中或与周围人共事时所遇到的问题：

a. 我很容易对那些阻碍前进的人表现出不耐烦

b. 别人可能批评我太重分析而缺少直觉

c. 我有做好工作的愿望，并能确保工作的持续进展

d. 我常常容易产生厌烦感，需要一两个有激情的人使我振作起来

e. 如果目标不明确，让我起步是很困难的

f. 对于遇到的复杂问题，我有时不善于加以解释和澄清

g. 对于那些不会做的事，我会有意识地求助他人

h. 当与真正的对立面发生冲突时，我没有把握使对方理解我的观点

答题记分表

题号		实干者		协调者		推进者		创新者		沟通者		监督者		凝聚者		完善者
1	g		d		f		c		a		h		b		e	
2	a		b		e		g		c		d		f		h	
3	h		a		c		d		f		g		e		b	
4	d		h		b		e		g		c		a		f	
5	b		f		d		h		e		a		c		g	
6	f		c		g		a		h		e		b		d	
7	e		g		a		f		d		b		h		c	
总计																

哪一项得分越高，你就越倾向于该列对应的角色。

任务呈现：

①小组内每位同学完成以上测试后，确定自己在团队中扮演的角色。

②分析本小组所具备的角色，以及缺少的角色。

③结合之前小组任务的完成过程，分析角色对完成小组任务的影响。

子任务 2

任务主题：群口相声。

任务导入：群口相声是一个简单的团队工作，在以下规定台词的群口相声中，怎么才能使团队的表现最好并获得胜利呢？

第一轮	第二轮	第三轮
一只青蛙 一张嘴 两只眼睛 四条腿 扑通 跳下水	两只青蛙 两张嘴 四只眼睛 八条腿 扑通 扑通 跳下水	三只青蛙 三张嘴 六只眼睛 十二条腿 扑通 扑通 扑通 跳下水

任务要求：

·4~6 位同学一组。

·全体队员站成一横排，面向观众，合作完成规定台词的群口相声任务。

·必须人人参与说台词，否则不计入成绩。

·1 人一次只能说一句，且不得有 2 个及以上的人同时出声。

·接上句话的时间不得超过 3 秒。

·一旦出错，即宣告失败。

·只有顺利说出了每一轮的最后一句话，该轮才算成功。

·在 60 秒内，成功轮次最高的团队即为优胜团队。

·抽签决定比赛顺序，赛前有 15 分钟的时间准备。

任务拓展：每个团队就以下问题进行总结，并在班级进行分享与讨论。

·从决策到比赛的全过程，是否做到了全员积极参与？

·你们如何制订计划和工作流程来应对这种略带变化的、重复的（日常生活中很常见）团队工作？

· 如何避免或减少紧张及由此可能带来的不良影响？
· 是否有合理的分工协作？
· 是否以实战状态（比赛时的站队方式）进行了演练？
· 是否将“信息可视化”应用到了本次游戏中？
· 是否还应用了什么好的办法帮助团队完成任务？

练习题

1. 团队在组织中越来越受欢迎的原因是什么？
2. 群体与团队的差异是什么？
3. 什么情况下应该通过个体而不是团队完成工作？
4. 体验练习。

打造“完美”团队

4~5人为一组，假设你们将承包某连锁品牌在某地的一家宾馆，这家宾馆近两年的运营一直不佳，营业收入一直是负增长，毛利率在该连锁酒店品牌当地所有宾馆中排倒数。你们的目标是将该宾馆在一年内扭亏为盈。

你们需要为该宾馆组建一个5人的新团队，你可以从20人中挑选成员。对于每一名候选者，你有以下几种特征的相关信息：智力、工作经验、责任心、随和性、经验开放性，以及外倾性。

你们需要回答下列问题：

· 你们组建的团队会是什么样子的？团队中每个人的身上会有什么样的特征？

· 思考最理想的团队成员是什么样的？对比每个组员的答案，总结大家理想中的团队成员有什么样的相同特征，是否存在差异？如何协调大家期望值的差异？

项目六

有效沟通——与人交往的艺术

【项目导入】

沟通是人与人之间的一种交往表达，在社会经济日益发展的今天，良好的沟通能力在现代企业组织工作中越发重要。本项目中，我们将共同探讨有关沟通的秘诀。

一、主题案例

2018 年 3 月 13 日，一架航班号为 BS211 的客机在特里布万国际机场降落时突然转向、冲出跑道并起火。这架客机搭载 71 人，从孟加拉国首都达卡飞往尼泊尔首都加德满都。本事故导致 49 人死亡、22 人受伤。航空无线电通信网站记录显示，失事客机飞行员与塔台就降落指令的沟通不畅，可能是事故原因。

美联社 13 日报道，航空无线电通信网站记录显示，飞行员先是请求从跑道北侧降落，获塔台准许；而不到一分钟后，飞行员又说准备从跑道南侧降落，塔台重复上述请求后也予以了准许。

这期间，塔台工作人员与一名尼泊尔飞行员之间的对话，从侧面佐证了失事客机飞行员与塔台之间沟通不顺畅、理解有偏差的问题。ATC 语音显示，坠毁航班曾确认降落跑道 20，最终却降落在跑道 02。下面是失事航班最后时刻的一段 ATC 录音。

加德满都机场空管：BanglaStar211，跑道……嗯……可以降落。跑道已清空，落 02 还是 20?

BS211 航班：好的，先生，我们倾向于 20。

加德满都机场空管：好的，跑道 20，可以降落。风向 270，风速 6 节。

BS211 航班：260 收到，准备降落。

加德满都机场空管：BanglaStar211，请确认是否能目视跑道?

BS211 航班：不能，先生。

加德满都机场空管：BanglaStar211，右转然后……你应该看到跑道，确认你还没有看到？

BS211 航班：确认，我们看到跑道。请求降落，先生。

加德满都机场空管：BanglaStar211，可以降落。

BS211 航班：BanglaStar211 准备降落跑道 02。

加德满都机场空管：收到，跑道 02，可以降落，BanglaStar211。

BS211 航班：先生，我们可以降落吗？

加德满都机场空管：BanglaStar211，再说一遍，转向（大量嘈杂喊叫）……

几秒钟后，塔台下令消防车开往跑道。

特里布万国际机场总经理拉杰·库马尔·切特里说，飞行员没有遵从塔台指令，从错误方向接近机场唯一跑道。“飞机没有与跑道形成一条直线，塔台反复询问飞行员（是否准备好降落），并得到了确认的回复。”

一名目击者说，失事客机降落时他正准备登机，当时客机飞得很低，所有人都目瞪口呆，可以看清客机不是正常降落。

思考题：

1. 你认为飞机失事的主要原因是什么？

2. 本案例对你有什么启发？

二、学习目标

知识目标

1. 了解人际沟通的概念及过程，掌握人际沟通的分类。
2. 能够理解并辨别人际沟通中常见的障碍。
3. 掌握与人沟通的技巧。
4. 掌握人际沟通中有关冲突的处理方式。

能力目标

1. 了解并运用相关技能，使工作中的沟通更为有效。
2. 提高在人际交往过程中处理冲突的能力。

任务一　有效沟通

知识准备

一、人际沟通的含义及过程

沟通是指人与人之间、人与物之间，甚至是组织与组织之间的信息交流。人际沟通一般指的是人与人之间的信息交流，实际上是人与人之间观念和意识的相互作用。

沟通的过程主要包括发送者、编码、信息、通道、解码、接收者、噪声、反馈等方面。如图 6-1 所示，发送者将想要与别人交流的信息在头脑中进行编码而形成恰当的语言，通过各种渠道转播出去，如说话表达或者写信等形式。信息的接收者接到信息后在头脑中开始对信息进行解码，也就是对信息进行理解，然后反馈给信息发送者理解的信息是否正确。在这个过程中，会产生信息失真的影响因素，就是噪声。

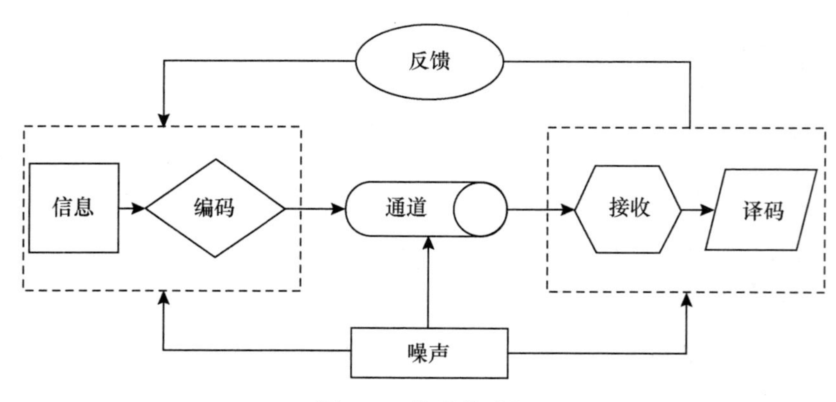

图 6-1　沟通的过程

读一读

戴维斯的沟通过程模式

戴维斯的沟通过程模式主要包括以下 6 步。

第一步，传讯者获得某些观点或事实，并且有了传送出去的意向。对于一个有效的沟通系统而言，这一点极为重要。一个不完整的意念或未经证实的事情，若被轻易地传递出去，可能会产生无法估计的差错。因此，戴维斯说："对这一步骤，千万要记准，直到你思考成熟后再开始说。"

第二步，受讯者将其观点、想法和所得的事实，以言辞来描述，或以行动来表现，力求不使信息失真。

第三步，信息凭借某种通道传递。

第四步，受讯者由通道接收到信息符号。

第五步，受讯者将获得的信息译解，转化为其主观理解的意念。

第六步，受讯者根据其理解的意思加以判断，以采取不同的反应行为。

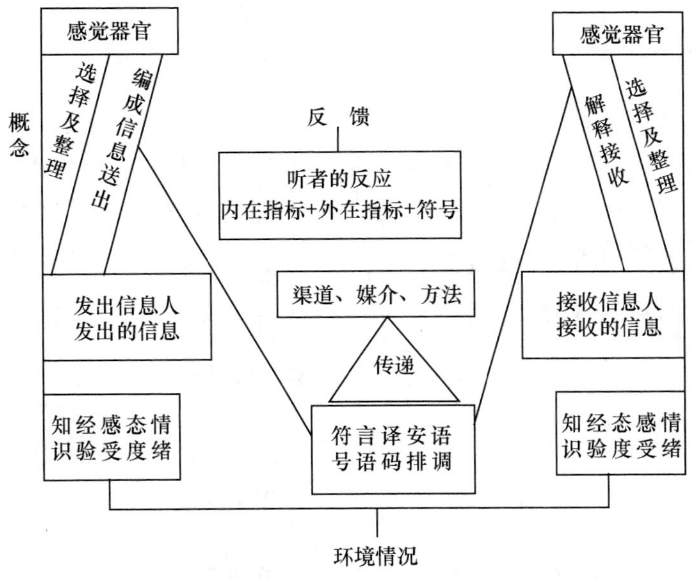

（资料来源：陈春花，杨忠，曹洲涛，等. 组织行为学：第 3 版［M］. 北京：机械工业出版社，2018.）

二、人际沟通的功能

1. 控制功能

沟通可以通过分配任务、设定工作目标、建立组织权力等级和责任等方式来控制员工的行为。例如，员工需要遵守公司的规章制度、按照上级的要求完成工作等，当一个部门中的某位员工很努力时，其他成员可能对他冷嘲热讽，以打击他工作的积极性，这也是一种控制的表现。

2. 激励功能

通过沟通明确告诉员工工作任务、工作流程，对其工作进行反馈，以及对工作进行奖励等都属于沟通的激励功能。

3. 情感表达功能

员工的社交对象主要是同事、上级等工作群体，因此员工通过沟通来表达自己的挫折感和成就感。沟通为员工提供了释放情绪和情感的通道，满足了员工的社会需要。例如，药品生产销售巨头诺华制药公司会定期举行例会，让员工互相分享工作中成功的和失败的案例，请大家互相交流工作当中的满足感和挫折，从而满足员工的社会需求。

4. 信息传递功能

沟通通过传递信息和资料为个体和群体提供决策所需要的条件，使决策者能够有效地评估各种备选方案，并进一步作出决策。日本公司在充分发挥沟通的信息传递功能方面的做法值得我们借鉴。日本公司的主管进行工作移交，通常需要持续半个月左右，在此期间，移交双方会一起工作。在进行交接的时候，原主管会带领继任者拜访客户、同行等所有需要打交道的人员，同时将工作中的注意事项等编写成一本较为详细的备忘录留给继任者使用。

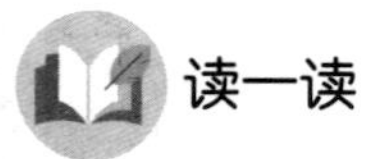
读一读

跨国公司将英语作为全球语言的战略

随着越来越多的企业开始走全球化道路，无论总部设在哪里，这些企业都要克服与海外员工及客户之间的语言障碍。虽然从世界范围来看说汉语的人数最多，但越来越多的全球化组织将英语作为基本沟通语言，如空客（总部位于法国）、戴姆勒-克莱斯勒（美国）、迅销（日本）、诺基亚（芬兰）、三星（韩国）、以及SAP（德国）等都采用英语沟通。

一项针对全世界范围的研究表明，有25%的工作需要员工与其他国家人员进行交流，而在印度、新加坡和沙特阿拉伯等国家，这一比例超过50%，英语已经成为全球商业的默认语言。益普索CEO达雷尔·布里克认为，英语成为商业和网络领域主导语言的原因之一是，全球60多个国家将其作为官方语言，并且越来越多的国家也将其作为官方认可的第二语言。英语国家的员工有着显著优势，一些英语水平高的国家和地区同样如此，如新加坡、马来西亚、荷兰等。相反，英语水平较低的国家的员工则处于劣势，如巴拿马、沙特阿拉伯、泰国、利比亚等。

组织行为学方面的研究表明，管理者应该为员工提供获得相关经验的机会（如海外工作轮岗、具有行业针对性的浸入式语言训练），培养积极的态度，甄选并鼓励人才，通过在博客上分享成功案例来发扬积极进取的精神，并在公司内部建立起跨文化交流的社交网络。

（资料来源：斯蒂芬·罗宾斯，等．组织行为学：第16版［M］．北京：中国人民大学出版社，2016.）

三、人际沟通的分类

1. 下行沟通

在组织中，信息从上级向下一级传递就是下行沟通，如管理者向员工部署工作等。下行沟通通常是管理者向员工分配工作任务、说明政策、指出问题、反馈员工绩效等。下行沟通是一种单向的沟通方式，上级并不会向下级征求意见，因此员工对信息的理解可能存在偏差，或者由于不理解上级的意图而造成误会和工作积极性的降低；另外，如果员工从上级那里得不到想要的信息可能会影响工作积极性。

2. 上行沟通

在组织中，信息从下级向上一级传递的过程就是上行沟通。上行沟通通常适用于员工反馈建议、投诉、汇报工作等。通过这种沟通方式，管理者可以了解到员工的实际工作情况，或者员工对组织的意见和建议等。但是这种沟通过程中往往存在各种阻碍，因为各级管理者往往不愿意向上反映问题。

3. 水平沟通

在组织中，信息传递发生于同一群体全体成员之间、不同群体同一层级成员之间、同一层级管理者之间，或者是任何相同等级的人员之间的，都属于水平沟通。水平沟通有助于节省沟通时间和方便协调，可分为正式批准的沟通和非正式的沟通。水平沟通有助于信息的有效和准确传递，但是也容易形成组织成员之间的小群体，从而破坏沟通的渠道。

4. 言语沟通与非言语沟通

这是根据沟通所使用的媒介不同而划分的。言语沟通是指通过语言符号所进行的传递信息的过程，可以是口头语言，也可以是书面语言。美国心理学家戴尔的研究结果表明，采用口头语言与书面语言相结合的方式进行沟通的效果远好于单独运用口头语言的沟通，书面沟通效果最差。

非言语沟通是指通过非语言符号系统所进行的传递信息的过程，如通过表情、动作、姿势等。非语言沟通通常分为三类：动态无声类，如通过微笑、表情、手势等进行；静态无声类，如通过一定的服饰来传递信息等；有声无形类，如语音语调的变化、停顿等。

练一练

按照下文中标注的粗体字的重音朗读以下语句，感受表达的句子意思有何不同？

重音位置	句子中的意思
为什么我今晚不能请**你**吃晚饭？	我要请别人吃晚饭
为什么**我**今晚不能请你吃晚饭？	而不是你和别人一起吃晚饭
为什么我今晚**不能**请你吃晚饭？	我正在找一个理由来解释我为何不该请你
为什么我今晚不能请你吃晚饭？	你和我之间存在矛盾吗
为什么我今晚不能**请**你吃晚饭？	而不是你自己去
为什么我今晚不能请你**吃晚饭**？	而不是明天一起吃午饭
为什么我**今晚**不能请你吃晚饭？	而不是明天晚上

5. 正式沟通与非正式沟通

根据沟通渠道的不同可以将沟通分为正式沟通和非正式沟通。通过明文规定的正式渠道进行的沟通是正式沟通，如企业内部通过网络进行的文件、通知的发布等。正式沟通一般比较规范，信息的准确性也比较高。

在正式渠道之外进行的信息传递是非正式沟通，如员工之间私下交换意见、传播小道消息等，这种沟通不受组织的约束和管理，有时却可以提供正式沟通难以获得的信息。

正式沟通网络与非正式沟通网络

一、正式沟通网络

美国心理学家莱维特提出了5种正式沟通的网络：链式、环式、轮式、全通道式、Y式（见图1）。

· 链式：是一个纵向沟通网络，信息可以由下而上或者由上而下逐层传递。但是信息经层层传递和筛选，容易失真。

· 环式：是一个封闭式控制结构，组织中的每个人都可以和相邻的两个人之间进行联络和沟通。

· 轮式：在这个网络中，只有一个成员是各种信息的汇集点与传递中心，其他成员都可以和他沟通，但是其他成员之间无法进行沟通。在组织中，大体相当于一个主管领导直接管理几个部门的权威控制系统。

· 全通道式：是一个开放式的网络，每个成员都可以和其他成员沟通交流。在组织中，这是一个很具有民主气氛的集体或部门。

· Y式：是一个纵向沟通网络，信息也是逐层传递的，但是在这个网络中存在一个处于核心位置的成员，作为其他成员沟通的媒介。在组织中，这一网络大体相当于从组织领导、秘书班子，再到下级主管人员或一般成员之间的纵向关系。

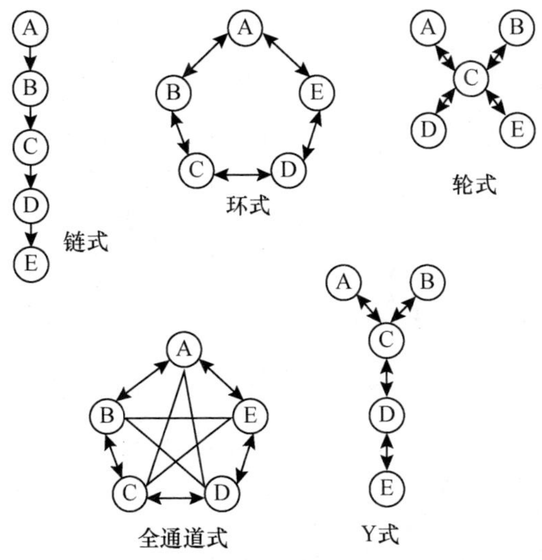

图1　正式沟通网络的几种形式

二、非正式沟通网络

美国心理学家戴维斯提出了非正式沟通途径的4种传播方式。

·集群式：在沟通过程中可能存在几个中心人物，由他们转告若干其他人。这种形式具有某种程度的弹性。

·流言式：由一人主动告知其他所有的人，如独家新闻。

·随机式：信息传播者碰到什么人就转告什么人，具有偶然性，并无一定的中心人物或选择性。

·单线式：一个人告诉另一个人，另一个人再转告下一个人，通过这种一对一的方式将信息传播出去。

四、人际交往中常见的沟通障碍

1. 过滤

过滤是指信息传递者故意操纵信息，以改善接收者对信息的看法。例如，员工对上级“报喜不报忧”。组织中存在的垂直层级越多，信息过滤就会越多。而且，只要存在地位差异，过滤就会存在。在现实生活中，沟通的每一个环节都可能存在信息的丢失，我们用“沟通漏斗”来形容这一过程（见图6-2）。

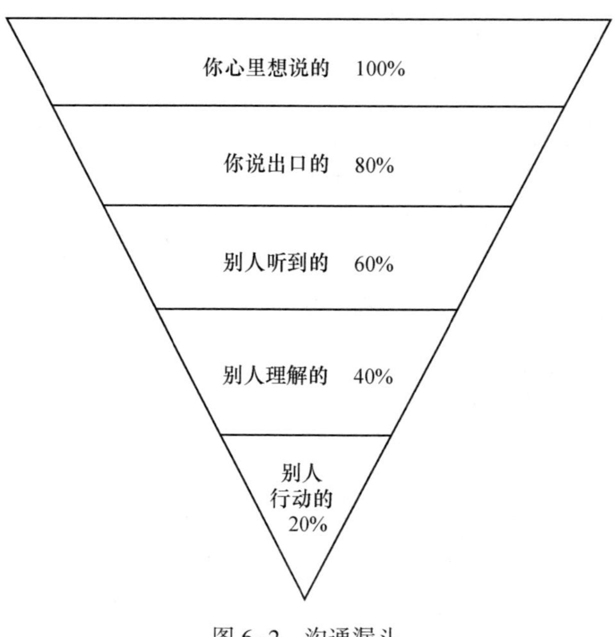

图6-2　沟通漏斗

2. 语言

不同的语言，甚至是同一种语言中同样的词汇，对不同的人来说意义也不同。例如，青年人经常说的俚语对于长辈来说可能就很难理解。年轻人经常说的“脱粉”，也称“出坑”，常表示在喜欢一个明星的时候，会成为他的粉丝或加入他的粉丝群，不过因为一些个人或者外界原因不再喜欢这个明星，或者不想去关注他了，就会脱离粉丝组织，不再是他的粉丝。而中老年人可能对这些词语并不理解，这是因为人们在使用语言上极不一致。信息传递者往往会认为自己使用的名词和术语对接收者来说也代表相同的意思。

读一读

“00后”的语言特点

2018年，第一批2000年出生的孩子已经成人，逐渐取代“90后”走上了社会的大舞台，“00后”的聊天暗语，你能看懂几个呢？

（1）“00后”流行语传播范围最广，影响最大的要数“拼音缩写体”，堪称年龄身份鉴别器。下面举一些例子。

nss＝暖说说　dd＝赞同/提醒　cdx＝处对象　xswl＝笑死我了

nbcs＝nobody cares（没人在乎）　blx＝玻璃心　bhys＝不好意思

xfxy＝腥风血雨　dbq＝对不起

（2）创造一些简短的新词。

共药＝一起放弃吃药　巨巨＝在某领域颇有能力和名气的人

糊了＝爱豆过气　连睡＝连麦睡觉　洗地＝开脱洗白

弧短＝信息秒回　扩列＝扩充好友列表

（3）用符合表示语言。

？＝有事你说　??＝不懂　?????＝你是不是傻

0＝有点无语　0000＝无言以对

!?＝真的假的　！＝人呢出来

以上这些，你知道几个呢？

3. 情绪情感状态

情绪情感状态可以影响人们对于信息的解读和理解。对于同一份信息，心情愉悦时和愤怒生气时的解读可能截然不同。极端情绪（如狂喜或暴怒）可能会阻碍信息的传递。例如，范进中举后疯癫无状，对谁的话也听不进去；《红楼梦》中别人的言行总是会引起林黛玉的猜疑和伤感，因此整日郁郁寡欢。

4. 选择性认知

信息传递过程中，接收者可能会根据自己的动机、需要、兴趣、爱好或者期望等进行有选择性的接收和解读。例如，如果面试时面试官认为女性总会把家庭放在首位，那么他在面试的时候就可能会发现所有女性求职者都是这样的，无论她们是否真的这么想过或做过。

5. 信息过载

信息过载是指需要处理的信息超过了我们个体处理信息的能力。当个体无法对所有呈现的信息进行加工和利用时，往往会通过筛选、忽略、跳过、忘记等方式来处理。这些都会造成信息丢失或沟通效果受损，因此，解决信息超载问题就变得更为重要。

随着信息技术的发展，越来越多的员工发现他们已经无法从中脱身，各种通信设备的使用使得工作逐渐蔓延到员工的私人生活中。员工必须在保持沟通需求和个人休息需求之间找到平衡，如果全天 24 小时都待命的话，他们会有倦怠的风险。

6. 沉默

沉默实质上是一种心理上的阻抗，当我们对某一信息不赞同又不能直接言明时，很多人会使用沉默这一方式。因此领导者应及时觉察，采取相应的方式使员工能够各抒己见，并对员工的建议和意见进行认真的考虑以及反馈。

7. 撒谎

撒谎是指即有目的性地说假话来维护自己的利益。大多数的谎言并没有那么容易被识别，因此，撒谎会阻碍有效的沟通。

8. 性别差异

我们通常说“男人来自火星，女人来自金星”，因此，性别差异有时会成为异性之间沟通的障碍。男性一般喜欢打断别人的谈话，或以沉默对抗多言、转移话题、拒绝等，表现出一种非合作的态度；而女性通常喜欢支持性的回答和鼓舞性的问题。性别角色差异导致男性更勇于表现自己，而女性更倾向于表现得符合别人和社会的期望以获得认可。

想一想

王经理的沟通方式

王经理刚跳槽到某大型跨国公司销售部门不到一年，该部门的业绩就逐渐攀升，获得了公司上下的一致肯定。在他的规划之下，销售部门的一些销售策略和项目都在稳步推进过程中。公司刘副总发现，王经理工作十分认真，自从来到公司后几乎天天加班，经常在晚上10点多还收到王经理发来的电子邮件，但是王经理很少就某些问题当面和他沟通。

刘副总感到十分好奇，于是开始观察，后来他发现，原来王经理一般都是采用电子邮件来与同事沟通、部署项目方案等，除非必须，否则王经理很少当面与同事就工作问题进行沟通，电子邮件似乎被他认为是与人沟通的最好方式。

阅读以上案例，请思考：

（1）你认为，王经理的沟通方式存在问题吗？如果有，请指出。

（2）如果你是王经理，你大概会采用哪些方式与同事或下属进行沟通呢？

业务演练

子任务1

任务主题：你比画我来猜。

任务导入：在我们的实际生活中，很多情况下需要我们用眼睛去观察、用耳朵去倾听、用心去思考，还要善于用嘴巴去表达。如果表达不到位，非常容易引起别人的误会。所以在沟通过程中，该如何使别人明白自己的意图呢？通过下面这个任务，我们一起来体会一下。

任务要求：

（1）6~7名同学为一组，全班分成若干组，每组推选两名同学，其余同学为旁观者。

（2）教师向第一名同学呈现一个词语，该名同学只能通过音效和动作表达，不能透露成语中的任何一个字，将看到的信息展示给队友，队友来猜测题目上的信息。猜对得一分，最终积分高的一队获胜。

1 组：号啕大哭、自言自语、摇头晃脑、撒腿就跑、垂头丧气、昂首挺胸、手舞足蹈、张牙舞爪、眉开眼笑、大惊小怪

2 组：从容不迫、目瞪口呆、兴高采烈、呆若木鸡、幸灾乐祸、神气十足、唉声叹气、哭笑不得、捧腹大笑、指手画脚

3 组：东张西望、一瘸一拐、挤眉弄眼、蹑手蹑脚、废寝忘食、闻鸡起舞、守株待兔、掩耳盗铃、长吁短叹、盲人摸象

4 组：狼吞虎咽、抓耳挠腮、哈哈大笑、恍然大悟、一五一十、三心二意、争先恐后、一刀两断、丢三落四、坐井观天

5 组：快马加鞭、架子十足、亡羊补牢、颠三倒四、拔苗助长、画蛇添足、顺手牵羊、眉飞色舞、连蹦带跳、左顾右盼

6 组：嬉皮笑脸、愁眉苦脸、东倒西歪、蹑手蹑脚、喜出望外、垂头丧气、暴跳如雷、狼吞虎咽、见钱眼开、摇头晃脑、一手遮天

备用：捧腹大笑、幸灾乐祸、贼眉鼠眼、狗急跳墙、对牛弹琴、牛头马面、兔死狐悲、龙腾虎跃

（3）小组其他同学可以用动作或者表情来提示。

（4）每组限时 5 分钟。

任务呈现：

（1）在传递信息过程中，你主要应用了哪些沟通方式？

（2）你认为有效传递信息的关键因素有哪些？

（3）传声过程中哪些因素影响了你对于词语的判断？

（4）通过这个活动，旁观的同学有什么启发？

子任务 2

任务主题：撕纸游戏。

任务导入：我们平时沟通中经常使用单项沟通的方式，每个人按照自己的理解来进行活动，但使用了双向沟通之后又会怎样呢？我们一起来看一下。

任务要求：

（1）时间 15 分钟，准备班级总人数 2 倍的 A4 纸。

（2）给每位同学先发一张纸，然后由老师发出单项指令（同学不允许提问，根据自己的理解操作即可）：大家闭上眼睛—把纸对折—再对折—再对折—把右上角撕下来—转 180 度—把左上角也撕下来—睁开眼睛—把纸打开

（3）同学们互相展示和比较。

（4）请一位同学上来，重复上述的指令，这次大家可以问问题。

任务呈现：小组讨论与分享。

（1）完成第 2 步之后，为什么会有这么多不同的结果？

（2）完成第 3 步之后，为什么还是存在误差？

（3）通过以上活动，你认为选择沟通方式时应注意什么？

子任务 3

任务主题：团队游戏微博沟通。

任务要求：4~6 位同学一组，每组注册一个微博账号，并发一条微博，由组长控制信息的合法性与完整性。

任务呈现：以小组为单位，讨论以下问题。

（1）分析各组微博的传播轨迹。

（2）分析粉丝的构成和分布。

（3）预测哪组的微博能“走得最远”。

任务二　掌握良好沟通的技巧

知识准备

一、积极的共情

共情又称为同理心，是指深入他人主观世界理解他人感受的能力。共情要求人们能够设身处地地站在他人的立场和角度来思考问题。

具体来说，共情要求我们要从对方的角度考虑如何加工信息才更有利于其接收和理解，要站在对方的参照框架内考虑问题；表达共情要因人而异、因事而异，不能够在任何情况下都一视同仁，要善于使用姿势、目光、表情等非言语信息传达共情，要善于把握角色；表达共情应考虑对方的特点、性别、文化背景等因素，共情并不是要求我们必须和对方有相同或相似的经历，而是要能够设身处地地理解对方；表达共情应适度，要把握时机。

读一读

换位思考的小故事

故事 1

励志成功大师拿破仑·希尔某一年需要聘请一位秘书，于是在几家报刊上刊登了招聘广告，结果应聘的信件如雪片般飞来。但这些信件大多如出一辙，比如第一句话几乎都喜欢这样开头：

“我看到您在报纸上发布的招聘秘书的广告，我希望可以应征这个职位。我今年××岁，毕业于××学校，我如果能荣幸被您选中，一定兢兢业业。”拿破仑·希尔对此很失望，正琢磨着是否放弃这次招聘计划时，一封信件让他眼前一亮，并认定秘书的人选非她莫属。

她的信是这样写的：

“敬启者：您所刊登的广告一定会引来成百乃至上千封求职信，而我相信您的工作一定特别繁忙，根本没有足够时间来认真阅读。因此，您只需轻轻拨一下这个电话，我很乐意过来帮助您整理信件，以节省您宝贵的时间。您丝毫不必怀疑我的工作能力与质量，因为我已经有十五年的秘书工作经验。”

后来，拿破仑·希尔说：“懂得换位思考，能真正站在他人的立场上看待问题、考虑问题，并能切实帮助他人解决问题，这个世界就是你的。”

故事 2

美国历史上经历了一次经济大萧条，在这次经济大萧条中，有 90% 的中小型企业都倒闭了，一个名叫克林顿的人，他开的齿轮厂也近乎倒闭。克林顿为人十分真诚，宽厚善良、慷慨体贴，交了很多朋友，而且和客户们都保持着良好的关系。在这困难的时刻，克林顿想要找那些朋友和老客户们出出主意、帮帮忙，于是就写了很多信。可是，等信写好后他突然发现自己原来连邮票都买不起。克林顿想，如果自己都买不起邮票，那别人肯定也不舍得花钱买邮票回信给自己，那么自己就得不到帮助。

于是克林顿卖了自己家里的东西，买了很多邮票，在向朋友寄信的时候，也在信里附上两美元，作为回信的邮票钱，这样一来他就收到了很多朋友的回信，而且他的朋友和客户收到信后，都大吃一惊，因为两美元远远超过了一张邮票的价钱。每个人都被感动了，他们回想了克林顿平日的种种好处和善举。这之后，克林顿就收到了订单，还有朋友来信说想要给他投资，一起做点什么。克林顿的生意很快有了起色。在这次经济萧条中，他是为数不多站住脚而且有所成就的企业家。

二、有效的倾听

倾听是有效沟通的重要部分，它要求我们不仅仅是用耳朵听，更重要的是需要我们全身心地去感受和理解对方的意图，感受对方的言语信息和非言语信息。

倾听需要克服自我为中心，不要总是谈论自己或者自己感兴趣的事情，更多地把说话机会留给别人；不要总想着把握谈话的主题或者机会；不要总是打断对方，让对方把话说完；不要匆忙下结论或者与对方争执细枝末节，要仔细听对方要表达的意思是什么；不要妄加揣测对方接下来的话语；不要带有偏见地倾听；要经常给予积极反馈，如“嗯”“你说的对”或者点头、微笑等非言语动作；不要评价对方的观点或者行为；可以适当提建议但不要想左右对方的想法或者行为。

读一读

倾听的要素

倾听的三个要素——感知、评价和回应，反映了本章开篇描述的沟通模型中倾听者的那一部分。倾听者接收到发送者的信号，解码出这些信号本身想要表达的意思，然后再向发送者发出适当和即时的反馈。积极的倾听者会在对话过程中不断地进行感知、评价和回应，而且他们也会参与多种活动来改善这些过程。

1. 感知

感知是从发送者那里接收信号并注意这些信号的过程。积极的倾听者会通过三个方法来提升感知水平：第一，他们会等讲话者讲完话后才对说话内容进行评价，他们不会事先就形成一个观点；第二，他们会避免打断别人的谈话；第三，他们会始终饱含热情地去倾听。

2. 评价

这个评价要素包括理解信息的意思、评价信息以及记住信息。为了提高他们对谈话的评价水平，积极的倾听者会让自己设身处地地体会讲话者的说话内容，他们尝试理解并敏感地感受说话者的感觉、想法和情况。评价也可以在沟通时通过组织讲话者的想法来得到提升。

3. 回应

回应作为倾听的第三个组成要素，是指向发送者发出反馈，从而能激发和引导讲话者的沟通。积极的倾听者会通过充分的眼神交流和发送反馈信号（即“我明白了”）来做到这点，而眼神交流和发送反馈信号都能显示出倾听者对说话内容感兴趣。他们也会通过重复信息来进行回应，并在适当的停顿后用另外的方式来陈述说话者的想法（例如，“所以你是在说……”）。

（资料来源：史蒂文 L. 麦克沙恩. 组织行为学：第 5 版［M］. 北京：机械工业出版社，2012.）

三、情绪调整

从前文可以得知，情绪情感状态会影响到我们对于信息的接收和理解，因此，沟通过程中我们应随时注意自己的情绪变化。

读一读

情绪 ABC 理论

情绪 ABC 理论是由美国心理学家艾利斯创建的。他认为，人们的情绪和行为后果（C）并不是由激发事件本身（A）引起的，而是由于我们对于事件的不合理认知或者想法（B）导致的。不合理的信念也称为非理性信念。比如说同样是失恋了，有的人放得下，认为未必不是一件好事；而有的人却伤心欲绝，认为自己今生可能都不会再爱了。又比如，在找工作面试失败后，有的人可能会认为，这次面试只是试一试，不过也没关系，下次可以再来；而有的人可能会想：我精心准备了那么长时间，竟然没过，是不是我太笨了，我还有什么用啊，人家会怎么评价我。这两类人因为对事情的评价不同，他们的情绪体验当然也不同。

依据 ABC 理论，我们不难发现人的不合理观念常常具有以下三个特征。

1. 绝对化要求

绝对化要求是指人们常常以自己的意愿为出发点，认为某事物必定发生或不发生的想法。它常常表现为将“希望”“想要”等绝对化为“必须”“应该”或“一定要”等。例如，“我必须成功”“别人必须对我好”等。客观事物本身有其自己的规律，我们无法强求。

2. 过分概括化

这是一种以偏概全的不合理信念，它常常把“有时”“某些”等过分概括化为“总是”“所有”等。例如，有些人遭受一些失败后，就会认为自己“一无是处、毫无价值”；找工作面试失败了，就认为“我一到面试的时候就紧张，总是通不过面试”。

3. 糟糕至极

这种观念认为如果一件不好的事情发生，那将会非常可怕和糟糕。例如，“我没考上大学，一切都完了”“我没当上处长，不会有前途了”。这种想法是非理性的，因为对任何一件事情来说，都会有比之更坏的情况发生。

四、尊重

尊重意味着既要接纳一个人积极的一面，也要接纳他消极、灰暗的一面。尊重意味着真诚，应该开诚布公地与对方进行沟通交流，接纳对方与自己不同的观点和意见；不主动询问对方的隐私和秘密，对别人主动诉说的隐私和秘密也应予以保护，不随意传播；尤其在公司管理者和下属沟通交流的时候更要做到尊重，不要把员工放在低一级的位置上，采用命令的语气和态度去说话。

五、多渠道沟通

随着信息技术的发展，沟通的渠道从传统的书信为主的模式向多渠道转变。电话、微博、微信、传真、电子邮件、会议等，不同的渠道有不同的优势和劣势。例如，当我们需要进行销售的时候，与客户面对面进行沟通可能会效果更好，所以我们在生活中可以发现，办理健身卡的销售人员一般喜欢将你带到健身房内进行面对面沟通而非使用其他方式；当沟通的信息比较复杂且冗长，并且对时间要求不是很严格的情况下可以使用书面沟通方式，另外，如果需要保留沟通信息以备核查时也应使用书面沟通方式。在传达比较重要的信息时，多种渠道的沟通方式联合使用效果最好。

读一读

传统保险的转型之路

大多数人平时接到推销保险的电话的时候，多少都会有一种隐隐的排斥。保险业在发展初期大规模使用地推模式、电话营销，这在许多人心中留下了不良印象。因此，人们很难主动搜寻并购买保险，大多数保险都是通过强制险、附赠险的方式进行的。近年来，保险业经过成熟发展，业务和产品水平都有了显著提高。与此同时，人们应对未来风险的意识逐步提高，更多的人意识到保险的“保障”价值，从而产生了投保意愿。

然而传统保险的互联网转型并不是一朝一夕的事情，目前许多传统保险企业还停留在业务互联网化的初级阶段，而一些有代表性的互联网保险企业却已经走向了“数字化+智能化”的“互联网 2.0”时代。

例如，平安保险通过互联网平台，建立统一账户，实现集团财产、人寿、健康、养老、银行和投资等不同业务线客户的综合管理。这是实现平安综合场景金融的基础，也是平安金融管家实现流量第一的支撑。同时平安搭建了出行、医疗、健康的线上场景，进一步丰富了用户体验，保证了用户在平安保险体系生态内的活跃和留存。多渠道的营销也推动了平安保险的进一步发展。

六、积极的赞美

人类行为学家约翰·杜威曾说：“人类本质里最深远的驱策力就是希望具有重要性，希望被赞美。”每个人都希望被赞美，在心理学意义上源自个体渴望被尊重、被认可的精神需求。一旦这种精神需求被满足，人就会充满自信和动力。因此，在沟通过程中我们应该积极地赞美别人。赞美不是盲目地拍马屁，而是应该抓住恰当的时机，从别人身上发掘闪光点，切忌假大空或者用词泛滥敷衍。要赞美别人鲜为人知的优点、赞美其期待被夸奖的部分，要真诚和走心。

读一读

钢铁大王卡耐基的改变

钢铁大王卡耐基小时候是一个公认的坏孩子。在他 9 岁的时候，父亲把继母娶进了家门。父亲一面向继母介绍他，一面说："亲爱的，希望你注意这个全郡最坏的孩子。他已经让我无可奈何。说不定明天早晨以前，他就会拿石头扔向你，或者做出你完全想不到的坏事。"

出乎卡耐基意料的是，继母微笑着走到他面前，托起他的头认真地看着他。接着她回头对她丈夫说："你错了，他不是全郡最坏的男孩，而是全郡最聪明最有创造力的男孩。只不过他还没有找到发泄热情的地方。"继母的话说得卡耐基心里热乎乎的，霎时眼泪就滚落下来。就是凭着这句话，他和继母开始建立友谊；也就是这一句话，成了激励他一生的动力，并使他成为一个成功者。

因为在继母到来之前，没有一个人称赞过他聪明，父亲和邻居都认定他就是一个坏孩子。继母只说了一句话，便改变了他的一生。

七、重视小道消息

小道消息是指通过非正式渠道传播的、非正式、非结构性的关系网。小道消息的传播速度是非常快速的，当组织内部小道消息盛行时，很可能会出现消极因素，但没有人能够消除小道消息。在某种程度上，管理者也可以利用小道消息，并应以以下方式对待小道消息。

1. 从小道消息中了解员工的需求

很多小道消息的核心内容是真实的，它往往传达了与人们切身利益相关的事情，同时也为员工提供了一个缓解焦虑的媒介。因此，管理者可以对其加以利用，从小道消息中了解员工的需求，并检讨管理工作是否存在缺陷等。

2. 开诚布公

管理者应尽可能在小道消息还没有传播开来之前向员工就有关问题进行正式的通告，完善和疏通正式的沟通渠道，以杜绝谣言的散布。

3. 真诚相待

培养员工对组织的信任，并与员工真诚相待。

业务演练

子任务1

任务主题：倾听能力自测。

任务导入：通过前述内容我们可以知道倾听在人际沟通中的作用十分重要，那么你的倾听能力如何呢？快来一起完成以下自测问卷吧。

在与别人谈话时，你是否会……

1. 你总是在说吗？

A. 几乎总是　　B. 经常　　C. 偶尔　　D. 很少　　E. 从来没有

2. 在别人说话之前，你会假设别人下一句会说什么吗？

A. 几乎总是　　B. 经常　　C. 偶尔　　D. 很少　　E. 从来没有

3. 在与别人说话时，你会心不在焉吗？

A. 几乎总是　　B. 经常　　C. 偶尔　　D. 很少　　E. 从来没有

4. 你趁他人说话喘气时，会立即插话吗？

A. 几乎总是　　B. 经常　　C. 偶尔　　D. 很少　　E. 从来没有

5. 你会试图记录说话者所说的一切吗？

A. 几乎总是　　B. 经常　　C. 偶尔　　D. 很少　　E. 从来没有

6. 对于你不喜欢的话题，你会听不进去吗？

A. 几乎总是　　B. 经常　　C. 偶尔　　D. 很少　　E. 从来没有

7. 你对新颖的话题会不感兴趣吗？

A. 几乎总是　　B. 经常　　C. 偶尔　　D. 很少　　E. 从来没有

8. 噪声或其他东西会使你无法专心聆听对方说话吗？

A. 几乎总是　　B. 经常　　C. 偶尔　　D. 很少　　E. 从来没有

9. 在谈话过程中你会觉得很难控制你的情绪吗？

A. 几乎总是　　B. 经常　　C. 偶尔　　D. 很少　　E. 从来没有

10. 你会因为时间压力而催促说话者加快速度或要求说话者只讲重点吗？

A. 几乎总是　　B. 经常　　C. 偶尔　　D. 很少　　E. 从来没有

11. 别人的批评或不友善的话语会令你心乱如麻吗？

A. 几乎总是　　B. 经常　　C. 偶尔　　D. 很少　　E. 从来没有

12. 你在和别人谈话时，有摆弄自己的头发、领带或饰品的习惯吗？

A. 几乎总是　　B. 经常　　C. 偶尔　　D. 很少　　E. 从来没有

13. 你经常因人而听吗？

A. 几乎总是　　B. 经常　　C. 偶尔　　D. 很少　　E. 从来没有

14. 在获得足够的信息之前，你会匆匆作出结论吗？

A. 几乎总是　　B. 经常　　C. 偶尔　　D. 很少　　E. 从来没有

15. 对于你听不懂的术语或地方，你会要求对方解释清楚吗？

A. 几乎总是　　B. 经常　　C. 偶尔　　D. 很少　　E. 从来没有

16. 为了节约时间，你会一边专心做自己的事情，一边听别人说话吗？

A. 几乎总是　　B. 经常　　C. 偶尔　　D. 很少　　E. 从来没有

17. 你非常讨厌别人说自己的事情，而只希望别人听自己说话吗？

A. 几乎总是　　B. 经常　　C. 偶尔　　D. 很少　　E. 从来没有

18. 你只注意说话者说话的细节，而完全不在意说话者想要传达的信息吗？

A. 几乎总是　　B. 经常　　C. 偶尔　　D. 很少　　E. 从来没有

19. 你在聆听时，会忽视说话者的语调及身体语言吗？

A. 几乎总是　　B. 经常　　C. 偶尔　　D. 很少　　E. 从来没有

20. 在听别人说话时，你会不停地看表吗？

A. 几乎总是　　B. 经常　　C. 偶尔　　D. 很少　　E. 从来没有

21. 你不愿意聆听复杂或无聊（但可能很重要）的信息吗？

A. 几乎总是　　B. 经常　　C. 偶尔　　D. 很少　　E. 从来没有

22. 你会觉得听一个口齿不清的人说话很烦躁吗？

A. 几乎总是　　B. 经常　　C. 偶尔　　D. 很少　　E. 从来没有

23. 当别人说话时，你的注意力会集中在说话者的外表上吗？

A. 几乎总是　　B. 经常　　C. 偶尔　　D. 很少　　E. 从来没有

24. 在谈话的最后，你总能总结出说话者的意思吗？

A. 几乎总是　　B. 经常　　C. 偶尔　　D. 很少　　E. 从来没有

评分标准：

A=5 分，B=4 分，C=3 分，D=2 分，E=0 分。

得分在 10~30 分的人：优秀的听众。

得分在 31~57 分的人：良好但还要进一步提高的听众。

得分在 58~75 分的人：一般听众，要好好努力加油。

得分在 76~99 分的人：倾听能力较差，需要努力。

得分在 100~120 分的人：倾听能力很差。

任务呈现：

请根据自己的实际情况作答，并对照评分标准计算自己的得分。

子任务 2

任务主题：戴高帽。

任务导入：在人际交往和沟通中，学会赞美别人十分重要。通过下面这个活动，我们一起来感受一下赞美的力量。

任务要求：全班同学 6~7 人一组，小组围圈坐。请一位成员坐或站在团体中央，简单地向大家介绍自己的姓名、专业、个性方面的长处与短处；然后其他人轮流根据自己对他的了解及观察说出他的优点和欣赏之处（如性格、相貌、处事……）；再让被欣赏的成员说出哪些优点是自己以前察觉的，哪些是不察觉的。每位成员轮流到中央"戴一次高帽"。

任务呈现：

1. 小组成员共同交流和分享被赞美的感受。
2. 在接受别人赞美的过程中，你觉得哪位同学对你的赞美最容易被接受？为什么？

子任务 3

任务主题：绩效面谈。

任务导入：绩效面谈是指管理者要对员工的绩效表现进行交流与评价，确定员工本周期绩效表现，然后根据结果与员工做一对一、面对面的绩效沟通，将员工的绩效表现通过正式的渠道反馈给他们，让员工对自己表现好的方面和不好的方面都有一个全面的认识，以便在下一个绩效考核周期做得更好，从而达到改善绩效的目的。

任务要求：

1. 4~6 人一组，其中 1 人扮演员工小王，1 人扮演小王的直属上司刘经理，其余同学作为旁观者进行记录。
2. 按以下剧本，进行角色扮演。

王林的绩效面谈

刘总：（匆匆寻找，自言自语）"王林刚才还在啊，你们有没有看到？（打电话）喂，王林啊？在哪里？到我办公室来一下，有个急事，赶快过来。"

王林：（匆匆赶来）"刘总，什么事情这么着急？我这里很忙，这个月的培训计划有点调整，正和事业部孙总沟通呢。"

刘总："哦，那个事情先别着急，先坐，工作沟通嘛，缓缓没事。我这边上个月的考核截止时间快到了，这个工作是我们部门负责组织的，自己要是没按时完成，怎么去催其他部门呢，你说是吧?”

王林：“考核嘛！我做的事情你反正知道，你看着办吧，别让我们吃亏就好。”（王林一副无所谓的态度）

刘总：“你的工作好坏我心里有数，但程序也要走一下嘛！这样吧，我们马上就开始，你先把上个月的工作谈一下吧。”

王林：（瞪眼）“刘总，您真是贵人多忘事啊，我不是已经把上个月的工作总结交给您了吗?”

刘总：（惊讶）“是吗？我怎么没记得，我找找看。（刘总在一堆文件翻找）哦，你这个工作总结写得太简单了，你还是讲讲吧！”

王林：“我也没做准备，（稍微犹豫）我用一下这个吧。（从刘总手中拿过工作总结）12 月份在公司领导的支持和帮助下，我基本上完成了预定的 KPI 指标，工作总结上有数据，也有相关说明，你自己看吧。至于关键行为指标和临时任务指标，我的工作做了很多，也很忙，失误也是有的，主要是因为本人思想上不重视、工作能力有限。这个月我准备继续努力，发扬优点，改掉缺点，争取不断改善。（做无辜状）唉，刘总，反正我的工作你也是知道的，我也不多说了。”

刘总：“王林，你的工作我是心里有数，你的成绩我也看得到，但是，你的缺点也有很多。比如说，上次去事业部开会的时候，孙总就反映上个月的培训计划到现在还没有收到，由于没有培训计划，事业部不知道该做哪些培训，上个月的培训一个也没做，这是你的责任吧?”

王林：（做气愤状）“那个事情我和你也解释过了，我因为太忙给忘记了，我又不是故意的，这你也是知道的。我手头那么多工作，一时忙不过来，忘记了也是能理解的吧？我下次记住就是了，在以后的工作中多加注意，不会再犯这样的错误了。我这不刚才还在沟通这个事嘛，都已经开始行动了，你也是知道的！”

刘总：（点头）“反正类似的事情以后你要注意，我以后不想再次听到这样的理由了，好吗？还有，岗位说明书上规定，你有一条很重要的职责是组织实施绩效管理制度。这个工作主要是由绩效薪酬专员做，你作为部长助理，有责任督促绩效薪酬专员把这个事情做好，但是最近绩效考核工作开展得很不好，很多部门的考核不能按时完成，考核结果不能及时汇总，绩效分析做得也很马虎，这是你的责任吧?”（语气加重）

王林：“最近绩效考核工作是开展得不好，但这又不是我一个人的责任，是各个部门的部长不严格执行制度，有制度不执行，故意拖延。我也催过，但是效果不理想，我也拿他们没有办法。”

刘总："这个我知道，但我记得和你说过，让你在每次考核的时候都要全程参与，旁听考核面谈的过程，并做好记录，形成书面报告。可好几个月过去了，我一份报告也没看到，而且我听说，你每次参加其他部门的考核面谈时都是坐一下就走，根本没有用心，就凭这一点，我在 KBI 的这一项就得给你扣分！"（做发火状）

王林："刘总，您要这样说我也没有办法，您是领导嘛！"

刘总："王林啊，工作上有失误不要推脱嘛，你的成绩我也看得到，反正月度考核也是走个形式。关键是下个月你有没有明确的改进计划……"

王林："刘总，你要给我一个方向嘛，你们上面不定下来我们怎么做啊？"

刘总：（看手表）"这样吧，我们先谈到这儿吧，反正我们也谈得差不多了，我会一碗水端平的。我这边还有些急事。不过，我看你这个月的绩效奖金肯定要受影响了！"

王林："随您便吧！"（王林摔门走了出去）

王林：（边走边说，自言自语）"刘总怎么这样说呢，我没有功劳还有苦劳呢，他根本不了解情况！"

任务呈现：每个小组的旁观者就以下问题进行讨论，并形成统一意见，在全班分享展示。

（1）上述绩效面谈过程中存在哪些沟通问题？

（2）请扮演王林和刘总的同学分别谈一谈交流沟通后的感受。

（3）如果你是刘总，你会怎样进行绩效面谈？请设计一个面谈过程，要注意沟通技巧的应用。

（4）尝试评价前后两次所观察的绩效面谈过程，王林和刘总的内心感受有何不同？面谈效果如何？

任务三　探讨解决冲突的策略

知识准备

一、冲突的含义

冲突描述了从相互作用变成相互冲突所进行的各种活动，包括目标不一致、对事实解释存在分歧，以及对行为预期不一致等。当对方感觉到另一方对自己关心的事情产生了不利影响或将要产生不利影响时，冲突就开始了。

人际冲突指的是人与人之间的一种对立状态，表现为两个或两个以上人或群体之间的对立、紧张等不和谐状态。

二、冲突的类型

1. 纵向冲突

组织内部不同级别之间的冲突，如下属对上级进行反抗。

2. 横向冲突

组织内部相同级别之间的冲突，如部门和部门之间因利益而产生的冲突。

3. 任务冲突

与工作目标有关的冲突类型。

4. 关系冲突

组织中人际关系之间的冲突。

5. 程序冲突

与完成工作的方式和程序有关的冲突。

读一读

鲇鱼效应

挪威人喜欢吃沙丁鱼，尤其是活鱼。市场上活鱼的价格要比死鱼高许多，所以渔民总是想方设法地让沙丁鱼活着回到渔港。可是虽然经过种种努力，绝大部分沙丁鱼还是在中途因窒息而死亡，但却有一条渔船总能让大部分沙丁鱼活着回到渔港。船长严格保守着秘密，直到船长去世，谜底才揭开。原来是船长在装满沙丁鱼的鱼槽里放进了一条以其他鱼类为主要食物的鲇鱼。鲇鱼进入鱼槽后，由于环境陌生，便四处游动。沙丁鱼见了鲇鱼十分紧张，左冲右突，四处躲避，加速游动。这样一来沙丁鱼缺氧的问题就迎刃而解，沙丁鱼也就不会死了，都能活蹦乱跳地回到渔港。这就是著名的“鲇鱼效应”。

一个公司里，如果人员长期固定就会缺乏活力且容易产生惰性，这时需要加入一些外来的新员工，制造一些紧张的气氛。当老员工看到有人和自己竞争后就会有一种紧迫感，自然会调动起工作积极性，这样，企业就会生机勃勃了。当压力存在的时候，为了更好地生存，人们必然会更加努力，适当的竞争或冲突可以激发人们的活力和潜力。

三、冲突的原因

1. 个性因素

人的个性中潜藏着侵略的倾向，这种倾向总是想寻求机会表现出来，如战争、各类竞赛、斗牛等，许多人常常把组织当作表现冲突的场所。

2. 资源的争夺

在组织中，资源是有限的，对资源的需求却是无限的，在工作中人们不得不为完成任务而争取有限的资源。因此，不同的群体、个人或者组织之间必然存在对于资源的争夺。

3. 利益的冲突

不同的个人、群体和组织在实际活动中必然存在自己的价值观念和利益，在复杂的活动过程中，彼此间的价值观和利益不可能完全一致，因而常常存在着多种形式的分歧或对立，并导致彼此间发生冲突。例如，工会认为公司的利润等出现增加应该为员工加工资，而管理层认为增加了工资会减少股东的收入，因此双方会产生冲突。

4. 角色的冲突

组织中的个人和群体在履行职责、承担任务、从事活动、展示形象时，常常不得不扮演两种或两种以上角色，如果两种或多种角色之间存在矛盾，就会导致个人或群体的紧张状态，从而引发冲突。

5. 追逐权力

追逐权力即个人或群体由于权力欲和追逐权力的行为，消极地影响或作用于与自身发生交往和互动关系的其他个人或群体，从而可能在彼此间导致冲突的发生。

6. 职责规定不清

职责规定不清意味着在一个组织或群体中，“干什么”“谁来干”“如何干”“干好干坏怎么说”这类的工作，职责不清，角色模糊。有利时人们可以揽为己任，争得好处；不利时人们也能推诿责任，保全自己。有占便宜的就会有吃亏的，这样自然会引起冲突。

7. 组织变动

当组织出现改革、重组等重大事件时，必然会对不同群体产生影响，并带来利益的上升或下降。当旧的平衡被打破，新的平衡尚未建立或正在建立时，较容易发生冲突。

总而言之，之所以发生人际冲突，根本原因还是因为双方利益受到威胁，或意见无法统一。

想一想

滴滴快车与出租车再起冲突！利益的博弈，最终伤害了谁？

2018 年 1 月 22 日，山西运城市盐湖区圣惠路，十多辆出租车围堵一辆白色“滴滴”快车。

当日 10 时许，一辆白色小车行至盐湖区圣惠路运城市交通局运管处附近时，被出租车围堵。围堵现场一片混乱，造成该路段的交通严重拥堵，有人报警后，交警赶来疏导秩序，车辆缓缓行进。十多名出租车司机声称滴滴快车抢了自己的生意，求助无门，才出此下策。

据了解，滴滴快车从 2015 年下半年开始运营，注册车辆数以万计。其间，曾发生多次被围堵现象，结果不了了之。

讨论与思考：为什么滴滴快车与出租车之间频频产生冲突？

四、冲突的过程

冲突分为五个阶段：潜在的对立或失调、认知和人格化、行为意向、行为、结果（见图 6-3）。

1. 阶段 1：潜在的对立或失调

冲突的产生必然存在前提条件，冲突的根源可以概括为三类：沟通、结构和个人因素。

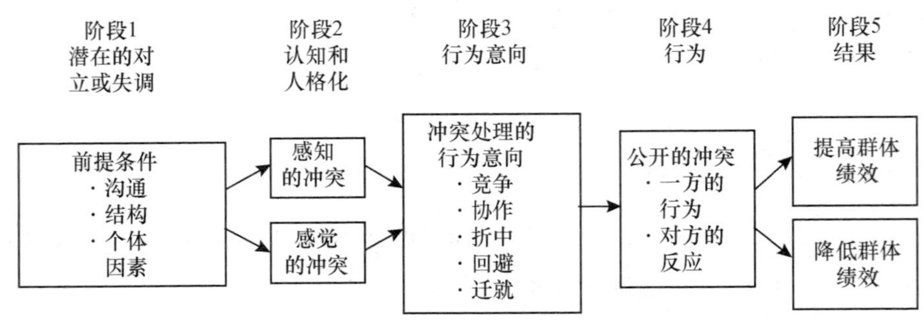

图 6-3 冲突的过程

（1）沟通

语义理解的困难、信息交流不充分以及沟通渠道中的“噪声”，这些因素都构成了沟通障碍，并成为冲突的潜在条件。研究指出，沟通得过多或过少都会增加冲突的可能性。另外，沟通渠道也会影响到冲突的产生。人们之间传递信息时会进行过滤，来自正式的或已有的渠道中的沟通偏差，提供了冲突产生的潜在可能性。

（2）结构

结构包括群体规模、员工任务的专业化程度、管辖范围的清晰度、员工与目标之间的匹配性、领导风格、奖酬体系、群体间的相互依赖程度。研究表明，群体规模越大，任务越专门化，则越可能出现冲突。另外，如果群体成员都很年轻，且离职率又很高时，出现冲突的可能性最大。

职责分配的模糊性程度越高，冲突出现的可能性就越大。管辖范围的模糊性也增加了群体之间为控制资源和领域而产生的冲突，组织内群体之间目标的差异是冲突的主要原因之一。就领导风格来说，严格控制下属行为的领导风格，也增加了冲突的可能性。研究表明，如果一个群体依赖于另一个群体（而不是二者相互独立）或群体之间的依赖关系表现为一方的利益是以另一方的牺牲为代价时，也会引发冲突。

（3）个人因素

个人因素包括人格、情绪和价值观。有证据表明，具有特定的个性特质的人，也可能导致冲突，例如，具有较高权威的、武断的人更容易出现冲突。即使没有诱发事件，情绪也可能会引起冲突。例如，因交通堵塞而愤怒时，更容易与他人产生冲突。价值观的差异，如对自由、幸福、勤奋、工作、自尊、诚实、服从和平等的看法不同，也是导致冲突的一个重要原因。

2. 阶段 2：认知和人格化

如果阶段 1 产生对立或失调，那么在本阶段冲突就可能转变为现实，冲突在这个阶段会被明确界定，情绪会明显影响认知。当个体有了感情上的投入，双方都体验到焦虑、紧张、挫折或敌对时，潜在冲突就可能成为现实。

该阶段有两点需要注意。第一点，在阶段 2，冲突问题变得明朗化，此过程中，双方将决定冲突是什么性质。第二点，情绪对知觉的影响有着重要作用。例如，研究发现，消极情绪会使我们处理问题时过于简单化，降低对对方的信任感，对对方的行为也会作出消极的解释。相反，积极情绪会使我们从各项因素中发现潜在联系的可能性，以更开阔的眼光来看待情境，所采取的解决办法也往往更具有创造性。

3. 阶段 3：行为意向

行为意向介于人们的认知和外显行为之间，指采取某种特定行为的决策。行为意向导致行为，很多冲突之所以不断升级，其主要原因在于一方对另一方进行了错误归因。另外，行为意向与行为之间也存在着很多不同，因此一个人的行为并不能准确地反映它的行为意向。我们处理冲突的行为意向主要有竞争、协作、回避、迁就和折中五种。

4. 阶段 4：行为

在这一阶段，冲突显而易见，冲突的双方为了实现自己的目的而进行公开的努力。公开的冲突包括行为的整个过程，从微妙、间接、节制，发展到直接、粗暴、不可控的斗争。

5. 阶段 5：结果

冲突双方之间的行为和反应相互作用导致了最后的结果。如果冲突能提高决策的质量，激发革新与创造，调动群体成员的兴趣与好奇，提供公开问题和解除紧张的渠道，培养自我评估和变革的环境，那么这种冲突就具有建设性。如果冲突带来了沟通的迟滞和组织凝聚力的降低，使组织成员之间的明争暗斗成为首位，而组织目标降到次位，那么这种冲突就是破坏性的。

读一读

杜嘉班纳广告涉嫌辱华引发冲突

2018 年 11 月 21 日，杜嘉班纳在上海有一场秀，却遭到了多名明星联名抵制，拒绝出席此次的大秀。起因是早几日 DG 官方微博放出上海大秀的广告视频。这是一个模特用筷子吃意大利食物的视频，在视频中把中国人惯用的筷子称为这种小棍子形状的餐具，而意大利的披萨则称为“意大利伟大的传统玛格丽特披萨”，言语之间的对比意味很是明显，在其视频中模特表情夸张怪异，语气也很是嘲讽。

网友对官方视频不满，有人在网上跟设计师讨论，却不曾想DG的设计师更出言不逊，多次使用辱华词汇。这个设计师不觉得自己的视频有问题，从他们的谈话中可以看出，他完全不了解真的中国文化，也不打算了解。他对中国文化的轻蔑已经深入骨髓且不可以改变，所以才会用各种偏激的词语来理解中国的文化以及中国人的做法。这名网友比较愤怒，措辞也很激烈，然后这名DG的设计师说出了让所有中国人气愤的话，他说他将在所有公开国际场所采访中，用屎一样的国家来说中国，声称没有中国他们也可以过得很好。

网上传播之后，不管是平常人还是明星都实名抵制杜嘉班纳。事情闹大之后，DG官方宣布，其网上账号被盗，还说“热爱中国和中国文化，对这一切深表歉意”。这样的行为很难让中国网友信服，依旧难消众怒。

有网友评论说：“那以后只要有不当言论，通通可以用盗号来做借口了。再说了，账号可以被盗，视频总是真实的，而事情的起因就是因为视频。”网友都拒不接受，本来要出席秀场的明星也纷纷站队维护中国文化。

五、冲突的处理策略

1. 回避

回避是指在发生冲突的时候出现退缩或者持中立态度，以远离冲突。这是一种比较消极的冲突处理方式，但是当冲突的内容微不足道或者下级与上级产生冲突时，这种处理方式可能是有效的。

冲突双方既不合作也不进攻的状态同样是一种回避，虽然双方都知道冲突的存在，却试图忽略，不采取任何行动以求不发生正面对抗。

2. 平滑

平滑是指发生冲突时更多地强调双方的共同利益以降低冲突。当冲突处于一触即发的局面或者短期内必须维持协调的局面时，可以应用此种策略。

3. 对抗

对抗是指冲突双方都想实现自己的目标而不顾他人利益的处理模式。冲突双方各自站在自己的立场上思考问题，互不相让，是一种“你赢我输”的处理方式，双方都试图牺牲对方利益来满足自己的需求。

4. 妥协

妥协是指冲突的双方互相让步以达成协议，是一种折中的方式，通过一系列谈判、让步等来部分满足双方的利益和要求。但是妥协应适度适时运用，如果使用过早可能会延误问题的解决，仅仅就事论事加以妥协，不能够从根本上解决冲突。

5. 合作

合作是指冲突双方共同协商，寻找一个对双方利益都有保障的方案。在采取合作策略的时候需要双方相互沟通和反馈，尤其是对于焦点问题和与自身利益密切相关的问题，不要一味坚持自己的利益最大化，冲突处理得当会带来一个更有创意的方案。

6. 迎合

迎合一般是下级对上级的一种由于权威或者其他原因而产生的服从状态，主要考虑一方利益和要求而屈从于对方的意愿，牺牲自己的利益，把上级的需求放在第一位以维持和谐的状态。如果是情绪冲突，迎合可以避免冲突升级；如果冲突属于实际利益冲突，双方是合作关系，迎合不仅不会解决问题，反而会被视为软弱。

7. 强迫

强迫是一种消极的处理策略，指利用权力支配他人，迫使他们尊重某一方的决定，这是管理者一种无能的表现。它通常在情况比较紧急、需要立即行动，或者为了组织的长期有效生存时才必须采取。

读一读

囚徒困境

1950年，就职于兰德公司的梅里尔·弗勒德和梅尔文·德雷希尔拟定出了困境的相关理论，后来由顾问艾伯特·塔克以囚徒方式阐述，并命名为囚徒困境。经典的囚徒困境如下。

警方逮捕了甲、乙两名嫌疑犯，但没有足够的证据指控二人入罪。于是警方分开囚禁嫌疑犯，分别和二人见面，并向双方提供以下相同的选择：

若一人认罪并作证检控对方（相关术语称“背叛”对方），而对方保持沉默，此人将即时获释，沉默者将判监10年；

若二人都保持沉默（相关术语称互相“合作”），则二人都将判监1年；

若二人都互相检举（相关术语称互相“背叛”），则二人都将判监 8 年。

	甲沉默（合作）	甲认罪（背叛）
乙沉默（合作）	二人同服刑 1 年	甲即时获释；乙服刑 10 年
乙认罪（背叛）	甲服刑 10 年；乙即时获释	二人同服刑 8 年

囚徒困境假定每个参与者（囚徒）都是利己的，即都寻求最大的自身利益，而不关心另一参与者的利益。参与者某一策略的所得利益，如果在任何情况下都比其他策略要低，则此策略称为“严格劣势”，理性的参与者绝不会选择。另外，没有任何其他力量干预个人决策，参与者可完全按照自己的意愿选择策略。

囚徒到底应该选择哪一项策略，才能将自己个人的刑期缩至最短？两名囚徒由于隔绝监禁，并不知道对方选择，而且即使他们能交谈，也未必能够相信对方不会反悔。就个人的理性选择而言，检举背叛对方所得的刑期，总比沉默要少。试设想困境中两名理性囚徒会如何作出选择：

若对方沉默时，背叛会让我获释，所以会选择背叛；

若对方背叛并指控我，我也要指控对方才能得到较低的刑期，所以也会选择背叛。

二人面对的情况一样，所以二人的理性思考都会得出相同的结论，即选择背叛。因此，这场博弈中唯一可能达到的纳什均衡，就是双方参与者都背叛对方，结果二人同样服刑 8 年。

这场博弈的纳什均衡，显然不是顾及团体利益的最优解决方案。对全体利益而言，如果两个参与者都合作保持沉默，两人都只会被判刑 1 年，总体利益更高，结果也比二人背叛对方并判刑 8 年的情况较佳。但根据以上假设，二人均为理性的个人，且只追求自己的个人利益。均衡状况会是两个囚徒都选择背叛，结果二人的判决均比合作更高，总体利益比合作更低，这就是“困境”所在。

六、通过谈判解决冲突

谈判即双方或多方讨论决定如何分配资源的过程。

1. 谈判过程

（1）准备与计划

谈判开始前，需要做好准备工作，例如，本次冲突的实质是什么，卷入冲突的各方利益和观点都是什么，本次谈判中我方的目标是什么，还要尝试设想一下冲突各方可能会提出的条件和要求，以及自己应如何应对等。收集好所需信息后要给自己制订一个最低接受方案，也就是谈判时的底线。

（2）确定基本规则

一旦制定了计划和战略，你就可以和各方共同确定谈判的基本规则和程序，如谈判的参与人员、时间、地点、主题。在这个阶段，谈判双方还将交换各自的最初提案或要求。

（3）阐述与辩论

谈判各方对自己的提议进行解释、阐明、澄清、论证和辩论。这个过程是各方就谈判事项交换信息的机会。在这个阶段，你可以向对方提供任何支持你方立场的材料，也可以了解对方的立场及其材料。

（4）讨价还价与问题解决

谈判的实质是为达成协议而相互讨论的过程。在这个阶段，谈判双方毫无疑问都需要根据自己与其他各方的情况来作出相应的让步，同时，谈判的成功与否也取决于这个阶段。

（5）结束与实施

谈判过程的最后一步是协议规范化，并为实施和监控该协议制定必要的程序。对于一些重要谈判，需要在这个阶段敲定正式合同中的各项信息。而在大多数情况下，谈判过程仅以双方握手而告终。

2. 谈判技巧

谈判技巧在解决冲突中具有十分重要的作用，其中最重要的 4 种技巧是：设定目标、搜集信息、有效沟通和作出让步。

（1）设定目标

研究显示，当人们为谈判做准备并设定目标时，他们会有更满意的谈判结果。特别地，谈判者应该认真思考他们的初始出发点、目标点和抵抗点。他们需要考虑替代的策略，以防谈判失败。谈判者也要检查他们的基本假设、目标和价值观。此外，研究另一方想从谈判中获得什么也是同样重要的。

（2）搜集信息

信息对于谈判的成功与否至关重要，越多地搜集各方信息，就越能从中了解到各方的需求和矛盾点，以及发现低成本的妥协或提议来使其他各方满意，并在谈判中掌握主动权。因此，我们经常可以看到大型企业往往会有一个庞大的谈判队伍。

（3）有效沟通

成功的谈判者能够通过维持各方关系的方式来进行沟通。他们可以将焦点集中在事情上，从而使社会情绪冲突降低到最小化。另外，他们普遍能够避免刺激性的表述。有效的谈判是对劝说的掌握，他们组织了所要传达的信息，从而使别人能够接受。

（4）作出让步

让步是重要的，因为它使各方的潜在的协议区域成为可能，同时象征着各方在真诚地进行议价，以及告诉另一方有关谈判项目的相对重要性。然而，让步只有在特定条件下才能使各方达成协议。这些条件是：第一，让步需要被标明，即另一方必须要知道你的行动是一种让步，而且这一让步对你来说是昂贵的，并有益于另一方；第二，让步应该伴随一个期望，另一方也应该予以回报；第三，让步应该要部分地进行，不能一次全部完成，其根本原因是人们从两个小的让步中体会到的积极情绪，要比在一个大的让步中更多。

业务演练

子任务1

任务主题：人际冲突解决能力自测。

任务导入：在组织或者日常生活中，不可避免地要与其他人进行沟通和交流，冲突也是在所难免的。当遇到人际冲突的时候，你的解决能力如何呢？我们一起来看看吧。

任务要求：下面有10道题，每道题有四个被选方案。请根据实际情况，选择一个最适宜你的答案。

1. 假如你与同事产生了矛盾，关系开始紧张起来，你会怎么办？

A. 同事不理我，我也不理同事；同事若主动跟我打招呼，我也与同事打招呼

B. 请别人帮助，缓和我们之间的紧张关系

C. 从此不再搭理对方，并找机会报复对方

D. 我将主动去接近对方，争取消除矛盾

2. 如果你被人误解干了某件不好的事情，你将怎么办？

A. 找他们对质，指责他们

B. 同样捏造莫须有的事情加在对方头上

C. 一笑置之，不予理睬

D. 要求单位调查，弄清事实真相

3. 如果你的父母之间关系紧张，你将怎么办？

A. 谁厉害倒向谁一边

B. 采取不介入的态度，不得罪任何人

C. 谁正确就站在谁一边

D. 努力调解两人之间的关系

4. 假如你的父母老是为一些小事争吵不休，你会怎么办？

A. 根据自己的判断，支持其中正确的一方

B. 尽量少回家，眼不见为净

C. 设法阻止他们争吵

D. 威胁他们如果再争吵就不理他们了

5. 假如你的朋友和你发生了严重的意见分歧，你将怎么办？

A. 暂时避开这个问题，以后再说

B. 请与我俩都亲近的第三者确定谁是谁非

C. 为了友谊迁就对方，放弃自己的观点

D. 下决心中断我们之间的朋友关系

6. 当别人嫉妒你所取得的成就时，你将怎么办？

A. 以后再也不冒尖了

B. 走自己的路，不管别人对我持什么态度

C. 同这些嫉妒者进行争辩，保护自己的名誉

D. 一如既往地工作，但同时反省自己的行为

7. 假如需要你去处理一件事，这件事的处理结果可能会得罪你的两个朋友，你怎么办？

A. 向他们两个说明这件事的性质，想办法取得他们的谅解，再处理这件事情

B. 瞒住他们悄悄把这件事情处理完

C. 事先不告诉他们，事后再说

D. 为了不得罪他们两个，宁可不顾当事人，也不去做这件事

8. 假如你的一位好朋友虚荣心太强，使你看不惯，你会怎么办？

A. 检查一下对方的虚荣心是否与自己有关

B. 利用各种机会劝导他

C. 听之任之，以保持良好的关系

D. 只要他有追求虚荣心的表现，就和他争吵

9. 假如你对某一问题的正确看法被上司否定了，你将怎么办？

A. 向上司反映，争取得到上司的支持

B. 消极行事，以发泄自己的不满

C. 一如既往地认真工作，在恰当的时候向上司陈述自己的看法

D. 同上司争辩

10. 假如你与朋友在假日活动的安排上意见很不一致，你会怎么办？

A. 双方意见都不采纳，再另外商量双方都不反对的意见

B. 放弃自己的意见，接受朋友的主张

C. 与朋友争论，迫使朋友接受自己的意见

D. 自己单独活动，不和朋友一起度假

评分标准：

选项 \ 题号	1	2	3	4	5	6	7	8	9	10
A	1	1	0	1	3	0	3	2	2	2
B	2	0	1	0	2	2	1	3	1	3
C	0	3	2	3	1	1	2	0	3	0
D	3	2	3	2	0	3	0	1	0	1

结果解释：

0~6 分：表明处理人际冲突的能力很弱。

7~12 分：表明处理人际冲突的能力较弱。

13~18 分：表明处理人际冲突的能力一般。

19~24 分：表明处理人际冲突的能力较强。

25~30 分：表明处理人际冲突的能力很强。

子任务 2

任务主题：员工冲突管理。

任务导入：在组织和企业中，员工之间发生冲突是比较常见的，作为管理者，你会怎样处理员工之间的冲突呢？

任务要求：以小组为单位，分析以下案例，并回答问题。

一位业绩一直第一的员工，认为一项具体的工作流程是应该改善的，她向上司提出，但并没有得到重视和回复。

接下来她私自改动工作流程。主管发现后带着情绪批评了她，她不接受，认为主管有意为难，于是和主管吵翻了。主管决定要给她处罚以警示众人，该员工则跑到总经理处投诉。

思考题：

如果你是总经理，你将如何处理员工与主管之间的冲突？

任务呈现：

以小组为单位展示各组成果，并让其他小组对展示小组的方案提出疑问，分析讨论各组方案的合理性。

子任务 3

任务主题：模拟谈判。

任务导入：谈判场上的成功，不仅来自充分的训练，更关键的是来自谈判前的充足准备，以及敏感和机智。

任务要求：请全班同学分为 6~7 人的小组，根据以下情景模拟谈判。要求谈判的甲乙双方人数基本均衡，并自行设计谈判方案和策略。

甲方：××大学学生计算机采购团

乙方：赛格数码城联想代理商

在 21 世纪这个信息化的时代，计算机是大学生必不可少的工具。××大学某班级准备采购一批计算机用于同学们日常上课以及练习，为了使同学们的利益得到保证，他们组成了计算机采购团，为班级的同学购买计算机。

甲方筹备会：我们这次谈判的目的是购买 500 台联想计算机。根据我们多次在赛格数码城和青龙数码城的调查，以及对学生需求的多次询问和讨论，决定购买联想××型号的计算机。这种款式的计算机配置为××，市场价格为 7 999 元。当然这个价格不是我们能接受的，在一般情况下代理商会给 10%的折扣，这个显然也不是我们想要的，我们这次的目标是拿到 20%至 30%的折扣。我们的口号是，以最低的价格买到性价比最高的计算机。

乙方筹备会：我们预期××大学学生计算机采购团最有可能购买我们的中端产品，对这类产品我们应该是很熟悉的。据了解，一个星期前一个大学采购团购买的数量为 100 台，型号为××，市场价为 6 999 元，成交价格为 6 150 元。这次我们可以以这个交易为基础来谈。我们的口号是，以最高的利润销售我们的产品。

前奏：××大学学生计算机采购团在《计算机报》某板块中刊登了大量订购笔记本计算机的招标信息，不久，便收到了联想、宏基、索尼、神州、戴尔等数家的报价和相关信息。

下面开始谈判……

任务呈现：

1. 小组成员合理分工，各自搜集谈判所需的信息，设计各自的谈判方案。

2. 模拟谈判过程中，双方各遇到了哪些问题，以及通过什么方式解决的？

3. 通过谈判任务，探讨影响冲突解决的因素有哪些？

练习题

1. 简述人际沟通的分类。

2. 人际沟通中常见的障碍有哪些？

3. 人际沟通的技巧中你认为最重要的是哪一条？为什么？

4. 试想一下在生活中，你最不喜欢与之沟通的人是谁？他身上的哪些特征或特质让你不喜欢与之沟通？

5. 当生活中与人发生冲突后，你通常的处理方式是怎样的？学习完本章的内容，你认为自己的冲突处理方式是否有待改进？

项目七

有效领导——领导理论及应用

【项目导入】

领导理论是管理学理论研究的热点之一，也是组织行为学的重要内容。

本项目通过认知领导的概念，学习领导理论的分类及内涵，阐释领导理论及其最新发展趋势，定位领导在组织管理中的重要作用。这对如何在人力资源管理中准确把握领导理论，以及把研究成果和理论应用到管理实践的诸环节中去，从而实现领导行为的有效性，具有重要的实践意义。

一、主题案例

贾厂长的困惑

贾炳灿原是上海高压油泵厂厂长，他治厂有方，使该厂连获行业排头兵与优秀企业称号，已是颇有名望的管理干部了。这次他主动向局里请求，调到了问题较多的液压件三厂当厂长，局里也对他能迅速改变该厂的落后面貌寄予厚望。

贾厂长到任不久，就发现原有的厂纪厂规中确有不少不尽合理之处，需要改革。但他觉得先要找到一个能引起震动的突破口，并能改得公平合理，令人信服。

他（终于）选中了一条。原来厂里规定：本厂干部和职工，凡上班迟到者一律扣当月奖金1元。他觉得这条规定看似公平，其实不然，因为当干部们发现自己可能会迟到时，便可以先去局里或公司转一圈再来厂，从而以因公晚来为借口，便可免于受罚，而工人则无借口可依。厂里400来人，近半数是女工，大多为孩子妈妈，她们家务事多，早上还要送孩子上学或入园，有的甚至得抱孩子来厂入托。而且本厂未建家属宿舍，职工散住在全市各地，远的途中要换乘一两趟车；还有人住在浦东，要摆渡上班，碰上塞车、停渡，尤其雨、雪、大雾天气，尽管提前很早出门，仍难免迟到。贾厂长认为应当从取消这条厂规开始进行改革。

有的干部提醒他不要轻举妄动，如果此禁一开导致纪律松弛，将不可收拾；又说别的厂还设有考勤钟，迟到一次扣10元，而且是累进式罚款，第二次罚20元，第三次罚30元。

但贾厂长斟酌再三，认为这条一定得改，因为1元钱虽少，但工人觉得不公、不服、气不顺，就会影响到工作积极性。于是在3月末召开的全厂职工大会上，他正式宣布，从4月1日起，工人迟到不再扣奖金，并说明了理由。这项政策的确引起了全厂的轰动，职工们报以热烈的掌声。

不过贾厂长又补充道："迟到不扣奖金，是因为常有客观原因，但早退则不可原谅，因为责在自己，理应重罚；所以凡未到点而提前洗手、洗澡、吃饭者，要扣半年奖金。"这可相当于几个月的工资啊！不过贾厂长觉得这条补充规定跟前面取消原规定同样公平合理，但工人们却反应冷淡。

新厂规颁布不久就有7名女工提前两三分钟去洗澡，人事科请示怎么办，贾厂长断然说道："照厂规扣她们半年奖金，这才能令行禁止嘛。"于是处分的告示贴了出来。次日中午，贾厂长偶过厂门，遇上了受罚女工之一的小郭，问她道："罚了你，服气不?"小郭不理而疾走，老贾追上几步，又问。小郭悻悻然扭头道："有什么服不服?还不是你厂长说了算！"她一边离去一边喃喃地说："你厂长大人可曾上女澡堂去看过那像啥样子?"

贾厂长默然。他想："我是男的，怎么会去过女澡堂?"但当天下午趁澡堂还没开放，他跟总务科长老陈和工会主席老梁一块去看了一趟女澡堂，原来这澡堂低矮狭小，破旧阴暗，一共才设有12个淋浴喷头，其中还有3个不太好使。贾厂长想，全厂194名女工，分两班每班也有近百人，淋一次浴要排多久队？下了小夜班洗完澡，到家该几点了？而且第二天一早还有家务活要干呢，她们对早退受重罚不服是有道理的。看来这条厂规制定时，对这些情况欠调查了解。

下一步怎么办？处分布告已经公布了，难道又收回不成？厂长新到任订的厂规，马上取消或更改，不就等于厂长公开认错，那以后还有啥威信？私下悄悄撤销对她们的处分，以后这一条厂规就此不了了之？……贾厂长皱起了眉头。

思考题：

（1）贾厂长为什么会作出案例中的决定？

（2）如果你是贾厂长，你该怎么办？

二、学习目标

知识目标

1. 掌握领导的概念内涵，正确理解领导与被领导者及追随者的关系。
2. 了解领导权利的构成。
3. 了解当代领导理论及领导理论的最新发展趋势。

能力目标

1. 能运用领导特质理论分析组织情境中的问题。
2. 能运用领导行为理论与领导权变理论分析组织情境中的问题。
3. 通过实训项目，提升自身的领导力。

任务一　领导的概念内涵

知识准备

一、领导的含义

关于领导的含义，国内外的学者们众说纷纭，从未达成过一致。以下列举几种有代表性的说法：孔茨认为，领导是影响人们，并让人们心甘情愿和满怀热情地为实现群体目标而努力的艺术或过程；特纳认为，领导是影响人们，并让人们自动为实现团体目标而努力的一种行为；戴维斯认为，领导是一种说服他人热心于一定目标的能力。虽然以上说法的表述不同，但却分别从不同方面、不同角度涉及了领导的本性与实质，并且都包含着这样几个要素：影响、目标实现、行动过程等。赫塞和布兰查德认为，领导就是在特定情境中通过个体与群体的行动来成功实现目标的过程，领导是通过支配、控制和影响组织中个体或群体的行为来实现组织目标的组织角色。因此，我们对领导可以这样定义：领导是指引和影响组织或组织成员，在一定的条件下实现某种目标的行动过程。该定义包括了以下几个方面的含义。

（1）领导要与组织或组织中的人员发生联系，是在“指引”和“影响”的概念上衍生的；

（2）领导是与某种目标的实现相联系的；

（3）领导的目的就是通过被领导者的努力来实现既定目标；

（4）领导是一个行动过程，领导者通过运用职权或者自身的知识、能力、专长等对组织或组织成员产生影响，由他们按照要求去完成任务。

读一读

领导者劝导追随者为某些目标而奋斗，而这些目标体现了领导者及其追随者共同的价值观和动机、愿望和需求、抱负和理想。

——美国政治学家伯恩斯

二、领导的特征

1. 领导过程

从古至今，人们对领导问题的研究不计其数，也提出了许许多多的理论。但领导过程包含了多种要素，没有一种理论能够全面论述，只是侧重其中某一个或某一些方面，在这里介绍的领导过程的参照框架性模型，有助于了解领导的过程，也有利于加深对各种领导理论的认识。

领导过程具有以下特点。

（1）领导过程具有综合性与应变性

现代组织是开放的社会技术系统，领导过程必然受到组织内外环境的影响，而呈现出综合性与应变性，从而也证实了组织行为学奠基者之一勒温著名的“领导效能函数”的正确。该函数表达式为：领导效能＝f（领导者，被领导者，环境的特征）。即领导过程的效果既取决于领导者自身的能力与素质，被领导者的素质与接受领导的程度，以及环境条件这三个因素，又取决于三个因素的内在联系，如领导者与被领导者的关系，领导对环境的适应与应变等。

（2）领导过程的实现取决于群体或组织成员的追随与服从

领导的本质就是群体或组织成员的追随与服从。正是有了这种追随与服从，才确立了领导者在群体或组织中的地位，才使领导过程成为可能。而组织成员追随与服从领导者的原因，就在于领导者能够满足其愿望和要求，能将个人愿望和需求的满足与群体或组织目标的实现结合起来。

（3）领导是一种特殊的投入与产出过程

领导者付出的脑力劳动与体力劳动是投入，但产出却不是反映在领导行为本身，而是反映在被领导者的工作效率和效果上。所以，领导过程是一个将领导者的意愿和作风转化为被领导者的意愿和作风的过程。

2. 领导与管理

从一般意义上说，管理的范围要大一些，而领导的范围要小一些。管理是为组织活动选择方案、建立秩序、维持运转等的活动，是在整个管理过程中的战术运用和具体实施，其主要功能是提升组织运行的效率。而领导在组织中的作用则表现在为组织活动指出方向、设置目标、创造态势、开拓局面等，具有战略性，其主要功能是增强组织活动的效果。

3. 领导者与管理者

（1）领导者与管理者的区别

哈佛商学院的亚伯拉罕·扎莱兹尼克指出，管理者和领导者是两类完全不同的人，他们在动机和想问题做事情的方式上都存在着差异。管理者是在组织中指挥其他人活动的人，往往是被任命的，拥有合法的权力进行奖赏和处罚，他的影响力来自所在职位赋予的正式权力。领导者可以是被任命的，也可以是从群体中产生的，他可以不用正式权力来影响他人的活动。在理想情况下，所有的管理者都应该是领导者，但并不是所有的领导者都具备管理潜能。所以，不是所有的领导者都处于管理岗位。一个人能影响别人，不表明他能够计划、组织和控制。

在日常管理实践中，领导者与管理者的功能和角色往往是重合的，因此常常被混作一谈，实际上二者之间存在着明显的区别。要弄清领导者与管理者的区别，首先要能区分领导和管理。从本质上说，管理是建立在合法的、有报酬的和强制性权力的基础上，对下属实施命令和指挥的行为。原则上，下属必须遵循管理者的指示。但实际上在组织的实践中，能够尽全力去完成任务的员工是少数，多数员工只是尽一部分努力去完成工作。领导可能建立在正式权力的基础上，也可能建立在非正式权力的基础上。正式的权力具有合法性、有偿性、强制性等特点，而非正式权力往往是建立在个人影响力、专长权以及模范作用的基础之上。由此可见，一个人可能既是领导者又是管理者，但有时这两种角色在一个人身上也有分离的情况。如一个人可以是领导者但并不是管理者，最突出的典型情况就是非正式群体中的核心人物，他作为此类组织中最具有影响力的人，本身并没有被赋予职位和权力，因而也不必去承担组织中计划、协调、控制等职责，但是他却能引导、激励，甚至指挥自己的成员。相反，一个人可能是个管理者但并不是个领导者。因为领导的本质就是被领导者的追随和服从，也只有被领导者的追随和服从，领导过程才能得以实施。但是追随和服从不是由组织赋予的权力和职位所决定的，而是取决于追随者和服从者的个人意愿。因此，有些名义上具有职权的管理者可能在实际中并没有得到其下属的追随与服从，所以也就算不上真正意义上的领导者。因此，若想提高工作绩效，更好地实现组织既定目标，就应选择好的领导者来从事组织的管理工作，从非正式组织中启用核心人物来参加组织的正式管理无疑是一个好的选择，将对提高管理成效起到积极促进作用。反之，对不具备领导才能的人应从管理人员队伍中淘汰下去，至少也要尽可能避免或减少这样的人进入管理人员队伍。

（2）领导者的素质及条件

具备怎样的素质条件才能做一个好的组织领导者呢？长期以来，各国的学者都作了大量的研究，并提出了种种不同看法。有的学者十分强调领导者个人的特性，如品德高尚，不以权谋私，办事公正，有较强的事业心与责任感，身体素质好等。而更多的学者认为领导是一种动态的过程，应该把研究重点放在领导与被领导的行为和环境的相互影响上，而不是放在个人的特性上。行为科学家们认为应该针对不同的环境和情况，创造出多种理论及模式，以帮助领导者在遇到某种具体环境和情况时，能采取相对适当的领导行为。虽然诸多学者们关于这个问题的研究成果很不一致，甚至有些还是相互矛盾的，但是作为一个领导者确实应具备一些基本的素质和条件，我们将其归纳为以下几个方面。

1）思想素质。领导者应树立正确的人生观、价值观、世界观，具有强烈的事业心、责任感、创业精神，有优秀的思想品质、高尚的道德情操，工作勤恳踏实、一丝不苟，实事求是，深入基层调查研究，不搞“假、大、空”，恪守诺言，密切联系群众，平易近人，关心下属需求，不计较个人恩怨，任人为善、任人唯贤，带头遵守规章制度、道德规范，公平正直，具有较高的情商以及较强的个人魅力。

2）知识素养。一名优秀的、有效的领导者应具有较强的学习能力、思维能力和分析判断能力，其知识结构应完善、合理，且知识面宽，业务水平较高。具体来说，领导者应掌握的业务知识包括：①市场经济的基本原理；②管理学的基本理论、方法、原则，经济学、会计学、数学相关知识，计算机与网络、管理信息系统、经济法、财政金融等方面的基本知识、基本技能；③生产技术和有关自然科学、技术科学的基本知识，本行业的科研和技术发展方向，本企业产品的构造原理及过程，产品的性能和用途；④心理学、社会学、行为科学等方面的知识。

3）实际能力

①分析、判断、概括能力。作为领导者，应能透过纷繁复杂的事物表象看清其本

质，抓住主要问题和主要矛盾，并运用逻辑思维进行有效的分析、归纳、判断，制定出解决问题的方案。

②决策能力。这是一系列综合能力的表现，决策包括经营决策、管理决策、业务决策等。领导者的决策能力表现为三个方面。第一，分析问题的能力。能透过现象抓住本质，发现问题并了解问题的症结所在。能分清主次及轻重缓急，权衡利弊得失，提出建设性意见。第二，逻辑判断能力和直觉能力。要有逻辑思考能力，判断事物的因果关系并具有预见性。在出现紧急情况且无法从容协商时，能迅速反应，当机立断，并勇于承担责任。第三，领导者还应敢于并善于提出和使用新设想和新思路，不因循守旧、故步自封，积极接受新鲜事物，不断拓宽和活跃自己的思路。

③组织、指挥、控制能力。领导者应善于运用组织的力量，综合协调人、财、物、信息，尽量达到资源的最佳配置；善于将国家、社会、组织、员工乃至顾客的需要结合起来，进行目标连锁；运筹帷幄，统掌全局，将当前工作与长远需要结合起来；善于抓典型、树榜样，在组织中形成“比、学、赶、帮、超”的积极进取的氛围；在组织实现既定目标的过程中做好监控，及时发现问题、解决问题，当发现目标不可实现或预先未考虑全面时，应及时终止或进行调整。

④较高的社交敏感度及较强的人际交往能力。领导者应善于倾听各方的意见和反映，尤其是反面意见。在与人交往的过程中，首先要有自知之明，清楚自己的优势与不足，正确估计自己在他人心目中的地位，知道自己的言行给他人留下了什么印象，产生了何种影响；其次要从对方立场观察事物、考虑问题，不将自己的观点强加于人；最后，待人处事忌戴“有色眼镜”，对待下属意见不能偏听偏信，应认真分析，做到客观公正、实事求是。

⑤知人善用的能力。领导者要重视人才的发现、培养、提拔和使用，具有知人之明、容人之量、用人之艺、育人之方。任何人都有自己的优点和不足，领导者应知人善用，并且要尽量避免被光环效应、晕轮效应、马太效应等现象所左右，从而产生错误的判断，以致造成不良影响。领导者要重视教育，为下属创造、提供培训的机会，提高他们的业务能力；还要克服论资排辈的思想，大胆提拔起用新人，为组织注入新鲜血液，使组织永葆活力。

⑥不断探索和创新的能力。古往今来的无数事实证明，一个组织中员工的智慧、积极性、创造力是组织活力的源泉所在。一个组织要想在激烈的竞争中立于不败之地，并能不断发展，一靠人才，二靠创新。人才是支柱，创新是动力。领导者在知人善用的基础上，还要特别重视对创造力的开发，因为创造力是个体智力结构中最积极、最活跃的因素。经验表明，要开发组织成员的创造力，领导者自身需先具有创新意识和

创造精神。因为只有这样的领导者才能意识到创新精神的可贵，并懂得珍惜下属的创造力。自身具有创新意识的领导者，为了推行自己的创造性构思，必然要寻求和依托有创造性的下属的支持，并善用此类人才。创新意识强的领导者还会重视并建立一套鼓励人们上进、创新的激励制度，从而诱发、培养和强化人才的创新意识及创造才能。

4）身体素质。领导者负责指挥、控制、协调组织活动的进行，这是一项既需要足够的心智又需要消耗大量体力的工作。另外，领导者往往还要承受较大的心理压力，没有强健的体魄和充沛的精力，将很难胜任。因此领导者应具有较好的身体素质，从而保证组织领导工作的正常运行。

成功管理人员的能力

美国企业管理协会用了五年时间考察了4 000名经理，调查发现成功的管理人员一般具有以下20种能力：

（1）工作效率高；

（2）有主动进取精神，总想不断改进工作；

（3）逻辑思维能力强；

（4）富有创造精神；

（5）有很强的判断能力；

（6）有较强的自信心；

（7）能帮助别人提高工作能力；

（8）能以自己的行为影响别人；

（9）善于用权；

（10）善于激发别人的积极性；

（11）善于利用谈心做工作；

（12）能热情地关心别人；

（13）能使别人积极而又乐观地工作；

（14）能实行集体领导；

（15）能自我控制；

（16）能自行作出决策；

（17）能客观地听取各方面的意见；

（18）对自己有正确的估计，并能取人之长、补己之短；

（19）具有灵活性；

（20）具有技术和管理方面的知识。

日本企业界要求领导者应该具有下列10项品德和10项能力。

（1）十项品德：使命感、责任感、信赖感、积极性、忠诚老实、进取心、忍耐、公平、热情、勇气。

（2）十项能力：思维决策能力、规划能力、判断能力、创造能力、洞察能力、劝说能力、对人理解能力、解决问题能力、培养下级能力、调动积极性能力。

苏伦斯·格利纳通过对300多人进行调查，提出了有效领导者的10项重要特质：

（1）劝告、训练与培训下属；

（2）有效与下属沟通；

（3）让下属人员知道领导者对他们的期望；

（4）建立标准的工作要求；

（5）给予下属参与决策的机会；

（6）了解下属人员及其能力；

（7）了解组织的状况，并能鼓舞士气；

（8）不论情况好坏，都应让下属了解实情；

（9）愿意改进工作方法；

（10）下属工作好时，及时给予表扬。

业务演练

任务主题：领导者与迟到员工的角色扮演。

任务导入：领导有效性是指领导者是否能够成功带领团队及其成员的能力。一位领导者能否取得成功，除了外在的客观原因，很大程度上还取决于其自身领导有效性的高低。

任务要求：

1. 以小组为单位，讨论小组解决方案和态度。
2. 每组选派同学参与角色扮演，互相扮演领导者与迟到员工的角色。
3. 完成本次活动的记录（包括时间、地点、内容、成员及分工情况）。

4. 推选解决方式最好的小组。

任务呈现：

1. 以小组为单位展示各组成果。
2. 各小组根据其他小组的建议修改完善自己小组的方案。

任务二　领导理论应用

知识准备

一、领导特质理论

领导特质理论又称领导素质理论，着重于研究领导者的人格特性，并且认为这些人格特性是先天决定的。这是所有领导理论中最古老的一种理论，是其他领导理论提出的基础。这一理论的出发点是：领导效率的高低主要取决于领导者的特质，那些成功的领导者一定有某些共同点。早期的特质理论基本上是从静态的角度来研究的，他们的理论建立在这样的假设之上：领导特质是与生俱来的，不天生具备领导特质的人就不能当领导。现代领导特质理论则认为领导是个动态过程，领导者的人格特征和品质是在实践中形成的，可以通过训练和培养加以造就。不同的国情特点、不同的社会历史条件，对一个合格领导者的个性特征有着不同要求。

从领导特质理论研究的发展趋势来看，领导特质理论呈现出多视角化的特点。领导特质理论之所以能够再次焕发生机与领导特质理论研究视角的多样化是分不开的。领导特质理论起初研究领导者应具备的领导特质，但由于领导者的多样性，无法取得有关领导者的所有特质，研究结论自然无法大规模地应用。而伴随着领导内涵的发展，领导成了一个包括领导者、追随者、情景的互动过程。领导内涵的扩大为领导特质研究拓宽了视角，领导特质理论研究通过将领导视为领导者、追随者、情景的互动过程，突破了领导者层面的研究，发展为多取向和多层次上的综合性研究，产生了魅力领导理论、内隐领导理论、成就领导与动机型领导理论、领导胜任力理论等。

然而，用领导特质理论来预测领导效果或指导选拔领导者却并不可靠，其原因主要有以下三点。

（1）领导者的成败不仅与个人特质有关，也与环境有关。特质理论把个人特质看作领导成败的主要因素，却忽视了环境的影响，因此不能预测领导效果。

（2）从成功的领导者身上鉴别出来的特质至少有上百种，但并未找到完全一样的特质。而且，进一步的研究发现，如按这种特质清单选拔领导者，没有人能够符合当领导者的条件。

（3）对领导者特质测定的信度和效度不一定令人满意，有可能会遗漏了某些领导者特质，调查结果也可能并不十分客观。

读一读

鲍莫尔的领导特质理论

鲍莫尔提出的领导品质清单如下：

（1）能同人合作，用感化和说服的方法赢得人心；

（2）实事求是地决策，并能高瞻远瞩；

（3）善于授权，把适当的职权授予下属，自己抓大政方针和重要事项；

（4）善于把人力、物力、财力组织起来，调动下级的积极性；

（5）灵活机动，权宜应变，不墨守成规和生硬僵化；

（6）责任心强，对自己要求严格；

（7）对新鲜事物敏感，并愿意创新；

（8）勇于负责，敢担风险；

（9）谦虚谨慎，尊重别人；

（10）严格自律，受到别人尊重。

二、领导行为理论

由于领导特质理论的有效性受到怀疑，研究者转而致力于研究领导者实际工作中可观察的行为。领导才能与追随领导者的意愿都是以领导方式为基础的。所以，许多人开始从研究领导者的内在特征转移到研究其外在行为上，这就是领导行为理论。这种理论认为，依据个人的行为方式可以对领导进行分类。

1. 领导方式理论

美国管理学家怀特和李皮特将领导方式分为权威式、民主式、放任式，这也是一般人所熟悉的分类。

（1）权威式领导

权威式领导是指所有政策均由领导者决定，所有工作进行的步骤和技术也由领导者发号施令，工作分配及组合多由领导者单独决定，领导者与下属接触较少，如有奖惩也往往对事不对人。

（2）民主式领导

民主式领导是指主要政策由组织成员集体讨论决定，领导者采取鼓励与协助的态度，通过讨论使其他人员对工作有所认识。在设计完成的工作途径和范围内，下属人员对于完成工作的步骤和所采用的技术有选择的机会和权力。

（3）放任式领导

放任式领导是指组织成员或群众有完全的决策权，领导者放任自流，只负责给组织成员提供工作所需要的条件和咨询，尽量不参与，也不主动干涉，只偶尔表达意见，工作进行几乎全依赖组织成员自行负责。

从经验来看，这三种方式中，民主式领导比较顺应现代社会发展的趋势。从经营实践来看，无论哪种领导方式，在不同的环境和条件下都有成功的实例，所以不可简单地说哪种方式更有效，具体条件不同，应采取的方式也不同。

2. 俄亥俄州立大学的领导理论

俄亥俄州立大学的领导二维构面理论又称领导双因素模式，是 1945 年美国俄亥俄州立大学的研究者弗莱西和他的同事对领导问题进行了广泛的研究后提出的。他们发现领导行为可以利用两个构面加以描述：①关心人；②关心组织。因此，一般称其为二维构面理论。所谓关心人，是指一位领导者对其下属所给予的尊重、信任以及互相了解的程度，从高度关心和低度关心，中间可以有无数不同程度的关心。所谓关心组织，是指领导者对于下属的地位、角色与工作方式的关心，以及对下属的任务完成情况与组织绩效状况的关心，也可有高度关心和低度关心。

3. 布莱克和穆顿的管理方格理论

管理方格理论是研究企业的领导方式及其有效性的理论，是由美国得克萨斯大学的行为科学家罗伯特・布莱克和简・莫顿在 1964 年出版的《管理方格》一书中提出的。这种理论倡导用方格图表示和研究领导方式。管理方格图中，布莱克和穆顿认为有四种极端的作风（见图 7-1）。图中 1-1 类型的管理可称为“贫乏型管理”，即主管人员很不关心人或生产，很少过问他们的工作。处于另一个极端的是图中 9-9 类型的管理，可称为战斗集体型管理，主管人员在行动中不论对人还是对生产都显示出尽可能大的奉献精神。图中 1–9 类型的管理（即俱乐部型管理）中，主管人员很少关心生产，只关心人，他们促成一种人人得以放松，并感受友谊与快乐的环境，但却没有人关心和协同努力，以实现企业的目标。图中 9–1 类型的管理（即任务型管理），主管人员只关心促成有效率的经营，很少关心人，他们的领导作风是非常专制的。显而易见，图中 5–5 类型的中间型管理中，主管人员对生产和人的关心是适中的，会产生较高的士气和适当的产量，但不是卓越的。这是因为他们并不设置过高的目标，对人也很可能是相当开明的态度。图中 9–9 类型的管理被认为是最有效的管理，能带来生产力和利润的提高，以及员工事业的成就与满足、身体与精神的健康等绩效。

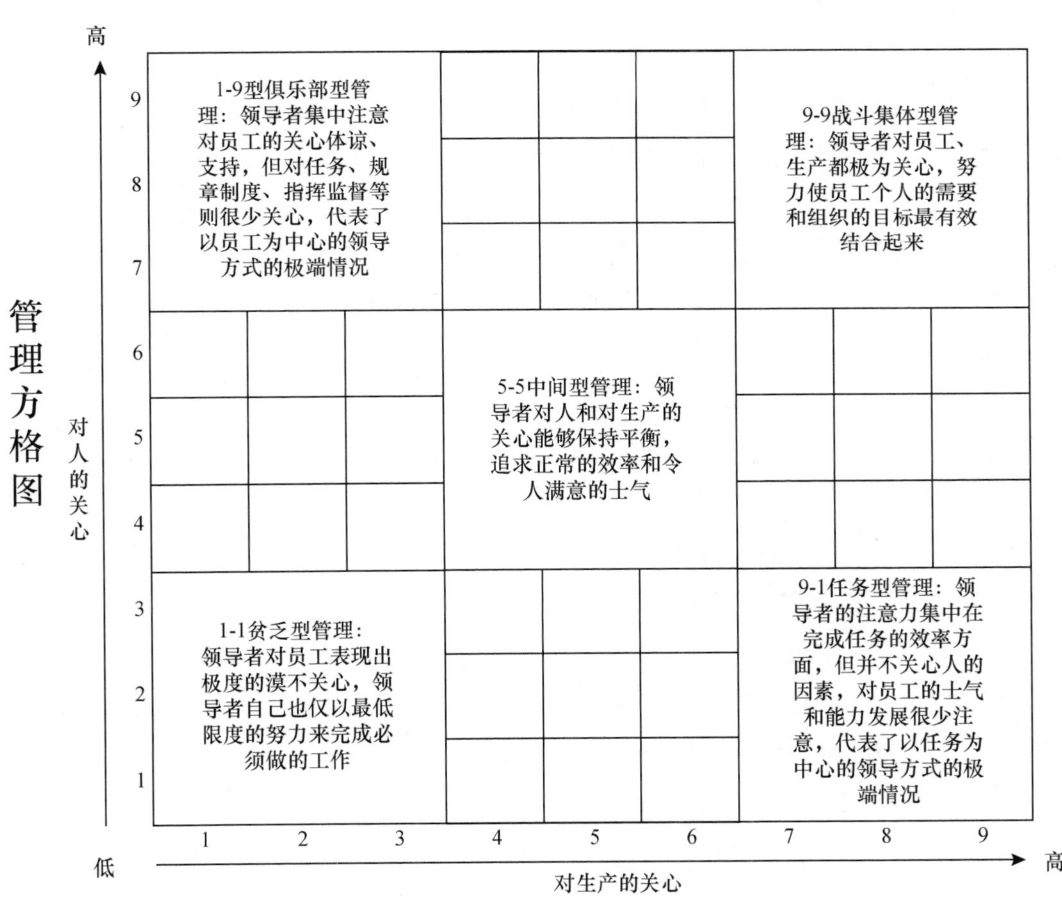

图 7–1　管理方格理论

三、领导权变理论

领导权变理论也称情境领导理论。

由赫塞和布兰查德发展的情境领导理论认为，领导者的关系行为和任务行为的水平要适应跟随者的准备状态和成熟度。这一模型认为四种领导方式分别和四种准备状态相对应：如果下属既无能力也无意愿完成任务，应采取指示的方式；如果下属有意愿但无能力完成任务，应采取推销的方式；如果下属有能力但无意愿完成任务，应采取参与的方式；如果下属既有能力也有意愿完成任务，应采用授权的方式。

四、当代领导理论

1. 魅力型领导理论

研究发现，魅力型领导者都有想要达成的理想目标，并且对目标有强烈的使命感，还是反传统的、自信的、果断的，是激进变革的推动者而非现状的维持者。魅力领导者影响追随者的过程是：拥有令人注目的愿景；设立高绩效期望，并确保追随者能达成；传达一套新价值，示范并让追随者仿效；经由自我牺牲来展现勇气和信念。

魅力型领导者是时势造就的英雄，他们在危机或重大变革时能发挥高绩效，但是危机过去后，反而会变成负担，因为过高的自信和反传统的行为会阻碍日常营运。

魅力型领导者的关键特征包括以下七点。

（1）自信

魅力型领导者对其判断与能力有完全的信心。

（2）愿景

魅力型领导者有理想的目标，并鼓吹未来比现在好。理想和现实的距离越远，追随者归因于领导者的意向的现象就越明显。

（3）阐明愿景的能力

魅力型领导者能够以别人了解的言辞解释并说明他们的意向，他们对下属需求有所了解，并用以激励他们。

（4）对于愿景的强烈信念

魅力型领导者对其意向有强烈的承诺，愿意承担高风险、花高成本，并牺牲个人以求意向的实现。

（5）行为异于寻常

魅力型领导者所表现出来的行为是具有新意、反传统、反常规的。当他们成功时，这样的行为会在追随者心中唤起惊讶与赞叹。

（6）是变革的推动者

魅力型领导者被视为剧烈改革的推动者，而非现状的维护者。

（7）环境敏感度高

魅力型领导者能够对环境的限制与变革所需的资源作出实际的评估。

2. 柔性领导理论

柔性领导是指在研究人们心理和行为的基础上，依靠领导者的非权力影响力，采取非强制命令的方式，在人们心目中产生一种潜在的说服力，使其自觉服从和认同，从而把组织意志变为人们自觉行动的领导行为。

一般来说，英文中的"柔性"（flexibility）一词是指主体能够通过变化适应新的情况和环境，并兼有容易弯曲不会折断的含义。柔性是现代组织管理领域的研究热点之一，企业柔性越来越成为企业的一种核心能力。对于柔性，不同的学者有不同的定义，有的学者认为，柔性是指企业面对环境的变化所应具备的有效反应能力；也有的学者将柔性定义为系统所具有的处理环境或由环境引起的不稳定性的能力；还有的学者把柔性（组织柔性）定义为"组织管理者所拥有的一种现实或潜在的能力，管理者凭借这种能力可以加快组织管理控制力的提升速度"。近年来，在技术和市场的双重推动下，柔性与柔性化能力日益受到关注。所谓的柔性化能力，其实是一种多能力的表现，即组织应具有包容、纠错、快速反应等能力。有相当多的学者认为，柔性是领导的一项基本属性。有学者指出，当一个组织必须通过适应技术、环境的变化来完成目标时，领导的柔性便成为该组织目标完成过程的关键。还有学者认为，领导过程是组织在既定情况下满足自身需要的内在动力和行为，而柔性则是这一过程的关键。事实上，无论是权变领导、情境领导，还是途径—目标理论，无不体现了领导的柔性特征。在知识经济时代动态、复杂的组织环境中，组织领导在柔性方面正面临新的挑战，柔性领导是组织实施柔性化管理的必然产物。

五、领导理论的最新发展趋势

1. "互联网+"形势下领导理论的创新趋势

互联互通、共享共治是移动互联网时代的重要特征。互联网自身具有高度开放性与持续互动性，这与传统组织的特点存在很大差异，因此很多领导都会遇到线下领导模式与互联网领导模式所产生的差异效应之间的冲突，互联网时代要求企业家和管理者重塑并提升新的领导能力。这主要包含了 5 个发展方向，分别是愿景领导力、跨界领导力、竞合领导力、跨文化领导力、真实领导力。

我国目前正面临着新生代逐渐成为劳动力队伍中主力军的挑战。由于成长和生活背景与前几代相差较大，新生代表现出了与前几代员工所不同的特征、价值观和需求，新生代特征与之前的领导风格和方式产生了较为明显的冲突。领导者要塑造和运用与之相适应的领导风格与方式，可以参考六个发展方向，分别是教练式领导、多给予挑战而少命令、灵活管理、建立个人及团队成长蓝图、满足“新生代”员工的创业梦想、活力团队的激励机制。

2. 中国文化背景下领导者需要遵循的原则

中国传统文化源远流长，中国古代的《周易》、儒家、道家、墨家、法家、兵家，以及南北朝传入中国的佛教等众家学说都对领导思想有所涉及。《周易》中有“刚柔相济”“崇德广业”等思想；以孔子和孟子为代表的儒家主张“修己安人”“以民为本”等思想；以老子、庄子为代表的道家有“道法自然”“无为而治”等思想；以墨子为代表的墨家有“兼爱”“利人”等思想；以韩非子为代表的法家有“崇法尚术”“唯法为治”等思想；以孙子为代表的兵家有“运筹帷幄”“知人善任”“随机应变”等思想；以释迦牟尼为代表的佛教有“以善为本”“与人为本”等思想。在中国的文化背景下，领导者如果想达到较高的绩效，最好要遵循以下的几个原则。

（1）以人为本

所谓“人”，就是处于领导系统中的人，即中国古代所谓的“民”。中国传统领导哲学是以“人”为核心的。孔子说过，“仁者，人也”“仁者，爱人”“夫仁者，己欲立而立人，己欲达而达人”。孟子说过，“民为贵”“天时不如地利，地利不如人和”。这些文字说明，中国古代先贤们早在几千年前就提出了以人为本的思想。古代思想家强调“人为政本”，所谓“水能载舟，亦能覆舟”就是这个道理。这种人本思想主张国家的官员要忧国忧民，其在观念层面上和今天的以人为本是相通的。从领导学的角度说，中国古代的人本思想就是要领导者在领导过程中，充分认识和发挥人的作用。要以员工为导向，重视调动他们的积极性和激发他们的创造力，要重视人际关系的协调，从而达到较高的领导绩效。这又体现在以下几个方面。首先，企业要实行相对稳定的人事政策。在中国传统文化下，如果企业频繁地裁员，员工会人心不稳，企业领导也会被认为没有人情味，久而久之，就会导致企业凝聚力下降，管理成本升高，员工忠诚度较差。实践表明，实行基本稳定的人事政策的企业具有劳资协调度高、员工主动性强等特点。其次，企业要建立强大的员工改造系统和机制。从成本和现实考虑，企业既然不主张轻易淘汰员工，就必须改造员工，为员工提供学习的机会，并通过培训提升员工的能力。最后，企业要适度支持员工的个人生活。中国传统文化是家国一体的文化，企业也应提倡让员工“以厂为家”。企业不仅仅要追求利润，更要对员工负责。适度支持员工的个人生活，虽然在经济上会有点损失，但换来的却是企业对员工负责的社会形象和员工在感情上对企业的认同和承诺。

(2）以德为先

儒家提出了著名的“修身、齐家、治国、平天下”，从中可以看出，中国古代领导思想的逻辑起点是“修身”。《大学》中有“德者本也”之说，对“德”的地位进行了更直接的定位。而“齐家、治国、平天下”是为了“安人”，先“修己”才能“安人”。“修己”做到了，领导者的道德威望无形中就提高了，对被领导者的感召力也就加强了，从而可以达到更好的领导绩效。

以德为先体现在德力论上，德力论是中国传统价值体系的重要内容。

1）德力关系在个人层面上表现为道德品质与个人能力的关系。根据赵馥洁先生的研究，德力论有五种价值取向：儒家倡导的尚德轻力论；荀子倡导的全德凝力论；墨家倡导的义圣力暴论；法家倡导的务力废德论；王充倡导的德力具足论。其中王充所倡导的德力具足论看法比较全面，他认为德和力二者各有独到的价值，相辅相成。在领导者个人层面上，既要重视德行的养成，又要注重个人知识和能力的培养。王充说：“事成或可以德怀，或可以力摧。外以德自立，内以力自备。”在领导过程中，要“为政以德”，“德”的管理功能在“力”之上。

2）德力关系在社会层面上表现为道德教化与经济实力的关系，强调在领导方式上要德治德化。对领导者个人来说，要以德治人，即德为治人之本，因此领导者的人格和道德水平是实现其领导有效性的前提条件，并对其追随者起到一定的表率作用。儒家认为，领导者和官员的道德修养不仅是个人的私事，更是关乎治国的大事，从而建立了把“修身齐家与治国平天下”相结合的体系，这样领导者才能“内圣而外王”。从领导过程的角度来说，所谓德治德化，其核心是以德治人、以德化人。德治在本质上是一种治心的管理方式，领导者通过对追随者人心的治理，达到对追随者治身的目的。而治心则需要领导者在情感上感动追随者，通过双方的情感互动达到领导的有效性。

总之，在中国传统文化里，德行就是力量。所以在历代选拔治国者、领导者的时候，总强调德才兼备和以德为先的标准。中国人对领导者在道德水平上的要求非常高，领导者要想有能服众的品德，在工作和个人生活中都应该是道德楷模。

(3）以能为基

领导者自身的能力和素质也是有效实施领导过程的基础。对于领导者应该具备的能力，中西方的研究者提出了很多标准，这些在本章前面已有不少叙述。从管理心理学的角度，很多学者认为，对领导者能力的研究应当从决定领导者能否成功实施领导的内在品质入手，抓住领导者性格与心理特征中具有长期稳定性的重要特质，才有可能揭示出领导者成功的关键因素。我们将这种领导者在长期的工作、生活中形成，决定着领导者的思想和行为，而其他人又难以模仿和学习的内在心理特质，称为领导者的核心能力。研究发现领导者的核心能力包括三种：洞察力、包容力和意志力。

1）洞察力。洞察力是指领导者对事物本质的认识能力，这种能力又可以分为对人的洞察力和对事的洞察力两种。对人的洞察力是指对人的思想、情绪、目的、愿望、能力和个性等个人特征的判断和分析能力。实现有效领导的关键在于合理用人，尽管人的特征可以通过经历、学历及工作表现来进行评判，但是这些都不能完整地反映一个人的信息，尤其是其内在的性格心理特征。因此，对人才的合理使用离不开领导者慧眼识人的能力。对事的洞察力是指领导者对事物的本质及其发展变化趋势的认识和把握能力。进入21世纪，领导者所面对的组织的内、外部环境在不断变化，能否作出适应环境变化的正确决策是决定组织存亡和领导成败的重要因素，而正确决策的前提就是对事物及其变化趋势的准确预测和把握。只有这样，才能在环境变化中抓住机遇，规避风险，成功地实现组织目标。

2）包容力。包容力是指领导者心胸的开阔度以及对事物的心理承受能力和包容能力。包容力也可以分为对人的包容力和对事的包容力两种。对人的包容力是指领导者容人、用人的能力。领导者要想用好人，善于识人固然重要，但更重要的是容人和用人，尤其是能容忍和使用那些比自己更强的人，还有那些缺点与优点一样突出的“怪才”“奇才”和“偏才”，甚至是那些与自己有矛盾、冲突或分歧，常常让自己下不来台却又能力很强的“刺儿头”。若不能容人，就会造成组织人才结构的不合理或单一，并影响组织的健康发展。

对事的包容力是指领导者面对复杂环境和繁忙事务的心理承受能力。包容力是决定领导者工作能力和领导水平的重要因素，一个能够坦然面对复杂的工作和沉重的压力，并善于使用各种人才的领导者，必然有着高超的领导艺术，能洒脱地安排好自身的生活和组织的工作。

3）意志力。意志力是指领导者行动的决心、毅力，以及持之以恒的精神和坚韧性。组织战略的实施、管理水平的提高、市场空间的开拓，以及组织的长远发展都需要坚持不懈的奋斗。只有具备了坚强的意志力，领导者才会勇于竞争、敢于竞争，才会有足够的勇气和魄力去推进组织的变革，才能在挫折和困难面前知难而进、艰苦奋斗，也才能用持续的奋斗将组织战略付诸实施。

洞察力、包容力和意志力之所以成为领导者的核心能力，不仅仅是因为它们具有上述特点，更重要的是，只要具备了这三种能力，领导者就能够具有远见卓识、产生巨大的战略创造力以及在战略实施中的魄力和果断决策的能力，也就必然会获得胜任领导工作所必需的其他素质，如判断能力、应变能力、组织能力、用人能力、协调能力、激励能力和社交能力等。因此，领导者只要努力在长期的领导实践中培养洞察力、包容力和意志力这三种核心能力，就必然能够使自身素质和领导水平得到全面的提高和完善，从而获得事业的成功。

业务演练

子任务1

任务主题：最不喜欢的合作者（LPC）。

任务导入：回想你最不喜欢的合作者，他可以是现在跟你一起工作的人，也可以是你过去认识的人；他未必一定是你最不喜欢的人，却是最难合作把事办成的人。请利用下面问卷中的16对意义截然相反的形容词来描述他。问卷中每对形容词间分8个等级，除了由这对形容词所代表的极端情况外，还有一些中间状态。请圈出最能代表你要描述的那个人真实情况的等级数。

任务要求：

自我测试

快乐	8	7	6	5	4	3	2	1	不快乐
友善	8	7	6	5	4	3	2	1	不友善
拒绝	1	2	3	4	5	6	7	8	接纳
有益	8	7	6	5	4	3	2	1	无益
冷淡	1	2	3	4	5	6	7	8	热情
紧张	1	2	3	4	5	6	7	8	轻松
疏远	1	2	3	4	5	6	7	8	亲密
冷漠	1	2	3	4	5	6	7	8	热心
合作	8	7	6	5	4	3	2	1	不合作
助人	8	7	6	5	4	3	2	1	敌意
无聊	1	2	3	4	5	6	7	8	有趣
好斗	1	2	3	4	5	6	7	8	融洽
自信	8	7	6	5	4	3	2	1	犹豫
高效	8	7	6	5	4	3	2	1	低效
郁闷	1	2	3	4	5	6	7	8	开朗
开放	8	7	6	5	4	3	2	1	防备

评分：你的LPC分数是这16个问题回答的总和。分数高于76分，反映了你是人

际关系倾向的领导人；低于64分，反映了你是任务导向的领导人。

子任务2

案例：穿网球鞋的外星人

这是一个生动有趣的游戏，参与者在游戏中口头教一位“外星人”穿短袜和网球鞋（不允许进行示范）。

目的：教会参与者清晰地发出指挥的命令。

时间：15~20分钟。

需要的材料：一双短袜，一双网球鞋（教师的尺码），其中一只网球鞋没系上鞋带，向学生分发的材料（或放映幻灯片），每人手一份。

刚刚给你发的这份材料是到达地球的外星人，这个外星人本来双脚都穿了鞋和袜子，然而出于好奇，这个外星人脱下了一只鞋和袜子，现在他不知道该怎么穿回去。

作为一个热心的地球人，你来教他穿好鞋带，然后将袜子和穿好鞋带的鞋穿回脚上。你的任务是进行清晰的指导（抵达地球之前，外星人接受过汉语速成班，可以听懂，但是根本不会说）。

外星人没有能力模仿你，所以你穿自己的鞋和袜子做示范，对他们没有任何帮助。还有，在进化的过程中，外星人形成了只能一次听一个人说话的特点。请和其他参与者相互配合，轮流进行指导。

对了，再提醒一点，不要碰这个外星人。如果你碰了他，没有人知道将会发生什么，上次碰了这个外星人的人当时就被蒸发掉了。

步骤：

（1）教师将自己扮演成外星人，走进教室，一只脚穿着袜子和系了鞋带的鞋，另一只脚不穿。教师将材料分发给大家（或放映幻灯片），然后坐下，将短袜、鞋带和网球鞋放在你面前，等大家给你指导。

（2）教师的任务是帮助参与者认识到，他们做出的指令必须意思清晰。教师不要说话，完全按照他们的指令去做。例如，如果一个参与者说“将短袜放在脚上”，你就捡起短袜放在脚上；如果参与者说“捡起鞋带”，你就从中间捡起鞋带，而不是从两头；如果参与者说“将鞋带穿进鞋上的孔”，你就将鞋带的头穿进任何一个孔，而不一定是第一个，或者是将鞋带整个穿进孔里……

（3）如果几个参与者同时对你进行指导，或某个参与者变得过于情绪化（失落或骂人），你可以停下来装傻。如果参与者有对你说了或做了什么，使你愿意继续游戏，你可以继续配合他们进行游戏。

（4）限时10分钟，到时间后停止活动并提出问题。如果时间允许，可以继续这个游戏。

讨论题：

要求现场回答以下问题。

（1）你从指导他人中学会了什么？

（2）在这个游戏中，你会看到外星人有时听从你的指导，有时又不听从你的指导。那么你怎么让客户理解你的指导并加以实施呢？

（3）你怎样才能更好地指导你的客户呢？

子任务3

任务主题：群体决策案例分析。

任务要求：4~6位同学一组，阅读以下案例，回答案例后的问题。

小王是某刊物记者，住处距离单位较远，好在每周二到编辑部坐班一天处理事务就可以了，其余时间外出采访或在家撰写稿件，没觉得有什么不方便。最近编辑部新来了一位周主任，工作认真、干劲十足，周一通知全体人员开会，为每人布置了一篇命题采访任务，会议用时30分钟；周三紧急通知开会，再次强调任务的重要性，用时20分钟；周五要求全体人员到编辑部碰头，每人交上自己的采访稿件后就散会了，用时10分钟。如此情况持续了一个月后，小王和其他记者们都牢骚满腹，认为新主任不称职："在通信工具如此丰富的年代，这些任务完全可以通过电话、邮件或其他通信方式来布置和进行，现在的管理方式实在是在浪费大家的时间。"周主任也感觉很冤枉："如果大家总是各自为政，时间一长不就成为一盘散沙了吗？难道我履行领导职责有什么过错吗？"

问题：你同意小王的观点吗？如果你是周主任，你会怎么做？

任务三　领导的有效性

知识准备

一、权力的概念

权力是人们在日常经济生活和政治生活中经常遇到并切身感受到的一种社会现象。社会学家马克思·韦伯把权力定义为：一个人或几个人所获得的机会，这些机会使他们通过集体行为，甚至是在他人反对的情况下，获得实现自己意志的可能性。可见，权力是指个人（或群体）影响或控制其他个人（或群体）行为的能力。

从另一个方面说，权力不是绝对的，而是动态的，会随着人和环境的变化而变化。例如，某些权力是赋予某个职位或职务的，一旦某个人不再拥有这个职务，他也就失去了与之相伴的权力。部门主管能够控制和影响自己的下属，但是对于其他部门的职员可能只能产生边缘上的影响，甚至根本没有影响。

领导权力是指领导者遵循相关的法律法规，运用多种方法与手段，在实现特定目标的过程中，对被领导者做出一定行为与施行一定影响的能力，其来源包括正式权力和非正式权力。其中正式权力又细分为以下五种。

（1）法定性权力：权力来源于职位本身，即来源于正式或官方明确规定的赋予。

（2）奖赏性权力：奖赏别人的权力。

（3）强制性权力：通过负面处罚或剥夺权利来影响其他人。

（4）专家性权力：在某一个专业领域具有非常强的专业知识，从而拥有专家的权威性。

（5）参照性权力：来源于别人的信任、尊重、敬佩，是一种榜样的感召力。

二、领导影响力的来源及两种权威观

任何领导工作都是在领导者与被领导者相互作用的过程中进行的。从管理心理学角度讲，领导的本质是一种人与人的关系。领导就是要透过这种人与人的关系，把组织的制度、政策、战略、理念贯注于组织成员之中，并通过自己的行为影响带动他人，激发出组织成员的积极性，以共同实现组织的目标。社会心理学的研究表明，一个领

导者要实现领导功能，关键在于其领导影响力。所谓影响力，就是一个人在与他人的交往中影响和改变他人心理和行为的能力。从影响力的性质来看，可分为强制性影响力和自然性影响力。

强制性影响力是随着领导者担任的职务而来的。领导者担任了某个职务，便有了这个职务法定的权力，它带有强制性质，下级不能随便不接受领导。人们往往称这种影响力为职位权力或地位权力。有职则有权，无职则无权。

自然性影响力，人们又称其为“个人权力”或叫“威信”。这是由于领导者自身具有良好的素质、表现而受到被领导者的敬佩与尊重，靠领导者自己的威信和以身作则的行为来影响别人接受自己的意见，从而起到领导的作用。这种影响力与职位无关，只取决于个人素质，它建立在被领导者对领导者的崇敬与信服之上，是非权力性影响力。

根据领导影响力的两种不同来源，形成了两种权威观。

（1）正式权限论

这是古典管理学派的权威观。这种观点将领导者看成“经济人”，认为他们在树立权威的过程中，主要依靠职位权力（即强制性影响力），以及发号施令来得以实现。

（2）权威接受论

这是以巴纳德为主要代表的社会系统学派的观点。这种观点认为，领导者的权威主要来源于个人影响力，即自然性影响力，而非职位权利。权威的树立不是靠发号施令，而是依赖于下属的接受和认可。事实表明，领导者要实行有效的领导，光靠职位权力还远远不够，只有以身作则并得到组织成员的信服，才能真正领导下属，推进工作。也就是说，领导者要想有效地实现领导，必须要具备良好的个人影响力，即我们常说的威信。

许多领导者在树立自己威信的过程中，走进了以下几种常见的误区：①滥用职权，特别是奖惩权，置组织的规章制度于不顾，大搞以言代法，对自己不喜欢的下属动辄以罚代管，对自己亲信的人奖励无度；②为树立威信，讨好下级，对其缺点视而不见，对其优点夸大、吹捧，甚至把领导层内部讨论的细节泄漏给下级，以示“亲密无间”，丝毫不顾组织原则；③为显示自己的能力高于别人，专门挑选平庸之辈做助手，以达到鹤立鸡群的效果，这样既牺牲了组织的利益，又妨碍了组织绩效的实现与提高；④自吹自擂，夸大成绩，功劳是自己的，过失是别人的，让部下为其歌功颂德，或通过拉关系和搞金钱交易等手段，让新闻媒体为自己树碑立传，并冠上企业家和成功者的头衔。

领导者要想树立正确的权威观，就要走出误区，努力做到以下两点。一是要正确认识权力的来源。领导的威信既不是自封的，也不是仅凭上级可以授予的。构成影响力的要素是领导自身的表现，它由领导者个人的品德、知识、才能和感情所决定。二是要正确地使用权力。首先应树立以权谋公的思想。领导者应该认识到权力是用来实现组织目标的，而不是用来牟取个人私利的。领导者做到认真负责、忠于职守、勤劳敬业，一心为公、一身正气、办事公正，取得实绩，这样才能得到下属的认同、接受、拥戴，才能树立起自己的威信，进而充分发挥领导作用，调动下属的积极性，使大家同心同德，一起为实现组织目标而努力。

三、领导有效性的制约因素

1. 忽视领导素质和领导能力的提高

领导素质和领导能力是管理者能否满足员工需要和组织目标的前提条件。美国学者彼得·劳伦斯通过研究发现，在现实生活中，领导不称职是一个普遍现象。美国从20 世纪 50 年代至今的调查研究表明，无论在哪里或在什么时候进行调查，也无论对什么职业，都有 60%~75%的员工认为在工作中压力最大的方面是他们的直接上司，这项调查表明了美国不称职领导的基本比例占 60%~75%。彼得认为造成上述现象的根本原因在于，许多管理者都从他们可以胜任的专业工作岗位提拔到了他们不能胜任的管理岗位上，忽视领导素质和能力的培养是领导不称职的重要原因。

2. 领导方式呆板单一

管理者习惯运用正式的职权管理员工，他们把工作看成是为完成任务而授权的一个过程。职权是组织普遍使用的保证效率的手段，但是在严格的职权管理条件下，员工往往处于被动的地位，经常就事论事地完成任务。既然组织目标是通过人来完成的，建立合理可行的人事管理理念，对于提高领导的有效性至关重要。一项统计调查表明，越是高级的领导，就越重视人事、人际关系。调查中的总经理将 90%的时间花在解决复杂的员工关系问题上。改变呆板单一的领导方式，是提高员工积极性和领导工作成效的重要手段。

3. 领导者的“虚假影响力”

领导者的“虚假影响力”有这样几种情况：一是“压服影响力”，领导者用权力压服下属，员工敢怒不敢言，表面上令行禁止，实际上则蕴藏着强烈的不满和抵触心理；二是“收买影响力”，领导者用集体的利益来讨好部分下属，对下属奖励，暗中擅自以所谓是否忠于自己、是否站在自己的一边来决定，致使一些人乐于在领导者面前“鞍前马后”；三是“距离影响力”，有些领导者试图依靠与员工保持一定距离的做法，以抬高自己的身价，而被领导者也因与领导者接触少、对领导者不够了解，而不轻易拒绝领导者的指示。领导者之所以常被自己的“虚假影响力”迷惑，主要是因为没有充分地深入群众，没有把自己融于群众之中，因而在群众中没有自己的“畏友”和“挚友”。

4. 对员工缺乏深入的了解

管理者要想进行有效的领导，就必须充分重视人的因素，深入了解人以及人的需求，并把他们与组织的目标高度协调起来。心理学家马斯洛把人的需求从低到高分为五个层次：生理、安全、社会、尊重、自我实现。过去管理者更重视员工低层次需求的满足，但是随着社会经济的发展和人员素质的提高，员工的需求已悄然地发生了变化，针对较低层次的需求所制定的激励政策已经不能充分调动员工的积极性。进一步深入了解、激发员工更高层次的需求，成了领导的关键任务。倡导员工的成就需要，能够促使员工最大限度地发挥潜能，实现自我价值，这与组织目标的要求是高度协调一致的。

四、提升领导有效性的策略

1. 科学选用恰当的领导方式

领导方式是指领导者在领导行为动态变动过程中所表现出来的影响被领导者的方式方法的总和。领导方式的类型，一般依据权力定位的主体不同而划分为专制型、民主型和放任型等。领导方式的区别，主要在于其两类构成要素的不同匹配，即“面向任务”和“面向人”的领导行为在内容和数量方面的不同组合。所谓“面向任务”的领导行为，是指领导者关心任务完成、重视工作进程和工作技术等，在实质上把员工看作完成任务的工具的领导行为；所谓“面向人”的领导行为，是指领导者尊重、关心员工，积极与员工沟通并满足其需要，旨在充分发掘员工潜能的领导行为。

2. 善于保持和提高自身的影响力

影响力是个体在与他人交往中，影响和改变他人心理和行为的能力。领导者由于其工作的特殊性，需具备较一般人更高的影响力。领导者的影响力对其领导有效性具有直接而巨大的影响，善于保持和提高自身影响力的领导者，必然会显著地提高自己的领导有效性。

3. 善于使自己处于积极的创新状态之中

领导工作是一种依靠智慧、需要韬略的工作，要使领导有效性达到最大值，没有领导者的创新是不可能的。因此，领导者要善于使自己处在积极的创新状态之中，使自己能够不断在头脑中闪现创造的灵感。

4. 矫正领导行为偏差

要坚持群众利益至上原则。领导干部只要真正做到把群众的利益作为第一目标，把群众的观点作为第一观点，把群众的满意作为第一标准，就能够树立正确的政绩观。做到不计个人得失，全力争取让群众得到实惠，恪尽职守、勇于负责、敢于碰硬、争创一流。

要讲究领导成本。任何领导行为都是有成本的，有投入才有产出。领导成本由无形成本和有形成本构成，领导者为实现领导目标付出的时间和精力是无形成本，而投入的财力和物力是有形成本。

业务演练

子任务 1

案例：他的授权方式

形式：8 人一组为最佳。

时间：30 分钟。

材料：眼罩 4 个，20 米长的绳子一条。

适用对象：全体参加团队建设及领导力课堂的学生。

活动目的：让学生体会及学习，作为一位主管在分派任务时通常犯的错误以及改善的方法。

操作程序：

(1) 老师选出一位总经理、一位总经理秘书、一位部门经理、一位部门经理秘书，以及四位操作人员。

(2) 老师把总经理及总经理秘书带到一个看不见的角落后，向总经理说明游戏规则：

1) 总经理要让秘书给部门经理传达一项任务，该任务就是由操作人员在戴着眼罩的情况下，把一条 20 米长的绳子做成一个正方形，绳子要用尽；

2) 全过程不得直接指挥，一定是通过秘书将指令传给部门经理，由部门经理指挥操作人员完成任务；

3）部门经理有不明白的地方也可以通过自己的秘书请示总经理；

4）部门经理在指挥的过程中要与操作人员保持 5 米以上的距离。

小组讨论：

（1）作为操作人员，你会怎样评价你的这位主管经理？如果你是主管经理，你会怎样来分派任务？

（2）作为部门经理，你对总经理的看法如何？对操作人员的执行过程看法如何？

（3）作为总经理，你对这项任务的感觉如何？你认为哪些方面是可以改善的？

子任务 2

自我测试：你是哪一类型（专制、民主、自由放任）的领导者。

请你用是或否回答下列问题。

1. 你喜欢咖啡馆、餐厅这类的生意吗？

2. 把决定或政策付诸实施之前，你会有说明其价值的理由吗？

3. 在领导下属时，你认为与其一方面跟他们工作，一方面监督他们，不如从事计划和草拟细节等管理工作。

4. 在你所管辖的部门有一位陌生人，你知道那是你的下属最近录用的人，你不介绍自己而先问他的姓名。

5. 流行风气接近你的部门时，你当然让下属接触。

6. 在下属工作之前，你一定把目标及方法提示给他们。

7. 与下属过分亲近会失去下属的尊敬，所以还是远离他们好。

8. 郊游之日到了，你知道大部分的人都希望星期三去，但是从许多方面来判断你认为还是星期四去更好，你并不会因此自己做主。

9. 当你想要你的部门做一件事情的时候，即使是一件简单的事情，你也一定会以身作则，以便他们跟随你做。

10. 你认为要把一个人撤职并不困难。

11. 越能够亲近下属，就越能够好好领导他们。

12. 你花费不少时间拟定了某一个问题的解决方案，然后交给一个下属，可是他开始找这个方案的毛病。这时你并不生他的气，但对于问题仍然没解决却感到坐立不安。

13. 充分处罚犯规者是防止犯规的最佳方法。

14. 假定你对某一情况的处理方式受到了批评，你认为与其宣布自己的意见是决定性的，不如说服下属请他们相信你。

15. 你是否只让下属为了他们的私事去自由地与外界的人们会晤？

16. 你认为你的每个下属都应该对你抱忠诚之心吗？

17. 与其自己亲自解决问题，不如任命解决问题的委员会。

18. 不少专家认为，在一个团体中存在不同意见是正常的；也有人认为，意见的不同会有碍于团结。你赞成第一个看法吗？

你的分数：________。

把你回答"是"的题目参照以下分类：

（1）1、4、7、10、13、16，如"是"最多，你有成为独裁型领导者的倾向。

（2）2、5、8、11、14、17，如"是"最多，你有成为民主型领导者的倾向。

（3）3、6、9、12、15、18，如"是"最多，你有成为自由放任型领导者的倾向。

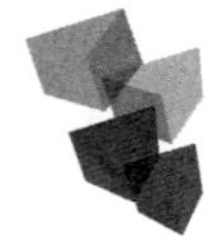

练习题

一、思考题

1. 领导者是否应具备某些个人特点？请举例说明。

2. 请用菲德勒的权变理论分析一个具体的例子。

3. 权力的主要来源有哪些？

4. 如何理解下面的说法，谈谈你的感受。

（1）"海纳百川，有容乃大"，领导者要有这样的胸怀。

（2）员工是组织之本，领导是组织之魂；员工是基础，领导是关键。

（3）没有绩效的员工是不合格的员工，没有谋略的领导只配守机床。

（4）人管人，人用人，这体现着谋略的技术性和艺术性。

5. 比较领导（者）与管理（者）的异同。

6. 试比较民主、权威、放任三种领导方式的特点。

7. 什么是无为而治？你认为这种领导境界是可以达到的吗？

8. 你如何看待组织内的政治行为？

二、本章补充案例

从乔布斯的六个故事，看移动互联网时代的领导力特质

史蒂夫·乔布斯就像一本书，许多人都想翻开这本书，读懂这个脾气时好时坏的男人。尽管我们从他亲自授权的传记中读到了很多，但是传记只不过是了解乔布斯其中的一个渠道。乔布斯的粉丝们还津津乐道于从其他渠道获得关于乔布斯的趣闻轶事。我们从乔布斯生前的至交或同事那里听到了六个《乔布斯传记》中没有告诉我们的

故事。

· 他推崇激情

我们经常听到的是，乔布斯是一个很难搞的老板，但很少有人能明白，使乔布斯“难搞”的是那股激情而不是苛刻。沃兹在接受《密尔沃基商业杂志》采访时描述了一个我们不知道的乔布斯：“他会直接批评员工，几乎是骂他们是白痴。但你知道吗，当员工反驳他，解释为什么他们觉得这是正确的形式，以及他们还在测试和学习阶段时，乔布斯就会尊重这样的员工，并给予他们在公司的特权。”对于那些敢于向他表达自己想法而不是害羞地默不作声的员工，乔布斯反而会尊重他们。

· 他信任团队

乔布斯知道自己也会犯错误，他完全信任他的团队能够指出并纠正他的错误。这是苹果前零售主管罗恩 · 约翰逊接受斯坦福大学商学院采访时透露的一个故事。在 2001 年 5 月苹果开设第一家零售店之前，约翰逊开车载乔布斯一起去每周的例行会议，约翰逊当时直言不讳：“现在我们把零售店设计成一个围绕产品的场所，但如果我们围绕音乐或电影活动来设计会怎么样？我们应该那样做。”乔布斯听后回答道：“你知道这改变有多大吗？我没有时间再重新设计零售店。”

十分钟后，乔布斯走进会议室说：“好吧。罗恩认为我们的零售店设计是完全错误的，他是正确的，所以我现在就离开。罗恩，你留下跟他们一起设计新的零售店。”

· 他了解对手

刚刚宣布退休的比尔 · 坎贝尔讲述了他在苹果的旧事。当时其他科技公司的领导者们喜欢找坎贝尔取经，而坎贝尔也乐于分享。这激怒了乔布斯。

坎贝尔如今打趣地说：“如果乔布斯知道这事，他肯定会跟我说，如果我再帮他们（对手），他会很难过的。他肯定会骂我。”现在想想，乔布斯有理由生气。

· 他会计划好企业市场策略

VMware 的 CEO 帕特 · 基辛格（后到英特尔工作）讲述了一个苹果如何同意 Mac 使用英特尔芯片的故事。“我与欧德宁（前英特尔 CEO）会见乔布斯和他的副手。我们走进会议室后说，史蒂夫，让我们一起合作，这样可以使你们的 Mac 更适合企业用户。乔布斯看着我们说，我为什么要替那一小群所谓的首席信息官设计电脑？现场的人员听到这句话都惊呆了，因为在英特尔，三分之二的业务是面向企业首席信息官的。乔布斯接着说，我要给大众消费者设计电脑，让首席信息官自己迁就我的设计。”现在回想起来，苹果与 IBM 的合作彰显了其策略的成功。

· 他珍惜创造力

广告调研公司 Ace Metrix 曾经这样评价苹果的广告：“具有说服力的”或“可观赏

性的”。但是苹果前广告人肯·西格尔认为这些评价简直是废话。史蒂夫·乔布斯是怎样评价一支广告的？他看一下，然后说“我喜欢”或“我不喜欢”。广告播出后，他用这种反应来衡量广告好不好。像 Ace Metrix 的这种评价方法简直是扼杀创意，史蒂夫不能容忍这种想法。苹果历史中层出不穷的伟大广告就是对他方法的验证过程。

· 他很真诚

曾在苹果担任设计师的哈特穆特·艾斯林格认为，我们应该改变对乔布斯的看法。他向《商业圈》杂志讲述了这样一个故事：“我认为史蒂夫的公众形象是错误的，太多都是传闻。其实他是一个非常真诚的人，而且非常有才华；他能看到别人看不到的东西；他颇具勇气；他对自己不是那么在意；他接受创造力，并尊重它。他曾说过‘是的，这是我不能做的，你来做。’这就是我从史蒂夫身上学到的，一个人不是全能的，不能做的事情只好找别人合作。史蒂夫是一位非常聪明的人，他生气是因为他无法忍受愚蠢，他无法接受不真诚和自负。他有他的优势。虽然许多人仍在抱怨，但他真的是一个好人。”

思考题：

1. 时代造就新的组织，更呼唤新型领导力的涌现。那么，你认为怎样才会成为互联网时代的下一位领导者？未来的领导者又具有怎样的风采特色？

2. 直接批评员工，几乎骂他们是白痴，但是对于敢于向他表达自己想法的员工又特别尊重，这种领导管理风格怎么用定规—关怀维度来衡量呢？还有没有其他领导特征理论或者领导行为理论能更好地解释这一现象？

项目八

组织变革与压力管理

【项目导入】

“如果今天你不生活在未来，那么明天你就将生活在过去。”这句话形象地反映了这个时代独特的发展规律：现在关于这个世界的绝大多数认知和观点，也许在不久的将来就会成为过去式。随着世界经济一体化和全球信息网络的发展，我们迎来了新的知识经济时代，这个时代以惊人的变革速度将一切不合理的东西无情地予以抛弃。对一个组织而言，观念僵化可能是其发展受阻甚至消亡的最主要原因，无数的案例都印证了这一点。转型变革的管理问题是近年来中国企业遇到的新问题与新挑战。由于缺乏对企业转型、组织变革的系统认识，管理团队也很少有机会获得管理变革的成功经验，这个问题同样也成了企业应对创新变革的软肋。组织到底应该如何变革来适应时代的发展和挑战，通过变革求生存、求突破、谋发展，正是本项目要阐述的重点。

一、主题案例

华为公司的变革成长

企业如何在做大的同时做强？如何改变效率低下的困境，并建立起高效的运作体系？实践证明，只有伴随企业的发展过程不断进行管理变革，才能打造出有核心能力的运作体系，华为 20 多年的持续管理变革也证实了这一点。

华为自 1988 年十几个人举债 2 万元创业，到现在已成为收入有望超过 620 亿美元的大集团。华为之所以能在高技术、高品质、高服务水平、高竞争环境的国际通信行业中胜出，并成为行业标杆企业，是因为华为进行着不间断的管理变革。

华为内部设有一个变革委员会，专门研究如何开展组织变革。华为具体的变革模式有以下九点。

（1）绝大多数的变革指向是为了融合与激发活力。大企业的共同特质一般是控制性增强，组织活力递减。1996年，因为变革而发生的华为市场部千人大辞职，在内部没有引起任何震动，人人上台讲演，慷慨激昂地表示，为了公司的未来可以不在乎自己的面子。此后十多年来，华为的很多干部有上有下，甚至是几上几下，大多数人经受住了各种考验。这样的做法也削弱了山头文化，避免了组织内部的办公室政治、内耗，甚至是分裂企业的行为。2007年再次变革，有七千多名在公司工作八年以上的人集体辞职，这些人在六个月之内也可以再申请回到公司。重新续聘后，大家的岗位大调整，让更年轻、更有才华、更有活力的年轻人登上公司的中高级管理位置。在公司内部没有一起投诉，整个过程进行得很平静。这样变革的结果是：让新生代有更好的成长空间，并在公司内部形成普遍危机感。

（2）自我批判是变革的先导。20多年来，华为从小到大，始终坚持了两点。一点是核心价值观，即以客户为中心，以奋斗为本，长期坚持艰苦奋斗；另外一点就是长期坚持自我批判。从几十个人一直到今天庞大的企业规模，自我批判从来没有间断过。自我批判就是一个组织、一个企业经常使用的一种工具、一种手段，就像我们的体育运动一样。但是，即使经常进行自我批判，免不了也会在企业的发展过程中出现一些大病症。当大的病症出现时，就要使用变革这把手术刀。

（3）渐进是变革的核心方法论。华为的渐进变革道路，首先是从研发开始。因为研发是华为当时最薄弱的环节。华为当时的技术薄弱、产品短缺，研发也正是华为最急需变革的部门。由于研发部门相对简单、人员相对好管理，所以变革往往先从研发切入。研发变革结束以后，就是供应链、人力资源和财务体系的变革，直到今天才开始触及市场体系的变革。为什么市场体系的变革排在最后，原因在于：华为市场团队的作战能力一直超越竞争对手，市场体系的变革如果搞不好，将会影响到当前业务的发展，并影响到“作战能力”。所以到今天，整个公司的多数变革都基本完成时，才触及市场体系的变革。

（4）普遍持股的文化基因。让员工普遍持股是华为管理知识型劳动者的一个核心的手段。华为在发生巨大变革的时候总能够做到风平浪静，正是因为每个人都是老板。

（5）变革发动前的蓄势期。华为发动一场变革之前，是要经过反反复复的前期准备，包括理念的形成、顶层的设计等，做到从“思想云”到“思想雨”，充分利用好华为的务虚会制度。

（6）变革前期。变革前期要特别强调这样几个方面：一是华为很重视外部专家和部门的作用。华为有一个国际咨询委员会，拥有一批战略顾问。每一次的变革，都要请外部专家、顾问和公司的高层进行精心的顶层设计。二是要建立强有力的变革执行团队。三是让阻挠变革者离开。不能让那些自以为比专家还聪明的人进入变革的执行团队，要削足适履，而不是向反对变革的人妥协，要把那些很有能力但反对变革的人，坚决果断地调离跟变革相关的部门。

(7) 变革中期坚持试验哲学。一个变革试验点获得成功后，先把这个试验点的成功经验向整个相关的研发部门推广，再向研发相关的财务部门、行政部门、供应链等推广，然后对团队中高级干部逐渐进行培训。

(8) 变革后期要培训、培训、再培训。试验点经验的延长与推广复制，需要更多的培训，华为培训人数最多的时候，涉及六七千人。变革后期需要广泛达成共识，才能保证变革全面推广。

(9) 赎买政策。面对变革需要的成本，华为20多年来屡试不爽的手段就是赎买政策。20多年来，华为搞了一系列的变革，为什么每个变革触及了很多人的利益，最后却都能成功？一个关键点就是用物质利益或别的利益去赎买一些人手中的权力。变革之路就是要让制度和流程取代个人的影响力，取代个人的过多权力。华为就是用物质赎买政策、权力，用制度和流程取代权力过度。

变革是绕不过的选择。没有不断的换血和输血，企业的活力就无法持续。华为20多年来都在持续不断地激发着这个组织最原始的艰苦奋斗基因，以保证让这个基因不变形、不走样、不扭曲。

(资料来源：远卓咨询集团，何稳根)

二、学习目标

知识目标

1. 理解组织设计的基本原则及影响因素。
2. 了解各种组织结构的特征及形式。
3. 理解组织变革的意义及模型。
4. 明确组织变革的阻力来源及克服策略。
5. 掌握组织变革下的员工压力管理技巧。
6. 掌握组织发展的内涵及干预方法。
7. 理解学习型组织的特点。

能力目标

1. 掌握如何设计组织结构。
2. 掌握如何实施组织变革。

3. 掌握如何构建学习型组织。

任务一　设计组织结构

知识准备

一、组织设计

1. 定义

不同的组织因为其隶属产业的性质不同，以及对生存环境的适应力不同，会形成不同的组织结构特点，借助组织结构可以将组织内部的人力、物力、资金和信息等资源进行合理配置，保证组织的正常运转。钱德勒在《战略与结构》一书中针对组织文化和组织结构之间的密切联系进行过详细阐述，还有学者通过实证研究证明了组织结构对组织绩效和组织行为的影响。也就是说，组织的内部结构会影响员工的态度和行为，并有助于解释和预测员工行为。基于此，在组织的发展进程中，需要通过组织设计来对组织结构不断进行变革调整，引导员工和组织的行为不断向好的方向改善，实现组织资源价值最大化，促进组织的长期健康成长。

组织设计是指在组织理论的指导下，为促进组织目标的实现，将组织内各资源要素进行合理组合，建立一种特定组织结构的过程。其实质就是先分析达成组织目标有哪些必须完成的事务工作，然后设置承担各项事务工作的部门和岗位，进而以此为基础界定这个组织中各部门和岗位相互之间的关系，以及各自的地位和作用。

具体而言，组织设计是一个持续的、滚动式的动态规划过程，包括了内部体制和组织形态的双重设计。其着眼点在于确定人员在组织中的位置，即机构设置和人员配置。虽然组织结构是组织设计的载体，但是组织在运行过程中为实现组织目标采取的具体行动措施，才最能反映出员工和组织的行为差异来。因此，在企业管理实践中，虽然许多企业具有类似的组织结构，但是却发挥出差异很大的组织效率，主要就是因为组织运行方式的不同。

2. 原则

不同企业由于其成长历史、经历等不同，在进行组织设计时考虑的准则各有侧重点，但在一般意义上，进行组织设计主要还要遵循以下一些原则。

（1）因事设职原则

组织设计的根本目的是为了保证组织目标的实现，使目标活动的每项内容都落实到具体的部门和岗位，即保证“事事有人做”。因此，组织设计中，首先要考虑工作的特点和需要，因事设职，因职用人，而非相反。

（2）专业化分工原则

专业化分工原则是指按照提高专业化程度和工作效率的要求，对组织目标活动任务进行具体分工。通过对任务的具体分工，可以使员工所拥有的各种不同技术得到最有效的发挥，从而提高工作效率，亚当·斯密最早在《国富论》一书中对此进行了论述。但是在进行专业化分工的时候，要注意协调其带来的“不经济性”与“经济性”之间的平衡，避免过犹不及，导致生产率下降。组织整体目标的实现需要完成多种职能工作，应充分考虑劳动分工与协作原则。

（3）统一命令原则

统一命令原则也称为统一指挥原则，是指组织中的任何成员只能接受一个上司的领导。在组织设计中要根据一个下级只能服从一个上级领导的原则，将组织中的管理职务形成一条连续的等级链，明确规定链中每个职务之间的责任、权力关系，禁止越级指挥或越权指挥。在组织实践中，在管理的体制上，要实行各级行政主管负责制，减少甚至不设各级行政主管的副职。

（4）权责对等原则

组织中的每个部门和岗位对于组织目标的实现都有着各自的价值贡献，主要体现在其承担的职责上。而要履行职责，必然会涉及人、财、物等资源的使用。因此，为了保证“事事有人做”“事事都能正确地做好”，在组织设计的时候，则不仅要明确各个部门的任务和责任，而且还要赋予其相应的取得和利用各种资源和工作条件的权力。

（5）管理幅度原则

管理幅度是指一个领导者直接指挥的下级数目。在组织设计的时候，囿于管理者个人精力和时间的局限，为保证工作效果，需要设置合理的管理幅度。因为管理者管辖下属的人数增加之后，管理工作的复杂程度和工作量会随之增加，当管辖人数过多时，日常对员工的指导和监督工作会难以及时跟进，因此管理幅度设计是否合理，会在很大程度上影响组织的正常运转。

读一读

洛克希德法与管理幅度的确定

洛克希德法又称变量依据法，是洛克希德导弹与航天公司研究出的一种方法。它是把影响管理幅度的各种因素作为变量，采用定性分析与定量分析相结合的做法来确定管理幅度的一种方法。

该方法通过研究影响中层管理人员管理宽度的六个关键变量（职能的相似性、地区的相似性、职能的复杂性、指导与控制的工作量、协调的工作量和计划的量），把这些变量按困难程度分成五级，并加权使之反映重要程度，最后加以修正，从而提出建议的管辖人数标准值。其具体步骤和方法如下。

（1）确定影响管理幅度的主要变量。由于企业的具体情况差别很大，影响企业管理幅度的若干主要变量可能有所不同，因而需要从多种因素中选择，并确定对特定企业影响较大的主要变量。洛克希德公司通过研究分析与验证，把以下6个变量作为主要变量。

1）职能的相似性。指同一上级领导下的各单位（或个人）执行职能的差异程度。

2）地区的相似性。指同一上级领导下的各单位（或个人）工作地点距离远近。

3）职能的复杂性。指主管人员的任务和下属部门的工作性质。

4）指导与控制的工作量。这个因素涉及下属的素质，需要训练的工作量，所能授予的职权范围，以及需要亲自关心的程度。

5）协调工作量。指上级领导者为使下属部门与公司其他部门的业务活动达到步调一致所需花费的时间。

6）计划工作量。这个因素用来反映主管人员及其所在单位的计划工作的重要性、复杂性和所需要的时间。

（2）确定各变量对上级领导人工作负荷的影响程度。为了定量反映各个变量对上级领导人工作负荷的影响程度，首先要按照每个变量本身的差异程度将其划分为若干个等级，洛克希德公司把每个变量分成5个等级；然后根据处在不同等级的变量对上级工作负荷的影响程度，分别给予相应的权数。权数越大，则表示这个等级上的变量对管理幅度的影响较大。洛克希德公司对前述6个变量所确定的权数见下表。

管理幅度各变量对主管工作负荷量的影响程度表

影响宽度的主要变量	工作量的级差与权数				
职能的相似性	完全相同 1	基本相同 2	相似 3	基本不同 4	根本差别 5
地区的相似性	完全在一起 1	同一办公楼 2	同一工厂不同办公楼 3	地区相同，不同地点 4	不在同一地区 5
职能的复杂性	简单的工作 2	例行公事 4	稍微复杂 6	复杂多变 8	非常复杂而且多变 10
指导与控制的工作量	管理工作量极少 3	管理工作量有限 6	适当的定期管理 9	经常持续的管理 12	始终严密的管理 15
协调工作量	与他人的关系极少 2	明确规定的有限关系 4	适当的便于控制的相互关系 6	相当密切的关系 8	相互间接触面广，但又不复杂的关系 10
计划工作量	规模与复杂性都很小 2	规模与复杂性有限 4	中等规模和复杂性 6	要求相当的努力，有有关政策指导 8	要求极大努力，范围与政策均不明确 10

从上表可以看出，各个不同等级的变量对管理幅度的影响程度用权数来表示，最低是1，最高是15，这些权数是洛克希德公司对中层管理一级和部门主任一级中150个实例进行分析而得出的，并且还和若干在声誉和绩效方面堪称管理得法的公司所采用的计量标准核对过，因而具有相当程度的科学性。

（3）确定各变量对管理幅度总的影响程度。运用上一步得到的权数表，对照企业各变量的实际情况，确定该企业各变量应该取用的权数，再将其加总而得到一个总数值，然后根据主管人员拥有的助理人数及其工作内容，对这个总数值加以修正，即得到决定管理幅度大小的总权数。这个总权数越大，就意味着领导者的工作负荷越重，管理幅度也就应越小。

修正总数值时，系数一般取0到1之间的小数。如果主管人员拥有的助理人数越多，系数就越小。例如，有 1 位助手的主管人员的系数为 0.9，有 2 位助手的为 0.8，以此类推。助手的工作内容也会影响修正系数。如配备有分担一部分主管工作的直线助理，采用系数 0.7；在计划和控制方面的参谋助理可用 0.75 或 0.8 的系数。

（4）确定具体的管理幅度。将计算出来的主管人员的总权数同管理幅度的标准相比较，就可以判定企业目前的实际幅度是高于还是低于标准值，也可以为新机构的管理幅度提出建议人数。

管理幅度的标准值是以那些被公认为组织与管理得法，且具有较大幅度的企业为实例，再经过统计分析而提出的。下表就是洛克希德公司所采用的标准值。

影响管理宽度诸变量权数之和	建议的标准宽度人数
22~24	8~11
25~27	7~10
28~30	6~9
31~33	5~8
34~36	4~7
37~39	4~6
40~42	4~5

控制管理幅度对组织的一个重要影响就是它决定着组织层级的设置。在组织规模一定的情况下，管理幅度越小管理层级就越多；反之，管理幅度越大层级则越少。因此，这就形成了两种典型的组织层级结构——金字塔式结构和扁平式结构。前者中间层次多，不利于信息沟通，容易造成信息滞后与失真现象，减慢决策速度，组织的灵活性差，且管理成本较高；后者中间层次少，上下信息沟通较迅速而准确，有利于组织较快地对环境变化作出反应和决策，组织的灵活性较好。

（6）集权与分权原则

集权是指组织将大部分的决策权保留给组织的高层管理层，分权是指组织把大部分的决策权分散给组织的中下层管理者。集权和分权模式各有利弊，因此在进行组织设计的时候，只有将二者结合起来，才能更好地取长补短。组织中集权与分权程度的高低要根据具体情况而定。相对来说，当环境的不确定性高或变化大、决策的成本或风险低时，组织倾向于分权，以提高组织的灵活性和反应性，同时调动下级的积极性，提高效率；反之，则倾向于集权，以提高组织的稳定性。总的来说，现在组织所面临的环境变化越来越快、不确定性越来越高，组织管理也变得越来越复杂，所以趋向于较高程度的分权。

读一读

案例故事：美的集团的分权体系

在 1997 年，美的集团只不过是一家销售规模为 30 亿元的企业，为什么在短短的 13 年间就能够取得 30 几倍的增长？美的电器董事局主席兼 CEO、职业经理人方洪波曾说过这样一句话：“与同行业内的其他公司相比，美的电器拥有完整的空调产业链、千万产能、东芝技术、完整的配套产业、成本控制等比较优势，但这些还不能算美的电器的核心竞争力，美的的核心竞争力是内部的经营管理机制。”美的集团的经营管理机制内容包括很多方面，如公司治理机制、创新机制、激励机制、变革机制等，但其中更为核心且最具影响力的是其分权机制。美的的分权机制最大化地激活了企业的前进动力，也正是这样一套完整的分权体系，在最大化地激发美的各层级职业经理人团队活力的同时，也有力地保障了美的集团庞大体系的高效运转。

无论美的集团的规模如何扩大，其分权体系的总指导思想都可以归纳为 1998 年所提出的“16 字方针”，即“集权有道，分权有序，授权有章，用权有度”。而对《分权规范手册》的内容又可归纳为以下的“一个结合，十个放开，四个强化，七个管住”。

一个结合：与责权利相统一的集权与分权相结合。

十个放开：机构设置权、基层干部考核任免权、劳动用工权、专业技术人员聘用权、员工分配权、预算内和标准内费用开支权、计划内生产性投资项目实施权、生产组织权、采购供应权、销售权 10 项基础权利的下放。

四个强化：强化预算管理、强化考核、强化审计监督、强化服务。

七个管住：管住目标、管住资金、管住资产、管住投资、管住发展战略、管住政策、管住事业部正副总经理和财务负责人。

3. 影响因素

组织的日常活动安排和组织成员的行为表现无不受到组织内外部各种因素的影响。

权变理论认为，没有一种理想的组织设计能够适合于所有情况，组织设计从来都不是一成不变的，理想的组织设计取决于各种权变因素，必须根据主客观条件的变化而不断调整和创新。具体来看，影响组织设计的主要因素有以下四个：组织战略，环境，技术，组织规模和企业生命周期。

（1）组织战略

在影响组织设计的所有内外部因素中，组织战略因素是首要的影响因素。组织战略是实现组织目标的各种行动方案和发展规划的总称，是对组织长远发展目标的谋划和决策。美国学者钱德勒通过对杜邦公司、通用汽车公司等 70 多家公司的发展历史进行分析研究，发现企业的组织架构是其实现经营战略的主要工具，不同的战略要求不同的结构。一旦战略形成，组织架构应作出相应的调整，以适应战略实施的要求。战略选择的不同能在两个层次上影响组织的结构：一是不同的战略要求开展不同的业务活动，这会影响管理的职能结构；二是战略重点的改变会引起组织工作重点的转变，以及各部门在组织中重要程度的改变，因此要对各管理部门之间的关系作相应调整。

组织战略的分类

组织战略的分类可谓多种多样，其具体分类如下。

（1）按类型分类：总体态势战略（也称公司战略、主战略、大战略）、基本竞争战略（也称原型战略）。

1）总体态势战略，按竞争态势或发展态势可分为增长型战略、稳定型战略、防御型战略、紧缩型战略、混合型战略。

2）基本竞争战略，按竞争方法可分为低成本战略、差异化战略、集中一点战略。

（2）按管理层次分类：公司层战略、业务层战略、职能层战略。

1）公司层战略：也叫总体战略或集团战略，是企业最高层次的战略。

2）业务层战略：也叫经营战略或事业部战略。

3）职能层战略：是各职能部门的战略，可分为生产管理战略、市场营销战略、人力资源战略、研究开发战略、财务管理战略、组织管理战略等。

（3）按政治区域范围分类：国内（本土）战略、国际（全球）战略。

1）企业业务活动对组织结构的影响。企业在不同的成长阶段，其经营战略不同，相对应的组织结构也有差异（见表 8-1）。在企业发展初期，一般是生产单一产品，执行单一职能，如制造或服务。在这种情况下，企业只要采用扩大规模战略，提高生产效率，便可获得高额利润。随着企业进一步成长，会开始将产品或服务扩展到其他地区中去，不同地区的部门具有相同的管理职能，这时要求形成标准化和专门化的职能部门。企业发展到中后期，所承受的竞争压力增大，只靠单一产品或服务已经无法满足企业竞争的需要。为了减少竞争的压力，企业希望自己拥有原材料的生产能力，或者拥有自己的分销渠道，这就产生了纵向一体化战略。在产业进入成熟期，企业为了避免投资或经营风险，持续保持高额利润，开始开发与企业原有产品不相关的新产品系列，这就需要建立按照产品划分的组织结构。

表 8-1　　企业业务战略和组织结构比较

发展阶段	企业特征	企业战略	组织结构类型
初期	简单的小型企业，只生产一种产品或一个产品系列，面对一个独特的小型市场	扩大规模战略（市场渗透）	直线制
快速成长期	在较大的市场上提供单一的或密切相关的产品与服务系列	地区扩散战略（市场开发）	职能制
发展期	在多样化的市场上扩展和原有产品或服务相关的产品系列	纵向一体化战略	直线职能结构
成熟期	在大型的多元化产品市场进行多种经营，提供不相关的产品与服务	多元化经营战略	事业部制

2）战略重点的变化对组织结构的影响（见表 8-2）。例如，企业推行低成本战略时，就要求组织架构降低运营成本并提高整体运作效率，这时企业可选择集权度较高的组织架构，如直线职能制，这样的组织架构通常具有更多的机械性。而推行创新战略时，则要求有较松散的结构，保证信息的自由传递，降低工作专业化程度，以便于不同知识背景的人员为同一个目标一起工作，取长补短，集思广益，这时适合采用分权化的有机型组织结构。推行模仿战略的企业则试图利用上述两种战略的优势，在组织结构上往往是机械结构和有机结构结合。

表 8-2 战略和组织结构

战略	组织结构
低成本战略	机械结构：控制严格，工作专门化程度高，正规化程度高，实行集权化
创新战略	有机结构：结构松散，工作专门化程度低，实行分权化
模仿战略	有机-机械结构：松紧搭配，对于目前的活动控制较严，对创新活动控制较松

（2）环境

在组织设计的时候，组织战略只决定了组织结构设计的主线，因而还要考虑企业的外部环境和内部资源对组织结构的影响。企业面临的环境特点，对组织结构中职权的划分和组织结构的稳定有较大的影响。如果企业面临的环境复杂多变，有较大的不确定性，就要求在划分权力时给中下层管理人员较多的经营决策权和随机处理权，以增强企业对环境变动的适应能力。如果企业面临的环境是稳定的、可把握的，且对生产经营的影响不太显著，则可以把管理权较多地集中在高层领导手里，设计比较稳定的组织结构，实行程序化、规模化管理。

企业外部环境包括一般环境和特定环境。一般环境是指经济、政治、社会文化以及技术等对组织管理目标能够产生间接影响的环境条件，组织的管理实践不可避免地受到这些条件影响。特定环境是指政府、顾客、竞争对手、供应商等对组织管理目标有直接影响的环境条件。对于每个组织而言，特定环境都是不一样的，并且会随着一般环境的变化而变化，两者具有互动性。

（3）技术

任何组织都需要通过技术将人、财、物等资源的投入转换为产出，于是就需要与采用的技术相匹配的组织结构。组织中技术活动的确定性程度决定了对组织结构有不同的管理和协调要求：技术活动的确定性程度高，对组织结构的正规化和集中化则有较高要求，适用于机械型组织结构；反之，技术活动的确定性程度低，则需要根据客户要求进行修改、升级，对组织结构的灵活度和适应性也要求较高，适用于有机型组织结构。技术以及技术设备的水平不仅影响组织活动的效率和效果，还会促使组织结构朝着扁平化方向变革，以减少信息传递的层次，使组织能够灵活迅速地对外界环境信号作出反应。

（4）组织规模和企业生命周期

组织规模是影响组织结构的重要因素。随着企业的成长，组织规模会不断壮大，必然要引起组织结构的变化。在企业发展的初期，组织规模往往不是特别大，产品种类相对较少，此时的企业发展更多地依赖高层领导的战略决策和现有资源的整合，这种情形下，高集权的组织机构能较好地保证公司垂直和水平管理的有效性。随着企业的发展，企业活动的规模日渐扩大，内容日趋复杂，组织管理的正规化要求逐渐提高，高层管理者难以直接控制其下属的一切活动，高度集权的组织结构难以适应企业管理之需，所以势必需要分权。

二、组织结构形式及发展趋势

1. 常见的组织结构形式

常见的组织结构形式有直线制、职能制、直线职能制、事业部制、矩阵制，下面以餐饮企业为例分别予以说明，各种组织结构的优缺点及适用条件见表 8-3。

表 8-3　　常见的组织结构形式对比分析

组织结构形式	优点	缺点	适用条件
直线制	1. 命令统一 2. 权责明确 3. 组织稳定	1. 权力过于集中 2. 缺乏横向联系 3. 对变化反应慢	劳动密集、机械化程度比较高、规模较小的企业
职能制	1. 高专业化管理 2. 轻度分权管理 3. 便于培养选拔人才	1. 容易形成多头领导 2. 权责不明	劳动密集、重复劳动的大中型企业
直线职能制	1. 命令统一 2. 权责明确 3. 分工清楚 4. 稳定性高 5. 积极参谋	1. 缺乏部门间交流 2. 直线与参谋冲突 3. 系统缺乏灵敏性	大中型组织
事业部制	1. 回避风险 2. 锻炼人才 3. 内部竞争 4. 加强控制 5. 专业管理	1. 需要大量管理人员 2. 对事业部经理要求高 3. 分权可能削弱公司领导的控制权力 4. 事业部间竞争激烈，可能发生内耗 5. 资源利用效率较低	大型组织；多种产品或多个市场的组织
矩阵制	1. 反应灵敏 2. 节约资源 3. 工作高效	1. 人员受双重领导 2. 素质要求高 3. 组织不稳定	协作性组织；复杂性组织

（1）直线制

直线制是一种最早、最简单的组织形式，它的特点是企业各级行政单位从上到下实行垂直领导，下属部门只接受一个上级的指令，各级主管负责人对所属单位的一切问题负责（见图 8-1）。厂部不另设职能机构（可设职能人员协助主管人员工作），一切管理职能基本上都由行政主管自己执行。直线制组织结构的优点是：结构比较简单，责任分明，命令统一。

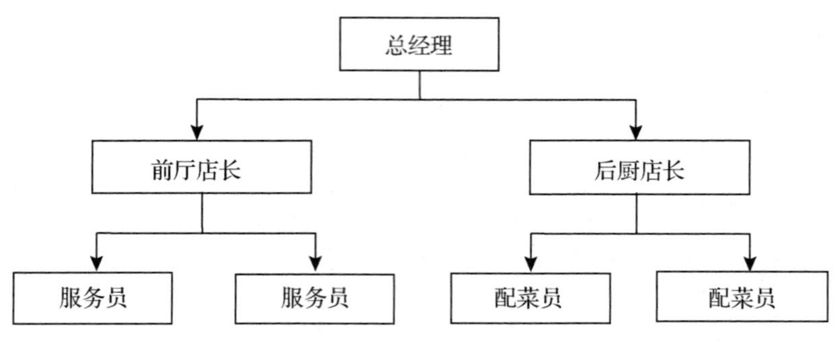

图 8-1　直线制组织结构图

（2）职能制

职能制是指各级行政单位除主管负责人外，还相应地设立一些职能机构，如在厂长下面设立职能机构和人员，协助厂长从事职能管理工作（见图 8-2）。这种结构要求行政主管把相应的管理职责和权力交给相关的职能机构，各职能机构有权在自己的业务范围内向下级行政单位发号施令。因此，下级行政负责人除了接受上级行政主管人指挥外，还必须接受上级各职能机构的领导。

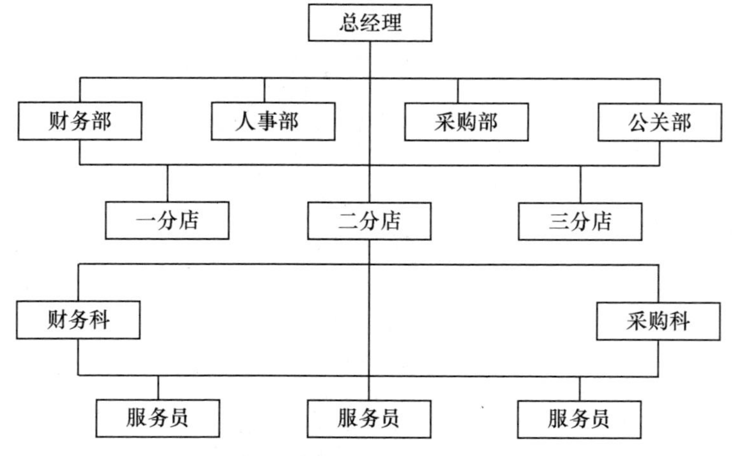

图 8-2　职能制组织结构图

（3）直线职能制

直线职能制，也叫直线参谋制，它以直线制结构为基础，并将职能制结构的优点融入其中，既设置了直线主管领导，又在各级主管人员之下设置了相应的职能部门，分别从事职责范围内的专业管理（见图 8-3）。直线领导主管在自己的职责范围内有一定的决定权和对所属下级的指挥权，并对自己部门的工作负全部责任。而职能部门的主管，则是直线指挥人员的参谋，不能对直线部门发号施令，只能进行业务指导。

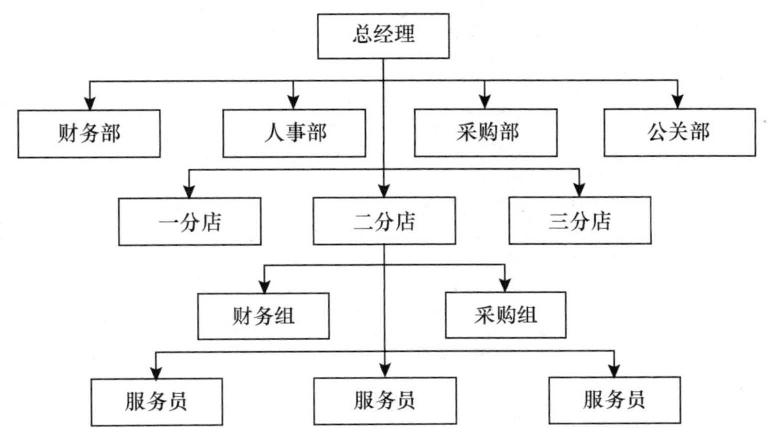

图 8-3　直线职能制组织结构图

直线职能制的优点是：能够确保高层主管的权威性；分工明确，可调动员工的积极性，有利于提高工作效率；部门专业化分工，避免机构重叠。其主要缺点是：各部门过分关注本部门工作，缺乏全局观点；不易于从企业内部培养熟悉全面情况的管理人才；分工很细，手续繁杂，反应较慢，不易迅速适应新的情况。

（4）事业部制

事业部制是为满足企业规模扩大和多样化经营需要而产生的一种组织结构形式，它最早是由美国通用汽车公司总裁斯隆于 1924 年提出的，故有“斯隆模型”之称，也叫“联邦分权化”，是一种高度集权下的分权管理体制。它适用于产业多元化、品种多样化、有各自独立的市场且市场环境变化较快的大型企业。

事业部制是集权化组织向分权化组织转变的一种改革，按照产品、地区、顾客（市场）等来划分部门，设立若干事业部，企业高层和事业部内部仍然按照职能制结构进行组织设计（见图 8-4）。在组织纵向关系上，按照“集中决策，分散经营”的原则，处理企业高层领导与事业部之间的关系。企业最高领导层主要集中力量研究和制定企业发展的各种经营战略和经营方针，把管理权最大限度地下放到各事业部，实行完全自主经营。例如，通用汽车公司当初按照斯隆模型改组后，各事业部只有汽车售价要遵从公司定价指导，除此之外，事业部是完全自治的。在组织横向关系上，各事业部均为利润中心，实行独立核算。每个事业部都有自己的产品和特定的市场，能够完成某种产品从生产到销售的全部职能；各事业部间的经济往来遵循等价交换原则，结成商品货币关系。但是，事业部不具有法人资质，只是总部的一个分支机构。

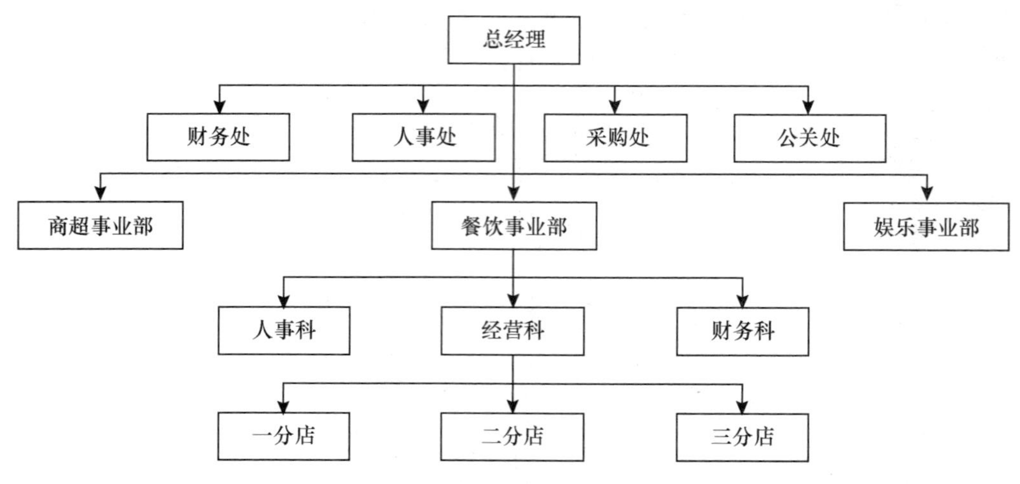

图 8-4　事业部制组织结构图

事业部制的主要优点是：每个事业部都有自己的产品和市场，能灵活自主地适应市场出现的新情况，并迅速作出反应；有利于培养全面管理人才，为企业的未来发展储备干部；各事业部组织专业化生产，形成一定的经济规模，有利于提高劳动生产率和企业经济效益。主要缺点是：对事业部一级的管理人员要求较高；各事业部独立性强，易忽视整体利益；易出现机构重叠、人员膨胀的现象。

（5）矩阵制

矩阵制是为了改进直线职能制横向联系差、缺乏弹性的缺点而形成的一种组织形式，其组织结构由纵横两套管理系统组成，纵向的是职能管理系统，横向的是为完成某项任务而组成的系统，两套管理系统的职权具有平衡对等性（见图 8-5）。矩阵制的特点主要表现在围绕某项专门任务成立跨职能部门的专门机构上。这种组织结构形式是固定的，但是组织中的人员却是变动的，项目小组和负责人也是临时组织和委任的。任务执行需要谁就让谁来，任务完成后便解散，各有关人员回原部门工作。因此，这种组织结构非常适用于横向协作和攻关项目。

矩阵制组织的优点是：加强了横向联系，克服了职能部门各自为政的现象；具有较大的机动性，人力、物力有较高的利用率；各部门人员的不定期组合有利于信息交流，增加互相学习机会，提高专业管理水平。其缺点是：成员不固定在一个位置，有

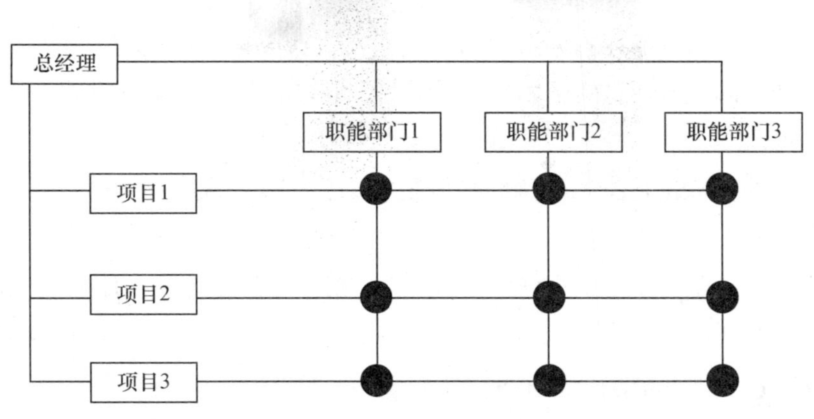

图 8-5　矩阵制组织结构图

临时观念，有时责任心不够强；人员受双重领导，出了问题后有时难以分清责任。

2. 未来组织结构发展趋势

以互联网和人工智能为标志的当代新技术革命是继蒸汽技术革命、电力技术革命和计算机技术革命之后的又一次科技革命。此次科技革命正在给经济社会带来颠覆性的变化，在这种大的宏观背景之下，企业的发展无法避免地要受到影响和冲击，传统的组织结构模式面临着巨大的挑战。企业要保证正常有效地运行，未来的组织结构必须作出新的变化和调整。

（1）扁平化

组织结构的扁平化，就是通过减少管理层次、裁减冗余人员来建立一种紧凑的扁平组织结构，使组织变得灵活、敏捷，提高组织的效率和效能。彼得·德鲁克就曾预言，未来的企业组织将不再是一种金字塔式的等级制结构，而会逐步向扁平式结构演进。将组织结构框架从“垂直式”向“扁平式”转化，是众多知名大企业走出大而不强困境的有效途径之一。例如，美国通用电气公司推行“零管理层”变革，该公司在一个拥有 8 000 多名工人的发动机总装厂里，只有厂长和工人，除此之外不存在任何其他层级。生产过程中必需的管理职务由工人轮流担任，一些临时性的岗位，如招聘新员工等，由老员工临时抽调组成，任务完成后即解散。

（2）网络化

随着信息技术的飞速发展，组织呈现出网络化的发展趋势，并借助信息技术打破了传统的层级信息传递方式，通过企业内部各部门、各企业之间共享资源来实现企业协同创新，达到协同倍数效应。网络型组织舍弃传统企业“大而全”的经营思路，帮助小企业通过有效的方式进行资源整合，充分发挥各自的功效，利用合作伙伴的优势来补己之短，抱团赢得市场竞争优势，这种灵活、轻便的组合方式使得参与企业能够快速对外界市场环境变化作出应对。例如，同一行业领域的供应商、生产商、经销商等上下游企业之间，可通过网络化来共享资源、节约成本，一起做大做强。

（3）虚拟化

组织结构的虚拟化是指通过网络技术把知识、信息、人才等要素联系在一起，组成一个动态的资源利用综合体，以实现一定的组织目标的过程。虚拟化是组织网络化的极端形式，这种虚拟是组织功能的虚拟。它打破了传统企业追求职能全面化的模式，组织内不设置某些职能的执行单位，而是将其功能虚拟，突破有形的边界，借助外力来实现，从而达到内部资源优势和外部资源优势的整合。

（4）无边界化

传统的组织结构模式下，组织有严格的等级和职能划分，并形成了不同的边界。工作过程中，人们习惯在边界的约束范围内思考、行动，久而久之就形成了固有的行为模式。组织边界的存在和行为模式的固化制约了企业对未来环境不确定性的灵活应对，无边界的思想应运而生。无边界思想是一种非常具有新意的企业组织结构创新思想，"无边界化"并不是说企业就不再需要边界，而是不需要僵硬的边界。原有的有形和无形壁垒将被打破，各部门间的界限也将模糊化，组织之间会变得更加协同。未来的组织将会在垂直边界、水平边界、外部边界以及地理边界等多个维度相互渗透融合，从而获得竞争动力。

（5）柔性化

随着信息化、网络化、全球化的发展，消费者的需求日益个性化，产品生命周期不断缩短，新技术不断涌现，致使组织外界环境的稳定性下降，市场竞争越演越烈，越来越复杂。在此情况下，组织柔性化对企业竞争优势的形成和维持有着举足轻重的影响，直接关系到企业生存和发展。组织的柔性化是指为了适应环境的动态性，组织以最小的时间、成本、投入和业绩损失对外界环境作出调整或反击的能力。在战略层次上，柔性主要表现为企业面临不断变化的环境时所表现出来的适应性、快速防御风险的能力和利用机会的能力；在组织结构上，柔性主要表现为建立临时的以任务为导向的团队式组织，为了解决某一特定问题，让员工打破原有的部门界限，绕过原来的中间层次，组建"突击队"，从而直接面向顾客并对公司总体目标负责，待问题解决后，团队即宣告解散。美国霍尼韦尔公司为巩固客户关系，组建了由销售、设计和制造等部门参加的"突击队"，按照公司的要求，把产品的开发时间由 4 年缩短为 1 年，因此赢回了客户。组织柔性的本质是保持变化与稳定之间的平衡，它需要管理者具有很强的管理控制力。

（6）平台化

随着“互联网+”概念的提出和广泛应用，以往工业经济生产组织方式、资源配置方式和价值创造方式被改变了，开放、共享、平等、协作成了新的主张，我们迎来了共享经济时代。共享经济的核心就是：分散程度越高，价值提升速度就会越快。因此在共享经济背景下，很小的企业也可以创造很大的价值。共享时代的到来对企业的经营理念和经营模式产生了震荡性的冲击，共享经济刺激了平台模式组织结构的诞生。例如，阿里巴巴与淘宝店主之间、Uber 与 Uber 司机之间等就是一种非经济体的共生模式，二者是价值共享的关系。作为共享发展背景下的企业，它的基本要素之一是平台化，也就是说，未来的企业很可能是平台型的企业。在未来，“平台+个人”将取代延续已久的“公司+雇员”，并成为组织形态新的主流。“人人即组织”，每个人都有着“自组织”目标，每个人只是借助平台实现个体的组织价值目标。

（7）小微化

在产品更新迭代快速、备受互联网冲击的市场环境中，企业如何能够安全地避开市场暗流并成功转向？“船大掉头难”，因此，打破传统的雇佣关系，将组织规模小微化是一个不错的选择。在未来的企业中，雇员与雇主的关系将会消失，灵活的创业型小团队将代替原有的稳定组织结构。与企业小微化相伴而生的是以每一个团队为单元的联合雇主化，每一个团队的负责人既是雇主，也是雇员，更是企业价值提升的合伙人，海尔在这方面就是一个绝佳的例子。作为生产制造业的海尔集团，早在 2010 年左右就完成了自身的企业小微化转型，现如今，海尔已有 100 多个小微企业年营收过亿元，22 个小微企业引入风投，12 个小微企业估值过亿元。

3. 新型组织结构

（1）超事业部制

超事业部制又称为执行部制，是在事业部制组织结构的基础上，在组织最高管理层和各个事业部之间增加了一级管理机构，负责管辖和协调所属各个事业部的活动，使领导方式在分权的基础上又适当集中（见图 8-6）。例如，当不同事业部之间有相似功能或需求时，在其之上再成立一个超事业部，实现统一采购、统一运输、统一销售等。美国通用电气公司因为事业部数量庞大陷入经营困境时，就在最高领导和事业部之间设立了 5 个“超事业部”，由副总经理负责各事业部日常事务决策，并向执行部报告，由其统辖协调。这种模式适用于规模巨大、产品或服务种类较多的企业。其优势是：可以集中不同事业部的力量共同研究和开发新产品；可以更好地协调各事业部的活动，从而能够增强组织活动的灵活性；有利于最高领导层接班人的培养。当然，该模式也会带来决策与执行效率下降、管理成本增加等新问题。

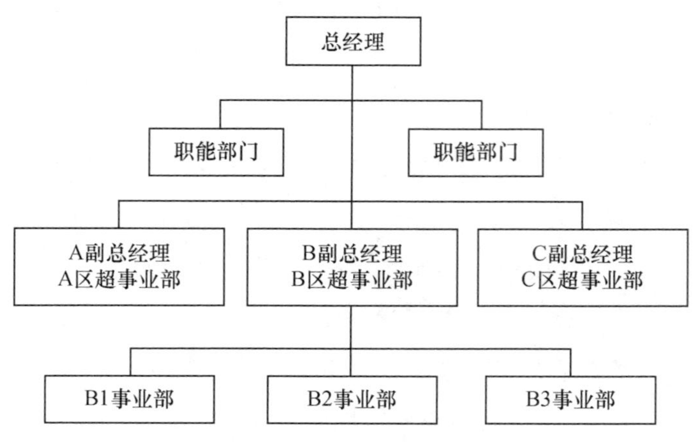

图 8-6　超事业部制组织结构图

（2）多维立体组织

这是一种由矩阵组织结构与事业部组织结构有机结合后形成的全新组织结构模式。这种组织结构模式综合考虑了产品、地区与职能参谋结构，形成了三类主要的管理组织机构系统：一是按照产品划分的事业部即产品利润中心；二是按照职能划分的专业参谋机构即专业成本中心；三是按照地区划分的管理机构即地区利润中心。该模式主要应用于跨国公司和规模巨大的跨地区公司，其优缺点见表 8-4。

表 8-4　多维立体组织结构的优缺点

优点	缺点
1. 能够使三类管理机构从组织全局考虑，信息互通，集思广益，共同决策	1. 三重职权关系容易使员工无所适从
2. 能够最大限度地满足客户的要求	2. 需频繁进行会议讨论，管理成本高，决策效率低
3. 使人力资源在多种产品线之间灵活共享，能适应不确定性环境的变化	3. 对员工素质要求高
4. 在分权的基础上，能够保证职能目标的实现	4. 部门之间横向协调困难，必须付出很大努力实现权利平衡

（3）模拟分权组织

这种模式是指根据企业内部各组成部分的生产技术特点及不同的管理要求，人为地把企业分成许多“组织单位”，并将其看成是相对独立的生产经营部门，赋予它们尽可能大的生产经营自主权。这种模式适用于生产经营活动具有连续性的大型联合企业，如我国一些化学工业企业、大型钢铁企业、铝业制造业等。这种模式下，只有总公司才是独立核算、自负盈亏的经济实体，而总公司下的组织单位只是模拟的经济实体。总公司兼具直线职能和事业部的特征，实行统分结合的经验管理体系，各单位只有生产经营权。因此，这种模式可以强化员工责任意识，有效调动各分厂或车间的生产经营积极性，有利于提高生产效率。

（4）流程型组织

流程型组织是与职能型组织相对的，它是一种适应竞争激烈、变化急速的市场需要，并强调客户需求的以业务流程为中心的组织（见图 8-7）。这种模式的根本目标是以客户为导向，提高对顾客需求的反应速度，降低对产品或服务的供应成本。

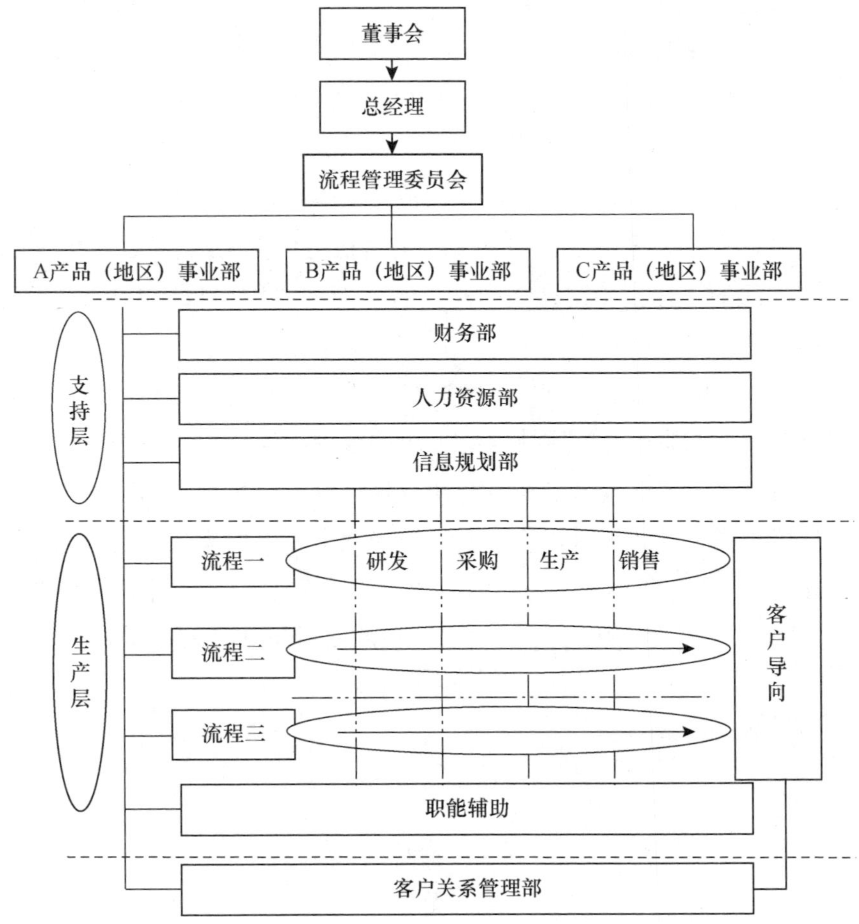

图 8-7 流程型组织结构图

流程管理委员会是流程型组织当中的关键部门，是承接总经理和下属事业部的桥梁，负责企业战略的转化实施。流程管理委员会以其专业的视角审视企业各个事业部的生产运作流程，对原有的流程进行梳理与优化，并将其推广到企业的生产线。

事业部下设有支持层和生产层。支持层包括财务部、人力资源部、信息规划部三个强化职能部门，为流程服务，支持流程运转。财务部监控全部流程的运作效率，控制产品与采购品的质量；人力资源部为各个流程提供合适的人员；信息规划部负责各个流程的信息化建设，按照流程管理委员会的流程建设网络，确保流程安全稳定地运行。

生产层完全按照流程建立流程小组，流程小组将流程所涉及的各个职能部门的人员整合，要求对流程负责，使每一个流程都面向客户，并以客户为导向，根据客户的需求建立起流程。例如，根据市场预测，客户需求一种新的产品，流程管理委员会根据流程管理技术设计好流程，将方案传递到事业部，人力资源部调配流程中各个节点所需的人员，由信息规划部负责流程的信息化建设，由财务部提供全程的财务支持与监控。而其他的一些职能则被弱化，成为辅助型的部门。

（5）虚拟组织

虚拟组织是在经济全球化、信息化、知识化的大环境下产生的、与传统组织相对的一种动态网络联盟（见图 8-8）。它最重要的特征是将传统企业固定的、封闭的集权式结构改变为灵活的、开放的网络式结构。这种网络式结构将所有协作伙伴、雇员、外部经销商、供货商和客户以各种不同的合作形式联系在一起，形成一个错综复杂的平面网络，彼此互相依存、紧密合作。虚拟组织是一个没有固定构成的外部化的网络组织；是一个在一定利益条件下靠协议结合成的松散组织，组织各部分的调整皆因企业市场经营环境变化而调整，容易而且快捷；是一种能够满足当前市场变化快、技术进步快、信息传递快、产品研制开发难度大的企业生存发展模式。这种企业可能总部设在美国，在印度编制它的软件，在德国进行工程设计，而在日本进行制造。每个前哨基地都通过网络进行无缝联结，以使分布广泛的雇员和自由职业者能够同时工作。

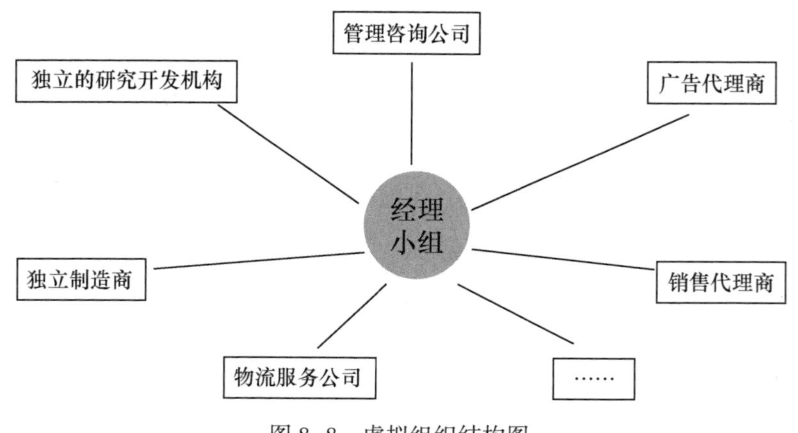

图 8-8　虚拟组织结构图

总之，组织结构是组织在职、责、权方面的动态结构体系，其本质是为实现组织战略目标而采取的一种分工协作体系。不同的组织结构在构建的时候都有着自己的价值中心导向，如直线制、直线职能制、矩阵制都是以工作和任务为中心，事业部、超事业部制、模拟分权组织皆是以成果为中心，多维立体组织、流程型组织、网络型组织则以关系为中心。

业务演练

任务主题：设计合理的组织结构。

任务导入：黄金果园公司是美国南部一家种植和销售黄橙和桃子两大类水果的家庭式农场企业，由老祖父约翰逊50年前开办，农场有肥沃的土地和明媚的阳光，特别适合种植这些水果。公司长期以来积累了丰富的水果存储、运输和营销经验，能有效地向海内外市场提供新鲜优质的水果。经过半个世纪以来的发展，公司已初具规模。

黄金果园公司大体上开展以下三个方面的活动：一是有相当一批工人和管理人员在田间劳动，负责种植和收获黄橙和桃子；二是一些人员从事发展研究，他们主要是高薪聘来的农业科学家，负责开发新的品种并设法提高产量；三是市场营销活动，一批经验丰富的销售人员负责走访各地的水果批发商和零售商。

该公司的管理一直没有制定出什么正式的政策和规则，对工作程序和职务说明的规定也很有限。不过，公司目前的规模已经发展得相当大了，经理约翰逊和他的儿子卡尔都感到有必要为公司建立起一种比较正规的组织结构。于是，他们聘请了一位有一定知名度的管理咨询人员布莱顿来帮助他们，布莱顿指出，他们可以有两种选择：要么采取职能结构形式，要么按产品来设立组织结构。

任务要求：

（1）学生以小组为单位分析讨论，回答下列问题。

1）你认为，该公司在经营规模扩大到要求建立起正规化的组织结构时，职能形式还是事业部形式对它更为合适，为什么？

2）预想将来，该公司的规模获得进一步的扩大，那么在目前选择的组织形式基础上如何调整其结构设计呢？依你看来，可以增加什么样的管理层次？

（2）绘制出小组选择的组织结构图。

任务呈现：

（1）以小组为单位展示各组成果，并让其他小组对展示小组的方案提出疑问，分析讨论各组方案的合理性。

（2）各小组根据讨论结果修改完善自己小组的方案。

任务二　实施组织变革

知识准备

一、组织变革

1. 组织变革的定义及动因

世界上唯一不变的只有变化本身。组织设计与权力配置结束，并不意味着组织管理任务的结束。任何组织都是随着内外环境变化而变化的，再完美的组织设计，运行时间长了必然会出现这样或那样的不适应，因此组织必须适时进行变革才能促进组织的不断优化与发展。组织变革是所有企业在自身发展过程中都要面临的问题，成功的组织变革往往能重塑企业生命力，助力企业向新的发展阶段进化。

（1）定义

历史上不同的研究者对组织变革的关注点不同，有人关注变革目的，有人关注变革内容；有人注重企业内部调整，有人注重整体的系统变革调整。那什么是组织变革呢？我们认为，组织变革是指组织为了实现自身的目标，根据外部环境和内部因素的变化，自觉主动地对组织中的要素进行修正、改变和创新，使之适应环境变化和组织发展需要的活动过程。

组织变革根据复杂性和变革力度分成三类：适应性变革、创新性变革和激进性变革。这三种变革的变革复杂程度由低到高，面临的阻力也是由小到大。而本书主要关注组织变革的内容，从内容来看，组织变革主要包括组织结构变革、技术变革和人事变革三种。

组织结构变革是对组织的构成要素、地位关系和运作方式进行的调整。涉及的内容主要有权力分配、结构调整、工作设计等。

组织的技术变革是指通过新技术的使用促使人们的工作内容、工作顺序、工艺程序作出改变，从而引起人们工作行为和工作方式的变化，实现提高工作绩效的目的。具体形式有设备更新和工艺流程的变革。

人事变革指的是组织发展时，通过创造一种良好的组织气氛，转变人员的工作态度、价值观以促使人们修正自己的行为，形成良好的合作关系，从而达到改进工作绩效、提高组织对问题的应对能力的目的。

（2）动因

组织什么时候需要进行变革，主要是通过对组织的现有状况进行分析来确定。如通过分析发现现有组织运行存在明显问题，或现有员工的满意度较低，或现有的组织状况已经无法支撑公司业务战略的达成，如果存在上述的任何一种表现，那么就意味着需要马上开展组织变革，变则通，通则达。通常，组织变革的原因都来自企业的内外部环境。

读一读

来自企业外部环境的变革动力

❖ 整个宏观社会经济环境的变化。如政治和经济政策的调整、经济体制的改变以及市场需求的变化等，都会引起组织内部深层次的调整和变革。

❖ 科技进步的影响。新产品、新工艺、新技术、新方法层出不穷，导致产业结构变化，对组织的固有运行机制构成了强有力的挑战，需要组织作出调整。

❖ 资源变化的影响。组织发展所依赖的环境资源对组织具有重要的支持作用，组织必须克服对环境资源的过度依赖，同时要及时根据资源的变化顺势变革组织。

❖ 市场竞争的变化。基于市场竞争越来越激烈，竞争方式也将会多种多样，组织若想适应未来竞争的要求，就必须在竞争观念上顺势调整，争得主动。

来自企业内部环境的变革动力

❖ 组织机构适时调整的要求。组织机构的设置必须与组织的阶段性战略目标相一致。

❖ 保障信息畅通的要求。随着外部不确定性因素的增多，组织决策对信息的依赖性增强，为了提高决策的效率，必须通过变革保障信息沟通渠道的畅通。

❖ 克服组织低效率的要求。组织长期一贯运行极可能会出现低效率现象，其原因既可能是机构重叠、权责不明，也有可能是人浮于事、目标分歧。

❖ 快速决策的要求。决策的形成如果过于缓慢，组织常常会因决策的滞后或执行中的偏差而坐失良机。为了提高决策效率，组织必须通过变革对决策过程中的各个环节进行梳理，以保证决策信息的真实、完整和迅速。

❖ 提高组织整体管理水平的要求。组织在每一个阶段都会出现矛盾，为达到战略目标，组织必须在人员的素质、技术水平、价值观念、人际关系等方面作出进一步的改善。

❖ 组织成员的期望与实际情况的差异。例如，成员希望得到富有挑战性、能充分发挥个人潜能并促进个人成长的工作，但组织为提高单个工作的效率仍然倾向于基于专业化分工的工作简化；成员期望参与式的民主管理模式，但组织仍然采取以等级层次、地位差别和垂直式的等级链为特性的集权管理模式。

2. 组织变革的方式

为保证组织变革的顺利推行，组织首先要认真分析面临的各种外界变化，并仔细总结组织内部出现的各种影响组织成长的工作效率低下的现象。然后在之前分析总结的基础上，根据所选定的组织变革方向目标和变革所涉及的内容，采取适当的方式对现有组织进行切实的变革。组织变革的方式，有不同的划分方法。在选择变革方式时，组织必须根据所处的具体形式和条件而采用相应的组织变革方式。

组织变革方式的划分主要有以下几种。

（1）按照变革的程度大小，将变革分为以改变组织局部结构和增减人员数量为主的量变式与以解决组织的深层问题为重点的质变式两种方式。

（2）根据变革对象的不同，将变革分为围绕着工作任务展开的正式关系作为变革对象的正式关系式，以组织中未经正式筹划而产生的相互作用关系为变革对象的非正式关系式，以组织人员的知识、技能、态度和价值观念等为变革对象的人员式三种方式。

（3）根据变革的力量来源不同，将变革划分为主动思变式和被动应变式两种方式。

（4）根据变革进程的缓急，将变革划分为突变式（激进式）和分段发展式（渐进式）两种方式。

（5）按照变革方案的形成方式，将变革划分为强制式、民主式和参与式三种方式。

读一读

组织变革的5个故事

PART 1

可能很多人听过温水煮青蛙的故事。故事是这样的：将一只青蛙放在大锅里，加水再用小火慢慢加热，青蛙虽然可以感觉外界温度慢慢变化，却因惰性没有立即往外跳，最后被热水煮熟而不自知。企业竞争环境的改变大多是渐热式的，如果管理者与员工对环境变化没有疼痛的感觉，企业最后就会像这只青蛙一样，被煮熟淘汰了仍不知道。

PART 2

提到组织变革，有一个4只猴子的寓言。科学家将4只猴子关在一个密闭房间里，每天喂食很少食物，让猴子饿得吱吱叫。几天后，实验者从房间上面的小洞放下一串香蕉，一只饿得头昏眼花的大猴子一个箭步冲向前，可是当它还没拿到香蕉时，就被预设机关所泼出的滚烫热水烫得全身是伤，当后面3只猴子依次爬上去拿香蕉时，一样被热水烫伤，于是众猴只好望「蕉」兴叹。几天后，实验者换了一只新猴子进入房内，当新猴子肚子饿得也想尝试爬上去吃香蕉时，立刻被其他3只老猴子制止，并告知有危险，千万不可尝试。实验者再换一只猴子进入，当这只新猴子想吃香蕉时，有趣的事情发生了，这次不仅剩下的两只老猴子制止它，连没被烫过的半新猴子也极力阻止它。实验继续，当所有猴子都已换新之后，没有一只猴子曾经被烫过，上头的热水机关也取消了，香蕉唾手可得，却没人敢前去享用。企业中一些禁忌经常口口相传，虽然事过境迁、环境改变，大多数的组织仍然恪守前人的失败经验，平白错失了大好机会。

PART 3

老鹰是所有鸟类中最强壮的，根据动物学家所做的研究，这可能与老鹰的喂食习惯有关。老鹰一次生下四五只小鹰，由于它们的巢穴很高，所以猎捕回来的食物一次只能喂食一只小鹰，而老鹰的喂食方式并不是依照平等的原则，而是谁抢得凶就给谁吃，在此情况下，瘦弱的小鹰吃不到食物都死了，最凶狠的存活下来，代代相传，老鹰一族越来越强壮。这个故事告诉我们，“公平”不能成为组织中的公认原则，组织若无适当的淘汰制度，常会因小仁小义而耽误了进化，在竞争的环境中将会遭到自然淘汰。

PART 4

钓过螃蟹的人或许都知道，篓子中放了一群螃蟹，不必盖上盖子，螃蟹是爬不出去的，因为只要有一只想往上爬，其他螃蟹便会纷纷攀附在它的身上，结果是把它拉下来，最后没有一只出得去。企业里常有一些人，不喜欢看别人的杰出表现，天天想尽办法破坏与打压，如果不予去除，久而久之，组织里就只剩下一群互相牵制、毫无生产力的螃蟹。组织中应该留意并去除所谓的“螃蟹文化”。

PART 5

喜欢钓鱼者都晓得，如果把鱼钓上来超过个把小时，放在篓子里的鱼往往奄奄一息，所以擅长钓鱼者经常在鱼篓里放一尾土虱，由于土虱生性喜欢攻击身边的鱼，鱼群必须持续跳、躲、闪以避免其攻击，因此即使经过数个小时，钓上来的鱼还是很鲜活。若为了增加组织的战斗活力、延续组织的生命力，领导者可以在组织中安排一些人适当地扮演土虱，刺激组织成员的生存力，也未尝不是一件好事。只不过鱼与土虱的比率一定要搞好，否则反而易弄巧成拙。

二、组织变革的实施

1. 组织变革的理论

企业开展组织变革，是为了应对多变的组织内外环境，为企业争取生存之机。但是组织变革是一个复杂、动态的过程，有着自身的规律和模式，如果不遵从规律，就有可能使变革陷入无序和混乱。这也就是为什么并非所有的变革都能取得成功，有时候企业进行了变革，反而会加快灭亡。因此，采取科学的变革理论作为指导，对提高组织变革的成功性具有举足轻重的意义。这里主要介绍动力与变革理论、系统变革理论和行为变革理论三种。

（1）勒温的动力与变革理论

勒温的动力与变革理论也许是组织变革理论中最具影响力的。勒温可以称得上是组织变革理论的创始人，他提出一个包含“解冻——变革——再冻结”三个步骤的有计划组织变革模型，是帮助人们理解组织变革全过程的经典模型，他详细解释了如何发动变革、实施变革和稳定变革成果（见图 8-9）。

1）解冻——打破现状。这一步骤的焦点在于打破现有组织的平衡状态，发现并创

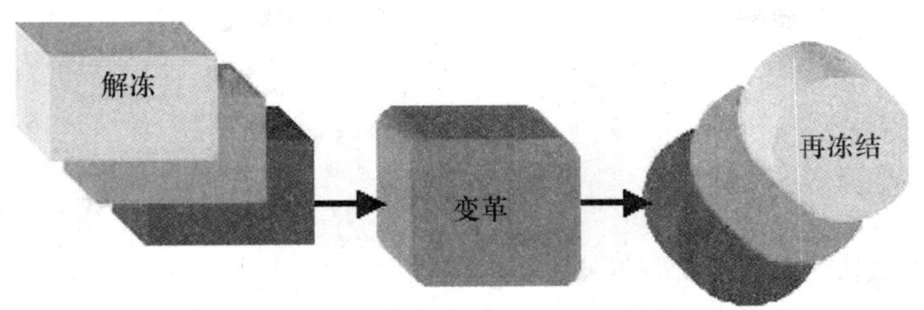

图 8-9 勒温变革三阶段模型图

设变革的动机。比较行之有效的方法是：明确企业当前遇到的困境（如销售业绩下滑、财务状况堪忧、顾客满意度降低等），将信息传递给企业员工，让整个组织理解并认可变革的势在必行，有意愿打破现状，建立新的模式。

这通常是整个变革过程中最为艰难的一个阶段。勒温认为推动组织实施变革的动因在于“驱动力量”和“抵制力量”之间的互相作用力。当人们面临原有模式被打破的失衡状态时，往往会产生强烈的抵触情绪，但从另一角度来看，平衡被打破制造的紧迫感，促使人们不得不仔细审视当前现状，从而激发出变革的动力。组织就是在这两种作用力之间寻求平衡，每一次从一种平衡到另一种平衡，组织即发生激烈的变革。本阶段应注意明确组织变革的目标和方向，创造一种开放的氛围和心理上的安全感，减少变革的心理障碍，提高变革成功的信心（见图 8-10）。

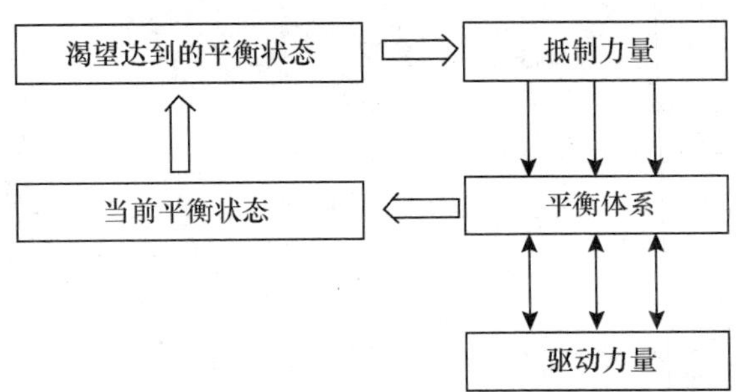

图 8-10 勒温的“力场”组织变革模型

2）变革——进行变革。这一步骤的核心是实施变革过程。在此环节，变革领导者应该有清醒的认识，人们并不会仅仅因为变革的必要性而采取行动改变，更多的是因为变革会对他们自身带来获益。但是，原有状态下最为受益的那些人在变革初期往往会因为变革而遭受较多的损失。因此，变革领导者要能够预见这些情况，采取合适的变革管理措施，帮助人们适应暂时的不平衡状态，减小抵制心理，努力朝着变革的目标迈进。

要注意，变革本身是认知不断变化的过程，需要给员工提供新的信息、新的视角和新的行为模式，指明变革方向，帮助其接受新的行为和态度，实现行为转化。在这一步骤中，应该注意为新的行为和态度树立榜样，可采取角色模范、导师指导、群体培训等多种途径。

3）再冻结——固化变革成果。这一阶段的核心工作是巩固变革成果，利用必要的强化手段使新的态度与行为固定下来，成为新的行事方式。为了确保组织变革的稳定性，需要注意使员工有机会尝试和检验新的态度与行为，并及时给予正面的强化；同时，加强群体变革行为的稳定性，促使形成稳定持久的群体行为规范。因为，只有脱离了变革实施过程中的不确定性之后，员工才能够充满信心地在新的模式下全力工作。也只有当员工确信变革能够落到实处时，企业才有可能启动更多新的变革项目。否则人们会认为变革只是流于形式，在面临新的变革时将不再有新的动力。

经典案例：失败的变革

为了保持对同行的竞争优势，某公司听从咨询顾问的建议，从外面聘请了一名外资制造商的大区经理作为公司总经理，并授予该职业经理人完全经营权力。

新经理赴任后，对公司上上下下考察一番，得出一个结论：公司管理缺乏规范，随意性大。于是，他在半个月内起草了十几个管理文件，包括业务、财务、库管、车队、内勤、人事等各个岗位。但不到一个月时间，抱怨的讯息就传到老板那里。

业务代表说，规定每天早晨到公司报到后再到客户那里，一天仅工作半天，下午还得到公司填当日报表，回到家已接近晚上8点，人累不说，工作还没效率。财务说，公司出台的对账制度是不错，但流程烦琐客户不愿意履行，严重影响业务回款。库管和车队队长打了一架，因为车上有一批退货，库管认为没有总经理签字同意不能入库，毕竟违者按500元一次处罚当事人；车队队长说这货是下班前才接到业务通知，运回时总经理已下班，货放在车上过夜不安全，万一货在车上丢了，损失由他个人赔偿。内勤抱怨办公费和电话费超标要扣罚自己工资，但这些都是为了公事。

老板白手起家做大了这个公司，他也熟悉公司各个岗位存在的问题。他认为任何改革都会伤害到局部利益，为了公司的未来，这些代价还是要承受的。

3个月过去了，事态并没有好转。10个业务员中有7个提出辞职；公司回款逐月大幅度下滑，交情不错的老客户善意地提醒老板事情不能做绝；做财务经理的老板的妹妹跟老板说过几次，因为总经理要求账务处理必须按国家财务政策办，财务费用和税额月月上升。老板终于坐不住了，将新经理辞退，公司又回到了以前的运营方式。

点评：中国企业的变革大多是这样失败的！这反映了几个问题：

(1) 按照变革理论，组织变革的过程其实是一个“融冰再结冰”的过程，由于存在行为冲突和工作习惯束缚，在变革的初期必然有一个效率降低的过程；

(2) 中国企业的变革，乃至中国历史上的社会改革，大多是在“融冰”阶段就夭折了，而扼杀变革的往往就是变革的初期推动者。从这种结局看，其实他们并没有真正做好变革（改革）的准备！他们只是想改变组织的某些弊端，但彻底的变革则是他们无法容忍的。

(3)“红绿灯”原理告诉我们：在没有任何车辆和行人的情况下，你仍然坚持不闯红灯，这时的效率其实是低的，但从长远看，只有大家都愿意牺牲自己的“效率”，才能换来整个组织的高效。

(2) 系统变革理论

系统理论学派的代表人物卡斯特在“开放系统模型”的基础上加入了组织变革因素，形成了“系统变革模型”。系统变革模型是在更大的范围里解释组织变革过程中各种变量之间的相互联系和相互影响关系。

所谓的开放系统模型主要强调组织既是一个人造的开放的系统，同时也是各个子系统有机联系而组成的一个整体。这个模型包括输入、变革元素和输出三个部分（见图8–11）。

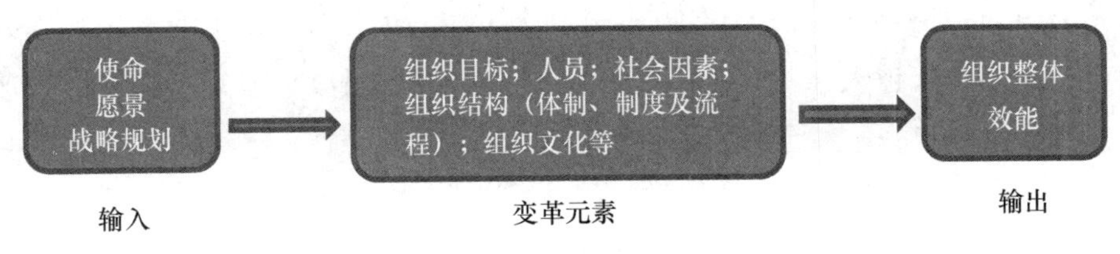

图8–11 开放系统模型图

1）输入。输入部分包括内部的强点和弱项、外部的机会和威胁。其基本构架则是组织的使命、愿景和相应的战略规划。企业组织用使命表示其存在的理由；愿景是描述组织所追求的长远目标；战略规划则是为实现长远目标而制定的有计划变革的行动方案。

2）变革元素。变革元素包括目标、人员、社会因素、方法和组织体制等元素。这些元素相互制约和相互影响，组织需要根据战略规划，组合相应的变革元素，实现变革的目标。

3）输出。输出部分包括变革的结果。根据组织战略规划，从组织、部门群体、个体三个层面，增强组织整体效能。

针对这个模型，弗里蒙特·卡斯特提出了组织变革过程的六个步骤：

①审视状态：对组织内外环境现状进行回顾、反省、评价、研究；

②觉察问题：识别组织中存在的问题，确定组织变革需要；

③辨明差距：找出现状与所希望状态之间的差距，分析存在的问题；

④设计方法：提出和评定多种备选方法，经过讨论和绩效测量，作出选择；

⑤实行变革：根据所选方法及行动方案，实施变革行动；

⑥反馈效果：评价效果，实行反馈，若有问题，再次循环此过程。

（3）科特的行为变革理论

领导研究与变革管理专家科特从高层领导和管理部门工作行为角度入手，对组织变革失败的原因进行了总结。其研究表明，成功的组织变革有70%~90%是由于变革领导的成效，还有10%~30%是由于管理部门的努力。“变革可能失败，但不变肯定失败。”因此，知道怎样变革比知道为什么变革和变革什么更为重要。科特在其研究成果基础上提出了指导组织变革规范发展的八个步骤：①建立急迫感；②创设指导联盟；③开发愿景与战略；④沟通变革愿景；⑤实施授权行动；⑥巩固短期得益；⑦推动组织变革；⑧定位文化途径。

2. 组织变革阻力及排除

变革的阻力与变革的动力相伴而生，现代市场经济中组织变革的复杂程度、覆盖范围及变革力度越来越大，对企业生死存亡的影响愈加明显。但是，通过对企业的变革调查发现，绝大部分组织变革均以失败而告终，追根究底，组织变革遭到抵制是其失败的首要原因。

（1）组织变革阻力来源

从分析统计来看，变革的阻力主要来源于人们的忧虑，人们害怕会受到经济利益的损失，恐惧变革带来的各种不确定性。因此，对组织变革面临的各种阻力进行分析，有针对性地采取消除措施，已成为企业组织变革能否顺利实施的关键。组织变革的阻力可从不同角度进行阐述，根据阻力存在空间可分为外部阻力和内部阻力，根据其表现形式可分为公开阻力和潜在阻力，根据其来源主体可分为个体阻力、组织阻力和社会阻力，本书主要从阻力来源主体的角度来进行阐述。

1）个体因素。任何一场变革都不可避免地要涉及人。组织变革中，人是最为关键的因素，最大的动力来源于人，最大的阻力也来源于人。由于不同个体对组织变革的结果接纳程度及风险意识不同，因而对变革的态度就会不同。人的因素是组织变革的核心问题，甚至直接关系到企业变革的成败。变革中个体的阻力主要来自基本的人类特征如知觉、个性和需要等，具体有以下几个方面。

①职业认同与安全感。组织变革必然会引起组织现状的改变，但是未来到底会改变到何种状态是未知的，整个变革的过程本身充满不确定性。组织实施变革的时候，现状的改变迫使人们不得不从熟悉而具有安全感的工作状态，进入不确定性较高的环境之中。这种不确定性使人们感到担心和焦虑，其职业认同感会不自觉地发生变化。对安全感的寻求势必促使人们力求保持现状、反对组织变革，自然而然产生抵制变革的情绪与行为。

②个性与价值观。性格是一个人已经形成的稳定的意识、心理和行为能力的综合表现，一个人的性格决定他的习惯。价值观则是一个人对周围事物环境的总的看法，它决定一个人采取什么样的态度去对待身边的事物与环境，采取什么方式去行事。个人的习惯、价值观都是经过长期形成的相对稳定的模式，这种模式一旦形成，它就可能变成一个人获得满足的根源。组织要实施变革，个人以往的习惯和价值观或多或少会受到冲击，抵制变革的阻力便会随之产生。例如，当企业实施新的业务流程时，要求员工改变传统的工作模式，这可能就对其工作习惯形成冲击，会遭到员工内心的抵制。

③地位与经济的需要。人们在组织中获得的地位和劳动报酬可以给其带来不同层次的需求满足，是他们投入工作的动力，但是组织变革往往是不确定的。因此，他们担心组织变革之后组织架构的调整会影响他们在企业组织中的地位，工作任务或工作规范的改变会影响他们的工作效率、降低其经济收入。这些担忧自然而然会降低他们对组织变革的配合与支持。

上述各种阻力可能形成人们对变革的认知障碍、感情障碍、意向障碍，从而对变革造成较大的危害。

2）组织因素。在组织变革中，除了个体因素外，组织惰性也是形成变革阻力的主要因素之一。组织惰性是企业发展中保持或维护现有工作活动模式与习惯的倾向。组织惰性是组织模式不可改变的特性，其强度会随着组织的年龄、规模和复杂性不断增加。组织惰性使组织变革困难重重，是对变革的一种持久的阻力，即使企业意识到外界环境的变化，也常常不能作出有效的回应。组织惰性主要体现在战略惰性、结构惰性和文化惰性三个方面。

①战略惰性。战略惰性是指组织战略认知的路径依赖。这种战略惰性不仅对企业的创新产生极大的破坏力，也会对企业后续战略选择存在着不可低估的影响作用。陷于战略惰性的企业往往会沉迷于过去成功的产品和技术，丧失了“向前看”的意识和能力，缺乏战略愿景规划，结果当环境发生剧烈变化时，不能及时调整策略应对，过分依赖过去成功的经验来面对不确定性的环境，最终被新技术所颠覆。柯达公司就是因为战略惰性陷入创业者窘境的典型案例。柯达公司自 1892 年诞生，持续了 100 多年，鼎盛时期它一度垄断了美国 90%的胶卷市场，占据了 85%的相机市场份额。柯达研发部的史蒂文·赛尚在 1975 年发明了世界上第一台数码相机，可是当时柯达的高层领导者们迷失在传统产品和胶卷业务带来的巨额利润中，认为数码相机将会削弱公司的传统业务优势，便雪藏了这项前沿的技术。结果柯达后来在市场竞争中丧失了发展先机，最终被数码技术所颠覆。

②结构惰性。企业在发展进程中往往会比较依赖之前成功的运行模式，一旦要进行组织变革，难免会引起组织结构惰性的对抗。结构惰性是指固有的组织结构系统、操作流程和工作行为方式等方面具有的刚性。具体表现为：组织结构和组织流程随着企业年龄和规模扩大会逐渐变得僵化，不能与时俱进；人们习惯于按照固有的工作方式和固定的工作程序开展工作。而组织变革势必引起组织内部各部门、各群体的利益进行重新分配，员工的地位和权力可能会受到挑战。那些原本在组织中权力较大、地位较高的部门和群体为了保护自身利益，势必将变革当作一种威胁；而流程再造可能会导致部门的合并或裁减，处于不利地位的部门也会反对变革。因此，当组织面临变革时，结构惰性就会充当维持稳定的角色来对抗组织变革。

③文化惰性。文化惰性主要体现在组织的价值观念、群体非正式规范和思维方式等方面的固化，员工和员工之间、员工和领导之间、员工和组织之间已经形成了某种默契和行为契约，这种群体惯性是对组织变革的隐形阻力。在“成熟”的组织中，长期发展过程中形成的群体惯性约束了人们的行为处事，个人的行为经常表现出从众效应。例如，组织岗位设置调整，职责进行划分，单个员工有可能会接受，但是当周围其他同事都不赞成的时候，他也会改变自己的选择。组织一旦实行变革，就意味着改变员工业已形成的工作关系和工作方式，必然会引起群体惯性的对抗。

3）社会因素。处于复杂的社会环境之中的企业在进行变革时，必然受到外界社会环境的制约。个别企业占据了行业垄断地位，从而能够操纵或者影响环境。如航空制造业当中的波音和空客，饮料业当中的可口可乐和百事可乐等，都对本行业的商业环境起着举足轻重的影响作用。当某些企业变革对垄断企业造成了威胁的时候，垄断企业从自身利益角度出发，可能会对这种变革进行抵制，甚至利用各种手段阻止变革的进行。由此可见，一旦环境抵制企业变革，作用往往是决定性的，不可忽视。

读一读

失败的小变革：可口可乐收购汇源

作为世界饮料界的龙头老大，可口可乐对市场占有率的需求越来越大。但在中国，可口可乐在纯果汁饮料上的占有率并不高，只有美之源一种产品。当时其最大的竞争对手百事可乐公司，已将旗下最大果汁饮料品牌纯果乐引入中国，并高调进入低浓度果汁市场。

可口可乐公司不能坐以待毙，于是它决定在中国内地收购一家果汁企业，以应对百事，同时打响占领中国果汁领域的第一枪。汇源，成为可口可乐公司的第一目标。当时，汇源在中国果汁领域的市场占有率为16.8%，远远高于其他公司。可口可乐公司直接收购汇源，既可以直接占领市场，又可以把中国作为其果汁生产中心，并将其生产的饮料推向世界。

为什么可口可乐公司如此执着于果汁饮料领域？

因为碳酸饮料被越来越多关注健康的人所拒绝。碳酸饮料对人体健康确实有一定的损害，而纯果汁饮料却对人体健康有很多好处，越来越多的人选择果汁作为饮料的首选。

不想失去饮料界龙头老大地位的可口可乐公司，面对市场变化，只能变革，改变自己，重新占有市场。于是，汇源收购案应运而生。

对可口可乐公司来说，收购案对它的好处是显而易见的。而对汇源呢？汇源与可口可乐强强联合，可以走向海外，向国际市场进发，国内市场的地位更加稳固……可是，汇源一旦被收购，它就不是我们自己的品牌了。汇源在国内果汁市场作为龙头老大，靠的不仅是好的品质，也有民族品牌的成分。

假如汇源真的被收购了，可口可乐和百事可乐将完全垄断中国饮料界，我们民族品牌将很难生存。基于此，中国商务部对可口可乐公司说“不”！理由是，可口可乐公司违反中国垄断法！

可口可乐公司小的变革失败了，转型果汁界的目标没有达成。因为他们太想占领中国市场这块蛋糕，忘记了政府对民族品牌的保护。

企业的发展需要变革，而变革也是把双刃剑，可以使企业迅速成功，也可以使企业走向死亡。所以要认真地分析自己是否需要变革、如何变革、变革之后要走向何方。

这才是变革之道。

(2) 组织变革阻力的排除方法

一方面，组织变革的阻力抵制了变革的顺利实施；另一方面，变革阻力的存在也迫使管理者认真审视变革，积极思考应对方法。组织行为学家经研究提出，能够有效克服变革阻力的途径有六种，它们的适用时机和优缺点见表8-5。

1) 参与。实践研究表明，在工作中人们参与某项任务越深入，就越会主动承担工作责任，支持工作的进程。因此，鼓励员工参与组织变革的决策过程，给予他们发言权，这样就能大大提高其积极性，会觉得变革是自己的分内工作，而愿意积极配合。同时，让员工参与变革，还可以集思广益，使员工充分发挥个人专长，为变革献力献策，保证变革方案更符合组织各级部门的实际需要，并更能发挥成效。这种方法适用于克服管理人员所得信息不充分或者岗位权力较弱带来的变革阻力。

2) 教育和沟通。加强教育和沟通，是克服组织变革阻力的有效途径。这种方法适用于信息缺乏和面对未知环境的变革情形。在变革之前开展思想教育和宣传工作，通过沟通使管理者和员工正确认识组织变革的必要性，了解组织变革的目的，从而消除疑虑，做好心理准备。在组织变革中加强信息交流，也可以帮助决策者及时发现变革中产生的新问题、新情况，获得有效的反馈。

3) 促进与支持。许多情况下，组织变革在心理上、技能上对人们提出了更高的要求，帮助他们适应这些要求，就能够有效地克服可能产生的抵触与阻力。如果员工对变革心存恐惧、忧虑，就可以为他们提供心理咨询、释放压力；如果变革会引起技术上的变化，就可以为难以适应变革的员工提供技能上的培训，从而使人们尽快适应新的形势，推动组织发展和变革。

4) 利用群体动力。组织变革并不是少数几个人的事情，而是整个群体和组织的共同任务。积极地利用群体动力，可以有效克服变革中可能出现的阻力。设置群体共同目标，利用群体归属感吸引员工积极参与变革活动，互相支持配合；培养群体规范，树立榜样威信，影响并改变成员的态度、价值观和行为，从而使变革活动成为组织上下一致的行动；充分沟通、奖励变革中的创新者、树立组织的威望，给员工传递组织的变革方向和变革的决心。这种方法适用于克服人们由于心理调整不良而产生的抵制情绪。

5）协商谈判。当变革的阻力非常强大时，协商谈判不失为一种行之有效的正式途径。通过与受变革影响的人进行协商，以某种有价值的东西来换取阻力的降低或换取他们对变革的认同与参与。例如，公司如果有工会的话，在实施组织变革的时候，公司会和工会代表进行正式谈判，并将谈判结果以合同或契约的形式来执行。这种策略的优点是能避免产生激烈的对抗；缺点是容易引起其他人的效仿，从而使变革成本加大。

6）强制执行。当改革势在必行，而上述方法又不奏效时，管理层就不得不直接对抵制变革的成员使用威胁和控制的手段来强迫实施变革，如改换工种、开除、降低薪酬、不给予提升机会等。强制执行的优点是快速，能够克服各种抵制；缺点是放任人员对倡导者的愤怒，影响公司运营（见表8-5）。

表8-5　　克服变革阻力方法比较

克服变革阻力方法	适用时机	优点	缺点
参与	管理人员所得信息不充分或者岗位权力较弱	增加参与意识，获得支持	费时，决策可能不高明
教育与沟通	员工缺乏信息，对环境未知	求得理解，获得共识	缺乏理解信任时无法奏效
促进与支持	员工缺乏新技能	提高员工适应变革能力	费时、费钱但依然存在失败的危险
利用群体动力	人们由于心理调整不良而产生抵制	增强归属感，群体规范约束	
协商谈判	工会等群体可能在变革中成为失败者	收揽人心	潜在代价高
强制执行	改革势在必行，其他方法已失败	容易获得支持	可能会不合法

3. 组织变革中的员工压力管理

员工对于组织变革的态度往往是复杂的、多面化的，不单单是抵触的。但是组织变革结果是难以预测的，这种不确定性不可避免地会给员工造成压力。组织变革就好比一个强大的刺激源，诱使员工产生不同寻常的刺激反应，如果员工没有足够的能力应付如此强大的压力，必将给员工带来一系列生理、心理、行为上的不适，并对其生活和工作造成影响。

（1）员工压力来源

1）对组织变革认知不足。企业实施组织变革是为了更好地顺应不断变化的市场环境，提高竞争能力。但是组织变革的决策多数由公司高层决定，员工对于变革的目的和意义可能并不了解。从员工视角，变革往往就意味着破坏和打破传统。变革的这一特性，使得变革具有不同程度的风险性，而变革的风险性使得员工的工作内容、工作关系、个人利益都可能受到冲击，从而在无形之中带来很大的压力，所以他们会对变革有抵触的心理。

2）对原有工作关系网络可能发生变化产生顾虑。组织变革的过程中，组织战略的变化必然引起组织结构的调整，如此一来，员工原有的工作关系网络就会受到不同程度的影响。当原有的工作状态发生变化时，员工就不得不面对工作环境、领导和同事的变化，需要重新建立人际关系。而且在企业重组的过程中，岗位的调配和竞争会加剧人际关系的冲突。在这种不稳定的人际互动中，员工会缺乏信心和安全感，产生巨大的心理压力，甚至会失去工作的兴趣和热情。

3）对组织变革后新技术或新知识的担忧。组织变革往往会伴随着技术的革新，如引进先进的生产线、建立办公自动化、应用新技术等。无论是哪一种情况，都要求员工去进行新的学习。对于组织的老员工来讲，原有的工作优势逐步丧失，并且他们的认知和学习能力由于自然规律也在不断地下滑。因此，他们会担心自己不能掌握组织要求学习的新技能，无法胜任新的工作。自信心的不足会使他们身心疲惫、倍感压力。

4）对既得利益受损的担忧。组织在实施变革的过程中，人们对变革的态度很大程度上取决于个人利益是否会受到影响。当变革不触及他们的利益时，他们就会支持，反之就会反对变革。当员工对变革影响无法掌控时，他们会过多地关注组织变革给他们带来的挑战，对个人既得利益的威胁。特别是当现实和其理想期望存在落差的时候，他们会产生挫败感，对自己的职业未来会越来越担心。

（2）员工压力管理

组织变革中的种种压力会给员工带来诸多不良的后果，如出现消极情绪和失眠情况、工作效率下降、对工作和组织心怀不满等。所有这些都会影响组织变革的进程和变革成果的实现，因此，有必要采取适当的措施，帮助员工缓解组织变革带来的压力，使之能够呈现出正常的绩效表现，以实现个人、组织发展的双赢。组织可以从以下几方面入手进行组织变革员工压力管理。

1）建立支持性和开放性的组织氛围。支持性和开放性的组织氛围可谓是减少组织变革所带来的工作压力的一剂良药。变革要在充分理解的基础上进行，才会更有效。变革前要注重沟通，让每个层级选派代表参与企业变革的决策。这样做有多方面的好处：一是可以充分了解各层次的需要及在变革中可能存在的阻力，便于拟定应对策略；二是能够使员工清楚了解变革的目的和意义，减少信息传递产生的误解，为变革营造良好的氛围；三是便于组织的管理，各层次的代表可以在群体中起到示范带头作用，降低员工的抵抗情绪。

企业还应该时刻关注员工的心理变化，及时与员工交流，在适当的时候可以作出某种承诺，以消除员工的心理顾虑。例如，某公司在组织变革初期，向员工承诺半年内不裁员，这大大减少了员工的恐慌，更是防止了很多过激行为。

2）建立良好的组织文化。大多数的组织变革与调整的实现更多不是以权力为基础，而是以组织文化为推手。在企业的日常经营过程中，企业应该树立一种团体主义的文化，有意识地培养大家的团队意识，增强员工对组织的归属感，形成一种愿意与企业同甘共苦的企业文化。树立一个团结友好的工作氛围，使每一个员工都有着团队的观念，以大局为重，不搞特殊化，从而保证同事之间的相互扶持和信息交流，促使团队成员行动的一致，提高整个组织的工作效率。

3）加强知识技能的培养。组织变革会带来技术的变革，要求员工更新知识库，掌握新技能。通过组织技能培训，就可以帮助员工短时间内具备胜任新的工作要求的能力，从而提高其自信心，增强对组织变革的适应性和心理承受能力。员工的层级不同，他们所要掌握的技能也不相同，所以要分层次、有针对性地进行培训。

4）建立员工职业保障计划。在组织变革中，每个员工都会因担忧职业发展受到威胁或个人既得利益受损而焦虑。因此，有必要建立员工职业发展保障计划，来消除员工的不安全感和压力状态。第一，组织可以通过内部杂志、说明沟通会等方式向员工提供各类信息，使员工了解组织变革将对他们产生哪些影响，并对员工关心的解聘、晋升和降级、工作岗位调整、薪酬等问题做交流。这样的沟通不仅减轻了员工的心理压力，更重要的是保留住核心员工不因组织变革而流失。第二，采取适当的员工激励措施，让员工形成主人翁的意识，使其自觉主动地站在组织的角度去考虑问题，努力并且全身心投入组织中去，与组织共存亡。第三，提供组织内外部的职业介绍信息，让员工充分体会到来自组织的支持与关怀。也许职业介绍信息只使少部分员工受益，但会增强所有员工的职业安全感和保障感，尤其对那些最终留在组织中的员工，他们对组织的归属感会不降反而升高。

5）帮助员工提高应对压力的能力。尽管现代人对自我越来越关注，但真正去分析自己的心理状态，主动改善自身应对能力的人却寥寥无几。组织在变革过程中，除了运用一些管理手段、机制、方法来缓解员工压力外，更应该帮助员工了解自我、提高应对压力的能力，进而以健康的心理状态投身到变革中去。目前，比较流行一种做法就是引入EAP（员工帮助计划），通过专业机构为员工提供以心理层面为主的各种服务，锻炼提高员工的压力应对能力。

读一读

从富士康跳楼事件看员工压力管理

自1988年在深圳地区建厂以来，富士康发展迅速，拥有60余万名员工及全球顶尖IT客户群，为全球最大的电子产业专业制造商，为苹果、惠普等知名IT企业提供代工。但是伴随着企业的快速成长，也出现了一些负面的情况，自2010年1月23日富士康员工第一跳起至2010年11月5日，富士康发生14起跳楼事件，引起社会各界乃至全球的关注。

1. 富士康跳楼事件产生的原因

（1）富士康管理制度不够人性化，没有倡导以人为本的智慧管理。他们仅仅把管理者当成简单的经济人对待，即只求劳动报酬，忽略了对劳动者人格的尊重。这种管理方式在当前，尤其是对于“80后”“90后”来说显然是不被接受的。

（2）企业文化强势有余，人文关怀不足。个人不珍惜生命再加上社会背景，导致了富士康跳楼事件。对于企业来说，要改变这种状况，应该提供更多的人文关怀和相对比较宽松的工作、生活环境，能够有人替员工说话办事，平衡劳动关系，能够代表员工的利益主张，让员工感到自身劳动的意义、尊严，以及对自己未来的期许。

（3）富士康模式存在的缺陷。富士康模式使得劳动者压力大、工资低、工时长、工作高度紧张，人与人之间没有任何情感联系，劳动者失去了个人空间。

（4）沟通渠道有限，心理危机干预系统作用有限。层级制度容易造成沟通渠道不畅；缺乏心理危机干预系统的专业运作，使得富士康员工的焦虑、压力、孤独等情绪不能得到较好的排遣。

2. 解决问题的方案——富士康及当地政府采取的措施

（1）加强心理疏导。深圳市卫生部门派出一批心理医生进驻富士康，加强企业对员工的心理辅导和心理咨询力度。深圳市妇联、共青团及文化体育部门还协助企业在园区内开展多项文化和体育活动，缓解年轻员工的工作压力和紧张情绪。

(2) 加强劳动监察。深圳市人力资源社会保障部门对富士康员工劳动合同、工资收入、加班时间、劳动强度等情况进行了重点监察。据深圳市人力资源和社会保障局介绍，富士康在劳动合同签订、工资发放等方面比较规范，也尊重员工意愿，劳动监察部门没有接到过这方面的投诉。

(3) 强化企业的员工尊严教育。针对社会普遍关注的员工尊严问题，深圳市公安部门派员规范和培训富士康的保安和门卫管理体系，督促富士康完善企业安全措施，改善基层管理人员对普通工人的管理方式。深圳市总工会也就员工尊严问题提出建议。目前，富士康管理层已针对门卫管理作出规定，要求所有保安及基层干部对员工不能简单粗暴。

(4) 加大公共设施建设。富士康园区将在内部和周边规划和建设一批必要的文化设施，改善公共设施，增加公共服务，让员工在劳动之余感到快乐，不要因为问题和挫折就选择轻生。

(5) 构筑“关爱圈”。富士康已对原先的部分管理办法进行反思和改变，现在员工希望和谁住在一起都可以自主组合报名，这有助于室友之间的沟通和相互关爱。

三、组织发展

1. 定义

20 世纪 60 年代以来，组织的“有计划变革”逐渐赢得了管理心理学家和企业家的关注，研究重点从零散的变革活动，转向系统的、战略性的有计划变革，开始重视变革的方法途径。人们在经营管理实践中总结出来针对一个组织各个层面的干预理论和技术，慢慢发展出一个新的管理心理学领域，就形成了一个新的体系——组织发展。

基于前人的研究，我们认为组织发展是指运用行为科学的理论和技术，在组织的“进程”中通过数据收集、诊断、行为规划、干预和评价的系统过程来实施有计划的干预，以实现预定的组织变革计划和目标的过程。具体来说，组织发展的根本目的是着重改善和更新人的行为、人际关系、组织文化、组织结构、组织管理方式，从而提高组织的生命力和管理效能，促进组织健康发展。从微观层面来看，主要是通过科学的干预改进个人、团队的行为；从宏观层面来看，主要是通过组织结构和管理方式的调整提高组织解决问题的能力和应对外部环境变化的能力，关注变革的有效性。

有效的组织体现出稳定与变革、维持与发展的统一。组织发展与组织变革有十分密切的关系。从狭义来看，组织变革是指正式结构的改变，而组织发展是指成员行为的改变；但从广义来看，二者相通，都涵盖了结构、技术和行为的改变。只不过组织发展通常是渐进的、连续的过程，注重的是有计划变革中的人性和民主因素；而组织变革往往在变化方向、形式等方面都是比较剧烈的，常常会中断原有状态。组织发展可以看成实现有效组织变革的手段。

2. 组织发展干预技术和方法

组织发展干预是指在组织系统内有目的、有计划地引入并开展变革改进的活动过程，以帮助组织改变内在不良状态，促进组织有效发展。常见的组织发展干预有两大维度：技术与结构方面的发展干预和个人与群体方面的发展干预。

（1）技术和结构方面的组织发展干预

组织的成长不是一蹴而就的，而是一步一个脚印走出来的。在朝方向目标行走的过程中，组织系统中任何一个部分的变化，都会引起其他部分的变化。人们确信，找准干预点，可以通过组织结构和工作设计，将人、技术和系统结合在一起，形成先进的生产力，能引发整个组织向积极方向演进。该维度主要包括社会技术系统、工作任务扩大化及内容丰富化两种措施。

1）社会技术系统。社会技术系统是通过协调技术系统和社会心理系统的交互影响，使组织中的技术和结构与发生作用的各方面达到最佳的配合。社会技术系统干预主要有两个方面的理论支撑：注重企业的物理环境和工效研究的科学管理学和工业工程学，注重员工之间的关系和个人需要的普通心理学和社会心理学。社会技术系统干预方法就是在改革工作环境和管理制度的同时，注意在员工之间和上下级之间建立积极合作的关系，以满足所有成员的不同需要。研究表明，把流水装配线工作设计为比较独立而又相互衔接的工作，这样不仅使生产时间减少，产品质量提高，而且增加了员工之间社会和工作方面的交往，提高了工作积极性，增强了组织的效能。

2）工作任务扩大化和内容丰富化。工作任务扩大化和内容丰富化是通过增加整个任务的多样性、职责的复杂度，加强工作本身的激励因素，来提高员工的工作满意感和生产效率。工作任务扩大化和内容丰富化是一种以任务结构为中心的组织开发技术。通过增加某一工作的工作内容，使员工有更多的工作要完成，这就要求员工掌握更多的知识和技能，从而提高员工的工作兴趣。例如，员工原来只是负责某种产品的一个工序，现在让他从事整个产品的制作，可以很好地激发他的成就欲。或者在原有的工作任务上赋予员工更多的责任、自主权和控制权，这样员工有更大的自主权和更高程度的自我管理，还有对工作绩效的反馈。这种对工作内容的垂直增加也能大大提高员工的满意度。

（2）个体和群体的组织发展干预

这方面的组织发展干预着重于组织成员和群体活动的整个过程，通过一些专门的干预方法来提高组织成员的心理素质与人际交往质量，以达到提高组织绩效的目标。

1）个体干预。组织发展实施者通常认为，个体是构成组织的基石，只有个体的成长和需要得到满足，组织发展才可能实现。而一个积极的、充满挑战的环境应该能够满足不同个体成长与发展的需要。他们认为，大部分人是能够对自己的行为负责的，并能够为组织的绩效做出自己积极的贡献。以这些原则为基础，可以采用相应的外在干预或内因诱发方法来激发个体的斗志，促进其个人绩效的改进提升。常见的用于个体干预的方法有以下两种。

①敏感性训练。通过受训者在团体学习环境中的相互影响，提高受训者对自己的感情和情绪、自己在组织中扮演的角色，以及自己同别人相互关系的敏感性，进而改变个人和团体的行为，达到提高工作效率和满足个人要求的目的。

②管理方格训练。通过把管理人员的管理形态透过坐标指针训练，改进管理人员朝向团队型的管理形态发展，既重视工作任务的达成，也重视工作人员的需求，既兼顾任务效率又激发成员工作热忱与创新精神。

2）群体干预。团队在组织发展中起着非常重要的作用。首先，团队是有助于人们满足重要需要的载体；其次，团队内部合作的改善能够改进组织的绩效。用于改进团队有效性的组织发展干预措施有以下四种。

①团队建设。利用以往组建团队的经验帮助团队成员设置目标、改善人际关系，从而形成更有效能的团队。

②进展过程咨询。进展过程咨询是指第三方对关键性的团队活动进行观察并提出建议。

③群体间活动。群体间活动通过设置共同目标，旨在改进群体、团队或部门之间的关系，实现更好的协调。

④调查反馈。调查反馈是通过问卷表调查和分析某单位的工作，发现问题，收集解决问题的方法和意见，并把这些材料反馈给参加问卷调查的人。所调查的单位可以是工作群体和部门，也可以是整个组织。可以通过举行调查反馈的会议，运用所得到的资料，诊断所存在的问题，制订解决问题的行动计划。

3. 学习型组织

（1）定义

在当前日益复杂且难以预测的环境之下，企业间的竞争优势越来越容易被模仿、学习和替代。同时现代人工作价值取向的转变、终身教育、可持续发展战略等当代社会主流理念对组织群体的积极渗透，也使企业的管理模式受到了严峻挑战。于是不少研究者开始探求新的适合当代环境的组织模式，其中学习型组织就是一种被实践检验过的有效模式。

学习型组织最早由美国麻省理工学院佛瑞斯特教授提出，他于 1965 年在《企业的新设计》中，阐述了对未来企业的理想组织形态的构想：层次扁平化、组织信息化、结构开放化；成员之间逐渐由从属关系转向工作伙伴关系；组织内部不断学习，不断重新调整结构关系。彼得·圣吉是学习型组织理论的奠基人，他于 1990 年在其代表作《第五项修炼——学习型组织的艺术与实务》中明确提出企业应建立学习型组织，指出企业在面临变化剧烈的外在环境时，应力求精简、扁平化、终生学习、不断自我组织再造，以维持竞争力。

彼得·圣吉认为，所谓学习型组织是指通过培养弥漫于整个组织的学习气氛、充分发挥员工的创造性思维能力而建立起来的一种有机的、高度柔性的、扁平的、符合人性的、能持续发展的组织。

学习型组织不存在单一的模型，它是组织和员工对组织发展作用的一种态度或理念，是对组织的一种新的认知模式。传统组织设计关注的是效率，而学习型组织的基本价值在于解决问题。在学习型组织中，每个人都要参与识别和解决问题，通过确定新的需要，以一种独特的方式将一切综合起来考虑，使组织能够进行不断的尝试，改善和提高它的能力。学习型组织常常通过新的观念和信息而不是物质的产品来实现价值的提高。

（2）学习型组织的五项修炼

1）自我超越——实现心灵深处的渴望。每个个体自诞生之日起，就通过学习不断来实现自我的突破和能力的提升。人们总是希望通过学习，能够去做之前从未能做到的事情、重新创造自我、重新认识这个世界，以及获取创造未来的能量，也就是期望不断实现自我超越。而自我超越一般都是源于对愿景的追求，有了愿景，才能激发突破的动力，希望做到更好，才有可能去超越，既超越别人也超越自我。人之所以能持续实现自我超越，根本原因是不断学习和实践，是一个“学习—实践—再学习—再实践”的循环往复的过程。自我超越的修炼是学习型组织的精神基础，对于学习型组织来说，设计出激发员工不断自我超越的职业成长路线，帮助员工理清个人真正的愿望，是非常关键的一环。

2）改变心智模式——用新眼睛看新世界。组织成长的障碍，多数来自个体的心智模式。通俗地讲，心智模式就是心理定式，它根深蒂固于人们的心中，它来源于对过去事物的认识过程，并无时无刻影响着人们当下的生活和工作，影响着人们看世界、对待事物的态度。由于心智模式的影响，人们在工作中可能会墨守成规、固执己见，行事时本位主义思想严重，所有这些都会使企业的创新能力大打折扣。基于此，要建立学习型组织，首先要改变员工的心智模式，使其学会发散思维，多角度、全方位思考问题。然后，引导员工以包容的心态了解和接受现实情况，不断鼓励他们自我超越，具有学习的动力。

3）建立共同愿景——打造生命共同体。“共同愿景”是指组织中人们共同愿望的景象。共同愿景用共同的事业把大家联结在一起，为学习提供了焦点与能量，是学习型组织最强大的推动力。借助愿景可以凝聚公司上下的意志力，全体成员拥有一个共同的目标；透过组织共识，大家形成一致的努力方向。为了实现大家衷心渴望实现的目标，每个人都会主动地认真努力学习，追求卓越，乐于奉献。

4）团队学习——激发群体智慧。这是学习型组织的学习基础。在现代组织中，很多任务都是通过团队来完成的，因而，团队的学习就显得尤为重要。当团队真正在学习的时候，不仅整体能产生出色的成果，成员成长的速度也比其他的学习方式更快。团队学习不是团队成员学习成果的简单相加，团队学习依靠的是深度会谈，由团队成员共同参与、一起思考决策，得出比个人思考更正确、更好的结论，是成员互相配合、强化团队向心力、实现目标的过程。

5）系统思考。这是学习型组织的关键特征，也是五项修炼中最难的一项。系统思考是相对于局部思考而言的，系统思考要求人们运用系统的观点看待事物的发展。在一个系统里，事物之间彼此关联，互相影响，为了避免只见树木不见森林，必须培养综观全局的思考能力，它引导人们，从局部到纵观整体，从表象到本质，以及从静态的分析到认识各种因素的相互影响，进而寻找一种动态的平衡，作出正确决策。系统思考给我们的启示是：融合整体能得到大于各部分总和的效力。

系统思考需要由建立共同愿景、改善心智模式、团体学习与自我超越四项修炼来发挥它的潜力。建立共同愿景培养成员对团体的长期承诺；改善心智模式专注于开放的方式，反思人们认知方面的缺点失误；团体学习是发挥团体力量，使团体力量超乎个人力量的总和的技术；自我超越则是不断反照个人对周围影响的一面镜子，缺少自我超越的修炼，人们将陷入“压力—反应”式被动困境。

改善心智模式和自我超越这两项修炼是基础；团队学习和建立共同愿景这两项修炼是向上张力；第五项修炼系统思考是核心，好比是火箭的发动机。如果将五项修炼比作等待发射的火箭的话，火箭没有稳固的基础是不能发射的，火箭没有发动机的发动产生推力也是升不了天的。

业务演练

任务主题：测测你的变革承诺。

任务导入：为了提高班级的凝聚力，辅导员会同班委拟定在班级管理方面进行一些变革，这要求你改变以往的一些行为习惯。请利用下列问题，测测你的变革承诺程度。

请选出你对以下题目的认同程度：1=强烈不同意，2=不同意，3=不确定，4=同意，5=非常同意。

题目					
1. 我相信这项变革的价值。	1	2	3	4	5
2. 实施这项变革是为了一个重要的目标。	1	2	3	4	5
3. 这项变革是组织的一个正确战略。	1	2	3	4	5
4. 我没有选择，只能认可这项变革。	1	2	3	4	5
5. 对变革提出反对是有风险的。	1	2	3	4	5
6. 反对这项变革，对我而言成本太大。	1	2	3	4	5
7. 我感到我有责任配合这项变革。	1	2	3	4	5
8. 对我而言，抵制这项变革是不负责任的行为。	1	2	3	4	5
9. 我认为我有责任支持这项变革。	1	2	3	4	5

评分标准：

9~18　低承诺；10~35　中承诺；36~45　高承诺。

任务要求：

1. 思考讨论

(1) 你的得分是否符合你本人的实际情况？请阐释。

(2) 你的变革承诺是否与组织的要求相一致？如果不一致，你会如何改变？

2. 小组形式交流，讨论时间为 20 分钟。

任务呈现：将小组讨论的结果以思维导图的形式呈现。

注意事项：

1. 小组内选择一位主持人，控制讨论节奏；选择一位记录员进行观点整理。

2. 鼓励每个人积极参与和分享。

项目九

管理组织文化

【项目导入】

在 VUCA[①] 时代，组织面临的挑战和竞争越来越激烈。是什么决定着这个组织能否成功地处理日益激烈的竞争、全球化、并购、战略联盟、引入新技术、人才管理和多元化问题？怎样把员工打造成凝聚力更高、竞争力更强的团队？现代企业认识到了组织文化建设的重要性。打造并维持恰当的文化，可以成就一个组织。那么什么是组织文化？组织文化对组织会产生什么样的作用？一个组织又该如何建设适合自己发展的组织文化？下面，我们一起来探讨学习。

一、主题案例

玛氏文化

乍看之下，玛氏（Mars）公司似乎并不具备积极的组织文化。老板、经理，甚至总裁都要打卡上班，迟到的话会扣除当日工资的 10%。员工没有优先认股权，没有养老金，没有免费午餐，也没有休息区。办公大楼里的窗户和门很少有关着的。员工都自称火星人（Mars 原意为火星）。

然而，生产糖果及宠物食品、市值达 330 亿美元的玛氏公司，除了坐拥 M&M，Uncle Ben's，Pedigree 这样的标志性品牌，还入选《财富》杂志“最适合工作的 100 家公司”。玛氏公司的员工非常忠诚并且离职率很低。有的员工甚至在公司工作了 60 年。一家三代都在玛氏公司工作的并不少见。玛氏公司在美国有 72 000 名员工，占其员工

① VUCA 指的是不稳定（volatile）、不确定（uncertain）、复杂（complex）、模糊（ambiguous）。

总数的1/3，而美国公司员工的离职率仅为5%。

员工非常认可公司的组织文化。一名在新泽西哈克斯特工厂工作了33年的退休员工说："这真是一家好公司……同事都像家人一样，我在公司交到的朋友数以百计。"几乎所有在Glassdoor网站（员工可以在这个网站上发表对自己公司的评价）上留言的人，都认为"开放"的组织文化是玛氏公司的一大亮点。

玛氏公司在全球73个国家的400多家工厂都奉行五项原则，正是这五项原则构成了玛氏公司的组织文化：质量、责任、互助、效率、自由。这些原则起到很大的作用。例如，质量原则保证了M&M在新泽西工厂的产品报废率仅为2%。而责任这一原则在公司内部，主要体现在员工得到的公平对待上，例如，工厂不需要设置工会，38%的管理人员是女性；在公司外部，为玛氏提供服务的志愿者也可以获得带薪休假。此外，公司还投入大量精力为非洲发展粮食作物。

互助原则意味着团队合作。除了导师制和反向学徒制（如年轻同事指导年长同事学习社交媒体策略），"开放的办公环境还可以激发合作，增进员工之间的关系。"玛氏公司在芝加哥的一位安全分析师说。效率这一原则很好地中和了公司原本古灵精怪的文化氛围，也解释了排名全美第三大私人公司的玛氏为何如此朴素。总裁迈克尔说："即使办公室里铺上大理石地砖，挂上毕加索名画，消费者也不会觉得自己买的士力架更昂贵了。"

自由这一原则构成玛氏组织文化的基本框架。公司鼓励员工在没有等级制度的环境中创新、实验、寻求帮助。员工觉得高级管理层对他们"平易近人""随时恭候"。一名英格兰员工说："从走进公司大门的那刻起，你就要学会在享受自由的同时肩负起责任。"

玛氏文化是一种奇特的混合体，既隐秘又透明。对于外界来说，它的大门永远上锁，忠诚的员工不会泄露公司秘密，家族企业的继承人不会接受媒体采访。但对内部来说，企业文化是完全透明的。公司的销售额、利润、现金流以及各工厂的生产效率不间断地出现在大屏幕上，奖金以团队为基础发放。虽然这群自称火星人的家伙并不满足于普普通通的组织文化，但在玛氏公司工作是相当不错的经历。迈克尔说："要是跟别人说起你在这家公司工作，绝对不丢人。"员工们也这么认为。

思考题：

1. 玛氏公司为什么要奉行质量、责任、互助、效率、自由五项原则？

2. 五项原则怎么样影响着玛氏公司员工的工作行为？

3. 这个案例对你有怎样的启示？

（资料来源：斯蒂芬·罗宾斯，蒂莫·西贾奇. 组织行为学：第16版［M］. 北京：中国人民大学出版社，2016.）

二、学习目标

知识目标

1. 了解组织文化的定义、特征、表现形态及构成要素。
2. 理解组织文化的内容及功能。
3. 了解组织文化的创建及维系。

能力目标

1. 掌握创建与维系组织文化的常用做法。
2. 掌握如何引导员工学习、接纳组织文化。

任务一　解读组织文化

知识准备

一、组织文化的概念与功能

1. 组织文化的定义与特征

人受外界种种因素的影响，会形成自己独特的个性特征，或爽朗或羞涩或活泼，不一而足。与之相同，作为社会集合体的组织，由于特殊的环境条件和历史传统的影响，也会像人一样有个性，有自己独特的情感和性格，即形成与众不同的价值取向和行为方式，就是特定的组织文化。提到海尔，就会想到“真诚到永远”——时刻把用户放在第一位的服务理念。提到星巴克，就会想到其打造的第三生活空间的体验式文化氛围。提到华为，就会联想到其与众不同的狼文化。

那么组织文化是什么呢？不同的人有不同的看法，对它的定义不胜枚举。有人曾对组织文化的定义做过统计，共有 180 多种，几乎每一个管理学家和组织文化学家对于组织文化都有自己的理解。

埃德加·沙因认为，文化是一个特定组织在处理外部适应和内部融和问题中所学习到的，由组织自身所发明和创造并且发展起来的一些基本的假定类型。

彼得·德鲁克认为，组织文化是一系列经营原理，包括做什么与不做什么，以及如何认识顾客等价值观，这种价值观决定了组织的成长空间。

威廉·大内认为，传统和气氛构成一个企业的文化，同时，文化意味着一个企业的价值观，如进取、保守或灵活，这些价值观成为企业员工活动、建议和行为的规范。

综上所述，组织文化是组织在长期实践中形成的被其成员普遍认可和遵循的价值观念及行为方式等的总和。组织文化的核心是价值观。在组织共同价值观念的理性约束下，组织成员清晰地知道"这些是我应该做的""那些行为是应当避免的"。如果成员的某项行为违背了组织的理念，群体压力将促使其自动纠正行为。组织文化正是通过这种微妙的暗示，以无形的手调节着成员的自我行为。正如迪尔和肯尼迪所说："定义中的文化是一种无形的、隐含的、不可捉摸而又理所当然（习以为常）的东西。但每个组织都有一套核心的假设、理念和隐含的规则来规范工作环境中员工的日常行为……除非组织的新成员学会按这些规则做事，否则他不会成为组织的一员。"

组织文化有以下几个重要的特性。

（1）独特性

就像世界上没有两片完全相同的树叶一样，世界上的组织文化也不可能完全相同，而是各有其特色。因为不同的组织其发展历史、地理环境、类型、规模、人员素质等方面都不相同，各组织所采用的管理手段和方法也不同，所以，就形成了各个组织文化鲜明的特性和特征。

（2）相对稳定性

组织文化是组织在长期的实践和发展中逐渐积累而成的，具有较强的稳定性，不会因组织结构的改变、战略的转移或产品与服务的调整而随时变化。

（3）融合性

任何一种文化现象都不是孤立的，而是由多种文化要素融合在一起。一个组织的文化也是在长期的实践中，融合了组织所在国的民族、地域、行业以及组织成员等多方面文化因素而形成的，是一个融合体。组织文化在发展过程中，也会注意吸收其他国家、组织的优秀文化，融合世界上最新的文明成果，不断地充实和发展自我。

（4）无形性

组织文化是无形的，平时不易察觉，但会"潜移默化"地发挥影响。人们对自己组织的文化习以为常，平时感觉不到它的存在，只有在与另一种文化碰撞的时候，如并购后进行整合时，组织文化才会凸显出来。

读一读

Intel 公司的六条价值观

Intel（英特尔）公司创建于1968年，是全球最大的芯片制造商，在Intel技术与市场的成功背后，是其组织文化的成功。

Intel员工都挂着写有公司价值观的胸卡。Intel（中国）总经理李敏达介绍说："最重要的是我们的六条价值观已深入员工内心。"这六条价值观是：客户至上、纪律严明、质量为本、鼓励尝试冒险、良好的工作环境和结果导向。

这六条价值观贯穿了Intel所有的工作，成为Intel公司宝贵的财富和成功得以为继的法宝。它们既是工作方法论，也是人文环境标准，还是凝聚人心的企业无形资产。

价值观中最核心的就是结果导向和良好的工作环境。Intel的灵魂人物安迪·葛鲁夫是"结果导向"这项务实原则的监督人和实践者。结果导向意味着肯定积极的目标、具体的结果与产出。要让每个人了解团队的方向，设定高目标，还要以量化的手法，务实地制定出能够实现的进度和成功的指标。这样一来，每个成员就能在自己的岗位上尽一己之力。

塑造良好的工作环境最重要的是对员工的信任和尊重。Intel公司从首席执行官到总经理乃至普通员工，办公空间都是一个标准的、开放的办公小隔间，员工随时可以找上司沟通。

另外，公司通过让员工挑战现状，加入建设性对抗，从而使员工接受敢于冒险的价值观。例如，在入职培训时教给新员工如何不伤和气的论战艺术。又如，让员工按照以下五点操作规则来保障目标顺利实现：一是设立挑战和竞争的目标；二是关注产出；三是假想责任；四是建设性地对抗和解决问题；五是无缺点地执行。

（资料来源：孙晓玲. 组织行为学：第3版［M］. 北京：中国人民大学出版社，2018.）

2. 组织文化的类型

组织文化的类型多种多样，依照不同的标准和不同的用途，可以把组织文化划分为不同的类型。其中，最常见的划分方法有以下几种。

（1）按照组织文化的内在特征，可以将组织文化划分为学院型、俱乐部型、棒球队型、堡垒型。

1）学院型。学院型组织是为那些想全面掌握每一种新工作的人而准备的地方。这种组织喜欢雇用年轻的大学毕业生，并为他们提供大量的专门培训，然后指导他们在特定的职能领域内从事各种专业化工作。学院型组织的例子有 IBM 公司、可口可乐公司、宝洁公司等。

2）俱乐部型。俱乐部型的组织非常重视资历、年龄和经验，要求其成员具有极强的适应性和忠诚感，与学院型组织培养专业人才的倾向不同，俱乐部型善于培养全能型的管理人才。

3）棒球队型。棒球队型这种组织鼓励冒险和革新。招聘时，从各种年龄和经验层次的人中寻求有才能的人。工作绩效是确定报酬的唯一标准，所以员工一般都拼命工作。在会计、法律、投资银行、咨询公司、广告机构、软件开发、生物研究等领域中，这种组织比较普遍。

4）堡垒型。对于堡垒型的组织来说，最重要的莫过于组织的生存问题。这种组织的成员具有较大的流动性，而安全保障不足。堡垒型组织包括大型零售店、林业产品公司、天然气探测公司等。

（2）按照组织文化所涵盖的范围，可以将其划分为主文化和亚文化。

主文化是在组织中占主导地位或统治地位的文化，体现的是组织的核心价值观，它为组织大多数成员所认可，构成了组织文化的主流。当我们说组织文化时，一般就是指组织的主文化。

亚文化是组织中不占主导地位的文化，被组织中一部分人或某一个部门的人所认可。亚文化通常反映的是组织中的一部分成员所面临的共同问题、情景和经历，它可能是在组织内部的部门设计或地理分割的基础上形成的，如销售部门、研发部门的文化等。

（3）按照组织文化对其成员影响力的大小，可以将组织文化划分为强文化和弱文化。

虽然所有的组织都有文化，但并非所有的文化对员工都有同等程度的影响。强文化比弱文化对员工的影响更大。在强文化中，对什么是重要的，什么是不重要的，什么是优秀的员工行为等问题达成了相对更高程度的共识，组织的核心价值观得到强烈而广泛的认同。

弱文化的一个明显特征就是处于这种文化中的组织成员分不清楚什么是重要的、什么是不重要的，因而也就不能对什么是核心价值观取得一致的意见。

研究表明，强文化组织中的员工比弱文化组织中的员工对组织的承诺更多一些。强文化能够降低员工离职率，因为组织成员与组织的立场保持高度的统一。这种目标一致性造就了凝聚力、忠诚和组织承诺。

3. 组织文化的功能

作为组织管理的软性因素，组织文化对于组织行为产生无形而又持久的影响。这种影响甚至超过正式的权责关系、规章制度的作用。组织文化对一个组织的发展来说可能不是最直接的因素，但却是最核心、最持久的因素。组织文化对组织行为的影响又分为积极的影响和消极的影响。

（1）组织文化的积极功能

1）导向功能。组织文化是组织在长期实践中形成的，并且希望其成员普遍认可和遵循的价值观念及行为方式等的总和。组织提倡什么、反对什么，组织发展的目标和方向，都蕴含在组织文化中，经过长期的教育、潜移默化，能够铭刻在广大员工心中，将员工的行为动机逐步引导到组织的目标上来，并且长期地引导员工为实现组织的目标而努力。

读一读

海尔文化的导向作用

1985 年，一位用户向海尔反映：工厂生产的电冰箱有质量问题。于是首席执行官张瑞敏突击检查了仓库，发现仓库中不合格的冰箱还有 76 台！当时研究处理办法时，干部提出意见：作为福利处理给本厂的员工。就在很多员工十分犹豫时，张瑞敏却作出了有悖“常理”的决定：开一个全体员工的现场会，把 76 台冰箱当众全部砸掉！而且，由生产这些冰箱的员工亲自来砸！听闻此言，许多老工人当场就流泪了……要知道，那时候别说“毁”东西，企业就连开工资都十分困难！况且，在那个物资还紧缺的年代，别说正品，就是次品也要凭票购买的！如此“糟践”，大家“心疼”啊！当时，甚至连海尔的上级主管部门都难以接受。

但张瑞敏明白：如果放行这些产品，就谈不上质量意识！我们不能用任何姑息的做法，来告诉大家可以生产这种带缺陷的冰箱，否则今天是 76 台，明天就可以是 760 台、7 600 台……所以必须实行强制砸掉，必须要有震撼作用！因而，张瑞敏选择了初衷不变！结果，就是一柄大锤，伴随着那阵阵巨响，真正砸醒了海尔人的质量意识！从此，在家电行业，海尔人砸毁76台不合格冰箱的故事就传开了！至于那把著名的大锤，海尔人已把它摆在了展览厅里，让每一个新员工参观时都牢牢记住它。

2）凝聚功能。组织是由个体组成的，每个个体都具有自己的价值观和行为准则。要想把这些具有个性特征的员工凝聚为具有竞争力的团队，必须使其具有共同的价值观和组织目标。组织文化就是凝聚员工的黏合剂，它通过为组织成员提供言行举止的恰当标准、奋斗的目标和方向、统一的价值观，把整个组织凝聚起来，从而产生巨大的向心力和凝聚力。华为总裁任正非说："最自信的企业最自信的是改造人的力量，用一种思想聚集一群人迈向一个目标。这个思想就是灵魂，目标就是导向。"组织文化的这种凝聚功能，通过理想共有、权利共享、价值共创来实现。

3）规范功能。组织文化会形成独特的组织氛围，员工通过自身感受而产生了认同心理，受其引导和塑造，从而自觉地、心甘情愿地接受组织文化的规范和约束，并按照价值观念的指导进行自我管理和控制。

组织文化不同于规章制度类的强制机制，它属于组织管理的软因素。强制会使员工产生对抗心理，使得约束效果大打折扣。这种软约束靠的是组织文化氛围、群体行为准则和道德规范。如果组织文化是积极地追求安全，那么即使那些在私底下常常不会考虑太多安全事项的员工，也会穿戴安全装备并遵守安全条例，从而减少工伤数量。如果一个办公室的所有成员都认为上班时不应当聊天玩游戏，那么那些爱聊天玩游戏的员工也不好意思再继续了。这就是组织文化的规范力量——告诉员工什么是对的，什么是不对的，他们应当怎样做。

4）激励功能。优秀的组织文化提倡的是积极向上的价值观和行为准则，在它的引导和塑造下，可以形成组织成员强烈的认同感、归属感，同时激发员工强烈的使命感和持久的驱动力。积极向上的价值观和行为准则也成为员工自我激励的准绳。激发员工工作热情，促使员工追求卓越的目标，把工作做得更好。

读一读

美国3M公司的创新激励

美国的3M公司，不仅鼓励工程师也鼓励每个人成为"产品冠军"。公司鼓励每个人关心市场需求动态，成为关心新产品构思的人；让他们做一些家庭作业，以发现开发新产品的信息与知识；公司开发的新产品销售市场在哪里及可能的销售与利益状况等。如果新产品构思得到公司的支持，就将相应地建立一个新产品开发试验组，该组由生产部门、营销部门和法律部门等的代表组成。每组由“执行冠军”领导，他负责训练试验组，并且保护试验组免受官僚主义的干涉。如果一旦研制出“式样健全的产品”，试验组就一直工作下去，直到将产品成功地推向市场。有些试验组经过三四次的努力，才使一个新产品构思最终获得成功；而在有些情况下，却十分顺利。3M 公司知道千万个新产品构思可能只会成功一两个。一个有价值的口号是“为了发现王子，你必须与无数个青蛙接吻”。“接吻青蛙”经常意味着失败，但 3M 公司把失败和走进死胡同作为创新工作的一部分。

（2）组织文化的消极功能

1）变革创新的障碍。组织文化一旦形成就具有相对稳定性，在较短的时间内不易改变。而组织面对的社会经济环境却是动态的，甚至是瞬息万变的。当组织面对稳定的环境时，行为的一致性对组织而言很有价值，在共同价值观和行为准则的影响下，组织可以稳定甚至加速发展。在组织环境发生了极大变化的情况下，组织需要变革和调整，但组织文化的影响根深蒂固，极易形成思维定式，束缚组织的手脚和成员的思想，不敢或不愿创新、变革，使组织难以适应变幻莫测的环境。这时越强大而稳定的组织文化对组织的阻碍越大。当问题积累到一定程度，这种障碍可能会变成组织的致命打击。

2）多样化的障碍。组织的员工个性千差万别，又有性别、道德观等差异的存在，这就和组织的要求产生了矛盾。组织文化强调统一的价值观、行为方式，强调新成员服从组织文化，否则员工无法凝聚成有竞争力的团体，个体也很难适应组织生活或被组织接受。但是组织决策需要成员思维和方案的多样化，要求成员和组织的价值观一致，这就必然导致决策的单调性，抹杀了多样化带来的优势，同时也不利于组织成员自身个性的多样化发展和创新能力的开发。在从事研究和开发等强调个人潜能发挥的行业中情况尤为如此。

3）兼并和收购的障碍。两个组织兼并重组时，要考虑的不仅有融资优势或产品协同性、组织机构的整合，还有组织文化的差异性。

两个组织兼并重组时，面临文化融合、文化沟通的难题。组织文化整合对组织兼并重组的成功有着特殊的意义。不同的组织在价值观念、经营理念、行为规范、工作作风和思维方式上可能会存在着很大的差异，而当两个文化有差异的组织合二为一，就会出现员工价值观念、行为方式上不相融甚至是彼此对立，以至产生明显的文化撞击，引发各种形式的冲突。如果两个组织的文化产生太大的冲突和摩擦，有可能导致兼并重组的失败。特别是在跨国并购中，有着民族文化与组织文化的双重差异的两个组织，面临着更大的文化冲突。研究发现，在许多情况下，企业文化造成的问题可以使周密的合并计划流产，特别是一个尚处创业阶段的小公司被一家规章和等级制度森严的大公司收购时，企业文化冲突会非常强烈。

想一想

汇源与德隆分手：成败皆在文化

2001年初，德隆以战略投资者身份入股汇源集团，并持有51%的股权。两年后，德隆选择了退出，并购整合以失败告终。究其深层原因，是双方高管思维里积淀的“文化元素”差异，造成了无形的合作障碍。战略发展思路上的不一致，合作双方的现场高管磨合不顺畅，以及财务安排的矛盾等只是表面原因。

严谨、纪律性强、强调忠诚是汇源的核心组织文化。而德隆文化则突出地表现为散漫的、自由的、自控式的。汇源及其董事长朱新礼对德隆董事长唐万新能力、经验、人格力量的认可，不能等同于他们对德隆高管团队的认可。企业独特的文化特质处处体现在企业高管、员工的行为之中。正是因为双方组织文化的巨大差异，合作团队最终无法达到和谐共处的目标，只能在无奈中和气分手，由此产生国内并购史上第一个有影响力的并购整合失败案例。

（资料来源：马作宽. 组织文化［M］. 北京：中国经济出版社，2009.）

思考题：请谈谈从这个案例中你学到了什么？

二、组织文化的结构与影响因素

1. 组织文化的结构

著名的组织文化专家埃德加·沙因认为，组织文化分为以下三个层次（见图9-1）。

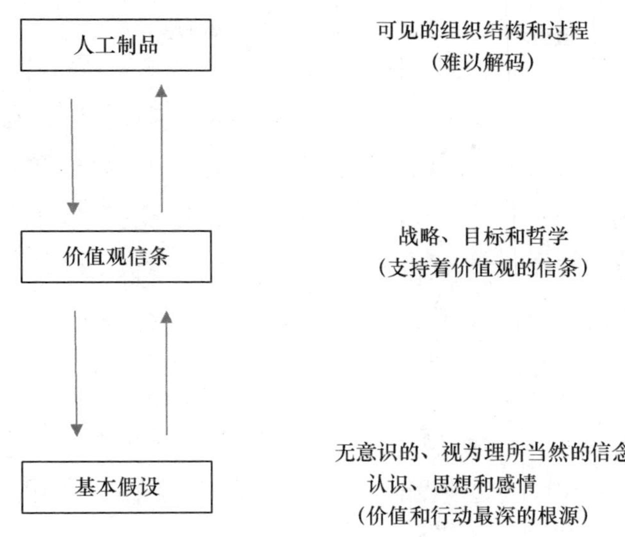

图 9-1　组织文化的三个层次

（1）人工制品

人工制品是组织里那些外显的文化产品，即当一个人进入有着陌生文化的新群体时所见、所闻及所感，如组织标志、建筑物、员工服饰、组织文件、组织提供的服务等。例如，当你走进一家公司，你注意到该公司的员工穿着休闲，而另一家竞争对手公司的员工却穿着整齐的西装打着领带。这两个组织的员工服饰方面的差异就体现了两种组织文化之间的差异。组织中人工制品无处不在，通过留心观察可以帮助我们了解组织文化。如苹果公司的标志——被咬了一口的苹果，恰恰体现了苹果公司好奇、创新以及活泼轻松的企业文化。人工制品是组织文化最表面、最明显的层次，虽然容易观察，但是难于解释。

（2）价值观信条

藏于人工制品之下的便是组织的价值观信条，它们是组织的战略、目标和哲学。经常在文化手册、宣传册或公司墙上，公司使命宣言或年度报告中，有意识、清晰地表达出来。沙因认为，大多数企业组织文化中的价值观信条可以追溯到该文化的创始人身上。例如，在杜邦公司，很多程序和产品都是它所信奉的安全价值观的产物，这与杜邦是制造火药起家有关。引用杜邦一个主席的话："要么你安全地制造火药，要么你干不长。尽管火药制造早已不是杜邦的主要业务，但安全价值观依然在杜邦文化中无处不在。"

（3）基本假设

什么是基本假设？在沙因的解释中，它是一种解决某一问题时理所当然的方法，与价值观的区别就在于“无意识”或者“潜意识”。在组织中，当一种预感和价值观逐步被成员当作客观现实时，这一假设就成立了。所以说，基本假设是早已在人们头脑中生根的、视为理所当然的信仰、价值、规范等。这些基本假设，大部分处于一种无意识的层次，所以很难被观察到。组织成员可能意识不到，却又遵循其指导进行观察和思考事物，做出行为。正是由于它们的存在，我们才得以理解每一个具体组织事件为什么会以特定的形式发生。在沙因看来，基本假设是组织文化的核心，只有充分了解一个组织的基本假设层次，才能真正了解组织文化。

2. 组织文化形成的影响因素

组织文化是组织在长期实践中形成的，是组织内、外部环境诸因素共同作用的结果。所以，当我们进行组织文化建设时，应当首先明确影响组织文化的各种因素

（1）民族文化

民族文化是影响组织文化的一个重要因素。组织成员在加入组织之前或之后，都受到本民族文化的熏陶，承受民族文化传统的影响，并把这种影响带到组织中来。处于亚文化地位的组织文化植根于民族文化的土壤中，这使得组织的价值观念、行为准则、道德规范等无不打上民族文化的深深烙印。

（2）社会环境

任何组织都是存在于一定的社会背景之下的，作为其中一部分，组织要受到社会环境的影响，组织文化的形成与发展也深受其影响。

组织所处的经济环境，是组织发展所依存的客观环境，直接影响到组织的短期效益和生存。政策、法制等是组织发展依存的社会发展软环境，对组织文化发展的影响看起来较为间接，然而实际上对组织长期的经营业绩和组织的竞争力有着潜在而深刻的影响。组织所处的地区和所从事的行业特征也会对组织文化产生重大的影响。

（3）外来文化因素

随着全球经济一体化的发展，世界各国之间的文化交流也日益频繁。处在这种大环境里，组织文化必然要受到外来文化的影响。

（4）组织内部因素

组织文化是组织全体成员在长期的实践中培育而成的，不可避免地受到组织成员的影响。人是文化的基本载体，职工素质的高低直接关系到企业文化建设的成败。职工队伍的结构是否合理，职工队伍的年龄构成因素、学历构成因素、技能水平及其构成等，也都会影响到组织文化的建设。

对一个组织而言，组织的主要领导人，特别是创始人，对组织文化的影响是举足

轻重的。企业领导者的人格特征、思想方法、价值观念、经营哲学、经营战略、工作作风、对未来的愿景等因素，对企业文化的影响是非常显著的，甚至其人格特征也会有一定的影响。

业务演练

任务主题：评估课堂文化。

任务导入：每个老师的课堂都会有不同的特点，呈现不同的课堂文化，你适合什么样的课堂文化，我们来做一个测试吧。

	非常同意（5分）	同意（4分）	中立（3分）	不同意（2分）	非常不同意（1分）
1. 我可以很自然地对老师的话提出质疑。					
2. 我的老师会严厉处罚不按时交作业的行为。					
3. 我的老师认为“结果才算数”。					
4. 我的老师对我的个人需求和问题十分敏感。					
5. 我的成绩很大一部分取决于我与他人的合作。					
6. 来到教室之后我常常感到紧张。					
7. 与变化相比，我的老师似乎更喜欢稳定。					
8. 我的老师鼓励我有不同的新想法。					
9. 我的老师不能容忍思考问题时马马虎虎的人。					
10. 我的老师更关心我是如何得出结论的，而不是结论本身。					
11. 我的老师对所有学生一视同仁。					
12. 我的老师不喜欢学生们互相帮助完成作业。					
13. 有进取心、爱竞争的学生在班里有明显优势。					
14. 我的老师鼓励我以不同的方式看世界。					

任务要求：

1. 表格中14种表述各有5个选择，请在你所选的答案相对应的数字上画圈。

2. 计算你的总分。你的分数应该在 14~70 分。

高分（49 分及以上）代表你的班级文化开放、敢于冒险、相互支持、人性化、有团队精神、随性、注重成长。低分（35 分及以下）表示你所在的班级文化封闭、结构分明、以任务为导向、我行我素、气氛紧张、追求稳定。注意分数上的差异，60 分比 50 分更开放。同时要注意，并不是说哪种文化一定更好。是否合适还要取决于你自己，以及你所偏好的学习环境。

3. 5~7 人组成一组。比较大家的得分。你们的分数一致吗？如有差异，请协商解决。基于你们小组的分析，哪种类型的学生在课堂上表现最好？

任务呈现：各小组选一个代表陈述自己小组的看法。

（资料来源：斯蒂芬·罗宾斯，蒂莫西·贾奇. 组织行为学：第 16 版［M］. 北京：中国人民大学出版社，2016.）

任务二　管理组织文化

知识准备

一、组织文化建设

1. 组织文化建设的一般模式

任何组织文化都不是凭空产生的，其形成并非一朝一夕的事情，需要长时间的积累、沉淀，那么究竟组织文化的形成过程是怎样的呢？在组织文化的创建过程中，组织创始人对组织文化起着最主要的影响。创业伊始，组织创始人为组织设置共同愿景和战略，并把这一切灌输给所有的组织成员。如果随后的实践获得成功，组织成员就会对此愿景和战略加以肯定并在此基础上进行行动，将基本价值观、经营理念和行为准则贯彻于企业的经营管理制度和经营管理过程中，体现于员工的观念和行为上，这时组织文化就形成了。因此，可以说，组织文化是组织创建者的价值观和组织成员自身经验相互作用的结果。科特和赫斯克特提出了组织文化产生的一般模式（见图 9–2）。

企业高级管理人员
新建或初建公司的一位或数位高级管理人员制定并努力实施一种创意、 经营思想或经营策略

企业经营行为
实施各种经营实务工作，企业员工运用受经营思想、经营策略指导的行为方式进行实际操作

企业经营成果
企业通过运用各种措施，经营取得成功，这些成就持续相当长的一段时期

企业文化
企业形成企业文化，它包含了企业创意思想和经营策略，同时也反映了人们实施这些策略的经验体会

图 9-2 企业文化产生的一般模式

2. 组织文化的维系、学习及形成

(1) 组织文化的维系

组织文化一旦形成，组织就会采取一系列措施进行维系和强化。组织的每一项管理措施和运行过程都可能和组织文化的维系有关，但有三个因素起了举足轻重的作用：甄选活动、高层管理者的举措、社会化方法。

1) 甄选活动。甄选的目标是要找到能顺利完成组织工作任务的成员，这个过程是双方相互选择的过程，组织除了要求求职者具备相应知识和能力外，还要具备和组织大体一致的价值观，免得其进入组织后难以融入甚至发生冲突，导致对组织的承诺和满意度降低，流动率升高；而求职者在这个过程中，也会判断自己的价值观与组织价值观是否存在冲突，以免进入组织后自己不能适应，影响个人发展。通过这种方式，选用那些与组织相匹配的人，筛选掉那些可能对组织的核心价值观构成攻击或威胁的人，起到维系组织文化的作用。IBM 前营销副总裁巴克・罗杰斯在《IBM 风范》一书里写道，IBM 告诉任何想进公司工作的人：“注意，这就是我们做生意的方式……如果你在这工作，我们会教导你怎么对待顾客，如果我们对顾客和服务的看法跟你不同，

我们就分手吧，而且越早分手越好。”

2）高层管理者。组织中的高层管理者对组织文化有着重要的影响。组织文化的维系和强化是一个长期的过程，它需要组织的高层领导者的高度重视。同时，组织高层管理者的行为举止建立起规范，也设立了榜样。什么样的行为是组织推崇的，什么样的行为是组织不希望的，这在组织管理工作和具体的人力资源政策中都得以表现。

《华为 2017 年财报》显示，华为全年全球总销售收入达到了 6 036 亿元，净利润达 475 亿元，是国内手机销售排行的 No. 1。华为能够取得今天这么大的成就，与创始人任正非有着非常大的关系。军人出身的任正非在很大程度上继承和发扬了部队的一些管理风格和传统。他认为做企业要像狼一样，员工要有敏锐的嗅觉，有不屈不挠、奋不顾身的进攻精神和群体奋斗的决心；要打造出一支具有狼性文化的团队，帮助华为在世界各地攻城略地，成为世界通信行业名副其实的老大。

3）社会化方法。新兵入伍，需要经过一段时间的训练才能成长为合格的军人。组织的新进员工，也不是通过甄选被录用就能成为合格的组织成员，组织要帮助他们完全适应当前的组织文化，这个帮助的过程称为社会化。为了保证新成员都能够认同和适应组织文化的要求，融入组织，组织经常会对员工进行培训。培训不仅注重增强员工的知识、技能和能力，更注重组织价值观和行为方式的强化熏陶，促使员工调整自己原有的价值取向，不断地与组织的价值观趋向一致。除了培训之外，组织还会利用社交活动，如团建、联欢会、年会等活动，有目的地将企业文化理念进行植入，在潜移默化间使员工有所触动。通过社会化，组织将新员工带入自身文化的系统之中，使个体学到了与组织文化有关的态度、信息和价值观。

（2）组织文化的学习

组织通过多种方式把组织文化传递给员工，最常用的方式有故事、典礼仪式、物质象征和语言。

1）故事。每个组织都流传着令人津津乐道的“民间故事”，组织文化的许多基本信仰和价值观被表达在故事中。这些故事把组织文化从老员工传递给新员工，强化了组织文化的重要方面，有些可能会持续很长一段时间，如海尔张瑞敏砸冰箱的故事。网上还流传着 Google CEO 与工程师共享办公室的故事。一名印度工程师到公司第一天就问 CEO 施密特：“我可以和你共用你的办公室吗？”本来以为是玩笑，施密特竟同意了对方的要求。第二天，印度工程师就把自己的东西搬进了施密特的办公室。直到 Google 搬进新的总部大楼，这名工程师才选择和另外两名印度工程师一道，拥有了一间更大的办公室，而施密特则在一个角落独享一间窄小的办公室。正是那名印度工程师为 Google 开发了一套漂亮的 3D 演示程序，放在 Google 大厅中，在一个不停旋转的大地球上，向过往的人们实时显示 Google 全球搜索量的动态状况。这个故事说明 Google 公司人人平等，这里的管理职位更多是强调服务，工程师们受到更多尊敬，这都很大限度上激发了 Google 员工的创造力。

2）典礼仪式。仪式是为了表明和强化组织最关键的价值观、最重要的目标和最重要的人而进行的重复性活动。在仪式的重复过程中，组织所强调的信息得到传承和强化。仪式强调的核心价值观包括：什么样的目标最重要，哪些人至关重要，哪些人无足轻重。仪式和典礼包括就职仪式 、文化艺术节、年会、各项庆祝典礼等，这些活动都传递并强化了组织文化。可能最为常见的仪式就是酒店在每天营业前由酒店或者大堂经理举行的训话。有的组织甚至用本组织的歌曲来传递组织的价值观和精神。

3）物质象征。走进一个陌生的组织，首先引起注意的就是组织的物质象征。一个组织的物质象征有很多，例如，组织的地理位置、建筑布局、办公室的大小、办公家具的档次、高层管理者的衣着，甚至包括组织给高层管理者配备的车型。这些物质象征向员工传递这些信息：谁是重要人物、高层管理者期望的平等程度，以及哪些行为类型（如冒险、保守、独裁、参与、个人主义或者善于交际）是恰当的。在美国亚马孙公司，所有的办公桌都是用再生木板做成的，电话号码簿被当作计算机显示器底座，塑料牛奶箱被用作文件箱。通过发扬节俭的理念，并将其贯彻到运营、品牌和 Kindle Fire 等各种新品中，这家总部位于西雅图的网上书店已经成长为一家电子商务巨头。对亚马逊而言，节约不只是一个竞争问题。事实上，该公司甚至将“节俭”升格为 14 条领导原则之一。Google 公司的办公楼随处散布着健身设施、按摩椅、台球桌、帐篷等有趣的东西。整个办公空间采用了不同的色调搭配，明亮鲜活。这些都让人感到轻松自在。除此之外，每名新员工都将得到 100 美元，用于装饰办公室，可以在自己的办公室中“恣意妄为”。这种非正式性向员工传达了开放、平等、创新、灵活的价值观。

读一读

玫琳凯的粉色卡迪拉克

玫琳凯（Mary Kay）公司自 20 世纪 70 年代起推出一项奖励计划，即为表现优秀的销售员配备粉红色凯迪拉克轿车，因此，粉红色凯迪拉克轿车一直被认为是事业成功的显著标志。在玫琳凯，它是流动的奖牌，是荣誉和优秀的象征，其颜色是公司花费 26 亿美金买断的专利颜色，在这个世界上，只有玫琳凯公司最优秀的精英才可以获此殊荣。

（资料来源：严进. 组织行为学：第2版［M］. 北京：北京大学出版社，2012.）

4）语言。随着时间的推移，组织往往会发展出一些特定术语，用来描绘与自己业务有关的设备、管理者、关键人员、供应商、顾客或产品等。这些语言就会被组织及其内部的各部门用来帮助成员们识别组织文化。一般来说，新员工最初会对这些短语和行话困惑不已。但当员工学会了这种语言，就可以确认他们接受了这种组织文化，并有助于坚持、传递这种文化。

（3）文化是怎样形成的

图9-3总结了组织文化是如何建立和维系的。最初的组织文化源于组织创始人所持的经营理念，随着组织的成长，该文化会显著影响组织的甄选标准。高层管理者的行为确定组织的总体氛围，包括哪些行为可以接受，哪些行为不可以接受。员工社会化的方式取决于两点：一是在甄选过程中，新员工的价值观与组织价值观相互匹配的程度；二是高层管理者所偏好的社会化方法。

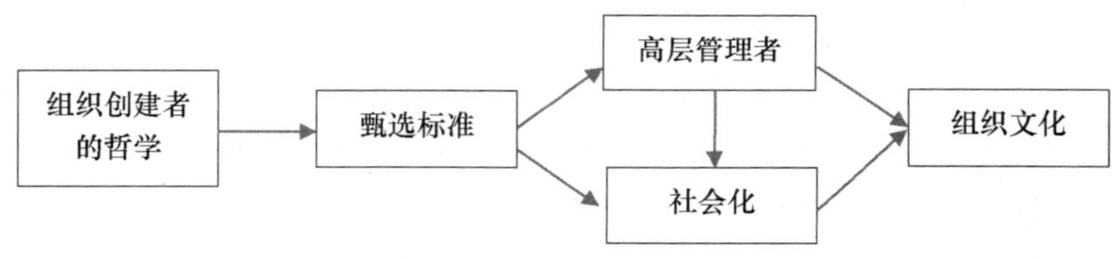

图9-3　组织文化是怎样形成的

（资料来源：斯蒂芬·罗宾斯，蒂莫西·贾奇. 组织行为学：第16版［M］. 北京：中国人民大学出版社，2016.）

二、企业组织跨文化管理

世界经济全球一体化的背景下，跨国公司和各种形式的合资企业的数量和规模都不断增长，企业之间的兼并也日益频繁。企业在跨国经营中会面临文化冲突的挑战，以及文化摩擦带来的交易成本。德鲁克认为，国际企业经营管理“基本上就是一个把政治上、文化上的多样性结合起来而进行统一管理的问题”。所以企业要把运营放在全球的视野中，建构自己的跨文化管理策略，从而实现企业跨国经营的成功。

跨文化的管理又称为“交叉文化管理”，指企业在全球化经营中，对子公司或所并购公司所在国的文化或原企业文化采取包容和融合的管理方法，在跨文化条件下克服任何异质文化的冲突，并在融合双方文化的基础上创造出独特的组织文化的管理过程。

读一读

麦当劳的失误

麦当劳是全球最大的跨国快餐连锁企业，它在全球拥有 30 000 多家连锁店，分布在六大洲 121 个国家。在收获各地区利润的同时，麦当劳也承担着很多风险，如民族、宗教等跨文化对抗。

2001 年 5 月，约 500 名示威者在印度首都新德里和最大的商业城市孟买的几家麦当劳餐厅前举行抗议活动。示威者包围了麦当劳设在新德里的总部，向麦当劳餐厅投掷牛粪块，并洗劫了孟买一家麦当劳连锁店。他们还要求瓦杰帕伊总理下令关闭印度国内所有的麦当劳连锁店。

这件事的起因是麦当劳制作炸薯条的食用油中含有牛肉调味成分，而大多数印度教徒都把牛看成圣物。一个月后，美国麦当劳公司宣布将向印度教徒、素食主义者和其他一些相关组织赔偿 1 000 万美元。这次事件不仅造成麦当劳经济上的损失，更严重影响了公司的声誉。

（资料来源：王德振. 麦当劳当地化的思考——从营销拓展及广告角度[J]. 商业营销，2011-08.）

1. 跨文化的定义

人们在一定的社会环境中成长和生活，久而久之就会形成某种特定的信仰、价值观和生活准则，从而产生各自的文化差异。当这些具备不同文化背景的人汇聚在同一个组织，形成了组织文化的多元化，主要表现在员工个体的多元化和文化背景的多元化两方面。跨国公司在跨地域、跨民族的经营管理过程中，会遭遇不同地区、不同组织、不同民族的文化差异而可能导致的文化冲突。所谓跨文化，又叫交叉文化，是指具有不同文化背景的群体之间的交互作用。

2. 跨文化差异

不同的文化地域、背景进行跨国经营所形成的国际企业，多元文化背景以及多维度的思维方式给企业管理带来了挑战。员工个体语言、价值观以及宗教信仰等的差异带来潜在的跨文化冲突，导致员工之间、员工与管理层之间信息沟通不畅，造成交易成本增加，损害了企业的管理效率。所以，跨国公司经营和管理的全过程都面临不同文化的矛盾和冲突，不可避免地要进行跨文化企业管理。美国学者戴维 · A. 利克斯认为："大凡跨国公司大的失败，几乎都是仅仅因为忽略了文化差异——基本的或微妙的理解所招致的结果。"现代企业在实施跨国经营战略或从事跨国经营活动时，所面临的来自不同国家的职员之间的文化差异所造成的相互沟通上的困难，一般称为跨文化差异，即母国与东道国之间的文化距离，主要体现在价值观、传统文化、宗教信仰、语言、思维方式、行为准则、习惯等方面。如何克服跨文化差异带来的文化冲突，进行跨文化的有效沟通、协调和管理，直接影响着企业内部运作的效果。

3. 跨文化冲突与管理

（1）跨文化冲突

《世界经理人文摘》曾对跨国经营管理中的文化困境这样描述："全世界的驻外经理都不约而同地发现他们处于一个两难境地，夹在总公司和当地办事处之间不知所从。"企业从事跨国经营，跨越了国界、民族，自然也就跨越了文化，必然要面对不同文化带来的文化冲突。所谓跨文化冲突是指不同形态的文化或者文化要素之间相互对立、相互排斥的过程，它既指兼并企业、跨国企业、东道国的文化观念不同而产生的冲突，又包含了在一个企业内部由于员工分属不同文化背景的国家而产生的冲突。

2017 年，福耀玻璃在美国建厂受阻事件被炒得沸沸扬扬，曹德旺认为美国工人没有时间效率，拿钱不干活；美国人却说中国工厂不注重安全、环保，生产线没有停下来工人就上去修。福耀玻璃已经是走出去的中国企业，但还是在中美文化上产生了很大差异。以东方文化为代表的苦干实干精神遇上了西方公私分明，任何事情都要有法可依、有理可循的工作方式，进而产生了非常大的冲突。

从跨国经营的角度看，跨文化冲突是国际企业经理人员在不同文化背景下经营管理中需要避免并妥善解决的问题，否则跨文化冲突便会导致文化困惑，文化困惑又加剧跨文化冲突，二者相互影响，会出现以下一些不良结果。

1）极度保守。文化差异导致的不同的价值观、不同的生活目标、不同的思维方式以及不同的行为准则规范，必然导致沟通困难，增加组织协调难度，结果就是管理者们也许只能呆板地按照规章制度来控制企业的运行，只"管"员工，而不会"理"他们。与此同时，员工们则会消极应付工作，管理人员的行动计划实施起来会更加艰难，结果是双方之间的社会距离也将进一步加大。

2）沟通中断。在成功的跨国经营活动中，一个极为重要的方面就是管理者和员工之间的相互信任和理解。如果相互之间缺乏理解和信任，甚至是产生误解和猜疑，就会影响相互之间的沟通，从而会产生疏远和距离，当这个距离大到一定的程度时，自上而下的沟通就会中断。

3）非理性反应。文化冲突双方如果不能正确理解不同的文化存在差异，不能找出冲突的根源所在，那么，相互之间会采取情绪化或非理性行为，最终可能会导致跨国经营活动和商业合作的失败。

4）怀恨心理。面对文化碰撞发生的冲突，冲突双方如果一味地抱怨对方的鲁莽或保守，不肯耐心地了解对方，并从彼此的文化背景中寻求文化“共享”，冲突升级，结果只会造成普遍的怀恨心理。如果处理好文化冲突，就能充分利用多元文化的优势和潜能，发挥不同文化之间的协同效应，增强跨文化适应能力和应变能力，制定出更具有前瞻性和独具特色的跨国经营战略。

（2）跨文化管理

为了克服文化冲突，更好地进行跨国经营，跨国公司应摒弃单一文化管理模式，把管理的重心放在对企业所具有的多元文化环境的把握和文化差异的认识上，避免文化差异带来的文化冲突，发挥多元文化的独特优势和潜能，实现不同文化的协同效应，确保企业在跨文化环境中能够生存和发展。一般而言，企业跨文化管理的方法主要有以下几种。

1）识别跨文化差异。跨国经营企业的文化差异是其文化冲突的根本原因，要消除文化冲突，必须要分析识别其文化差异，才能采取有针对性的措施。识别跨文化差异，首先要承认并理解文化差异的客观存在，在此基础上才能尊重对方的不同，寻找文化之间的共同点，达到文化共享；其次要以乐观的态度看待文化差异。文化差异也带来了竞争优势，由于员工拥有不同的价值观念和行为方式，能够为公司管理拓宽视野，从容面对市场变化问题，提升整体竞争力。

2）跨文化培训。要解决好文化差异问题，搞好跨文化管理，必须进行有效的跨文化培训。通过跨文化培训，加强跨国经营企业的成员——尤其是管理人员这些不同文化背景人群之间的沟通理解，提高其在跨国经营中的跨文化理解能力和文化适应能力；将公司共同的文化传递给员工，形成企业强大的文化凝聚力。

跨文化培训的主要内容有对文化的认识、敏感性训练、语言学习、跨文化沟通及冲突处理等。

读一读

敏感性训练

敏感性训练理论亦称“实验室训练”、T 小组法，是西方行为科学中用以训练管理人员的一种方法。训练通常在类似工作环境的实验环境中进行。训练的目的是通过受训者在团体学习环境中的相互影响，提高受训者对自己的感情和情绪、自己在组织中扮演的角色，以及自己同别人相互关系的敏感性，进而改变个人和团体的行为，达到提高工作效率和满足个人要求的目的。在敏感性训练过程中，要求参加训练的人员，自由讨论自己感兴趣的问题，任意发表自己的看法，分析个人与人们相处的日常行为和心理特点，并聆听他人对自己言谈举止的批评和其他意见，从而提高自己对各种问题的识别和处理能力。

3）管理本土化。越来越多的跨国经营公司意识到本土化对于在异国投资取得成功的重要性。本土化战略除了包括尽可能雇用本地员工，培养他们对公司的忠诚外，最重要的是聘用能够胜任的本地经理人，这样可以很好地避免跨文化冲突，顺利开展业务。可口可乐公司的用人策略，最为独特的一点就是本土化：在中国，99%以上的可口可乐系统员工是中国籍员工；在可口可乐北京区，除总经理和财务总监来自中国台湾地区和澳大利亚，其他清一色是中国大陆本土人。所有管理人员的交流语言，不但有流利的英语，还有流利的汉语，甚至可口可乐（中国）有限公司外籍总裁均能用一口流利的中文与员工进行对话和开玩笑。正是这样的用人策略，使得可口可乐（中国）有限公司取得了迅猛而又卓有成效的发展。

4）建设全球化的组织文化。通过文化差异的识别和跨文化训练等，公司员工提高了对文化的鉴别和适应能力。在对文化共性认识的基础上，根据环境的要求和公司战略的需求建立起公司的共同价值观和强有力的公司文化。基于已有文化的多元性及其影响的深远性和长期性，新型的企业文化既要有足够的包容性，又要有创新性。这种新型文化既保留着强烈的母公司企业文化特点，又与当地的文化环境相适应，既不同于母公司企业文化，又不同于当地企业文化，是两种文化的有机整合。

想一想

水土不服，巴黎迪斯尼赔本赚吆喝

迪斯尼乐园在世界各地都是不缺游客的，排队几个小时才能参加一个游乐项目可谓司空见惯。但是巴黎迪斯尼自 1992 年开业以来，经营一直困难，处于入不敷出的境地。这其中既有文化的水土不服，也有财务管理上的问题。

在西方文明发源地的欧洲，迪斯尼要获得全面成功非常困难。在拥有悠久历史与多彩文化的法国，自巴黎迪斯尼开展以来，法国与欧洲的文化名人就不断批评、讽刺美国文化的代表——迪斯尼乐园。法国著名作家阿丽亚娜·马奴士金纳认为，该游乐园是“文化上的切尔诺贝利”。作家、哲学家于贝尔多·艾可认为，迪斯尼乐园在法国不会成功，因为美国文化粗俗，法国人和其他欧洲人不会喜欢。法国人类学家马克·沃杰指出，迪斯尼代表了现代文化的两面性：空洞与自由。这些看法代表了法国与欧洲主流文化界的观点，映照出法国、欧洲与美国文化的重大差异。

代表法国本土文化的娱乐园如“阿斯特里克斯”与“未来世界”等所获得的成功似乎也说明了文化的重要性。这些乐园比迪斯尼规模要小很多，但乐园拥有法国文化元素，经营也灵活亲民，加上价格相对便宜，于是很受法国人与欧洲人的喜欢，经营状况都比巴黎迪斯尼要好。

巴黎迪斯尼开张以后，盈利的年头不超过7年，其他都是亏损。自2002年以来，亏损额更是累计达到8亿多欧元。但其实经济与财务的亏损并不能表明巴黎迪斯尼已经失败，正如法国《世界报》分析的那样：自一开始高价格、严格限制游客自带食物进入等措施导致客人不满后，巴黎迪斯尼乐园当局连续改革，推出越来越多的商业与公关措施，使迪斯尼乐园越来越受到法国与欧洲消费者的喜欢。

思考题：

（1）巴黎迪斯尼为什么会出现连年亏损的情况？

（2）请谈谈从这个案例中你学到了什么？

4. 企业并购中的文化整合

企业并购是兼并与收购的合称，是最常见的资本运作模式之一。不同企业之间，由于所有制、地域、行业、传统和历史甚至国别之间存在的差异，导致企业文化具有很强的个性，相互之间表现出相当大的差异性。一旦企业并购后，两种迥然不同的企业文化遭遇一起，必然带来经营思想、价值观念、工作方式、管理制度等各个方面的冲突。它的影响是全方位的、全过程的，特别是跨国、跨地区、跨行业和跨所有制的企业并购，文化冲突会显得更加明显。英国《经济学家》杂志有一个比喻，“企业合并要比好莱坞明星结合的失败率更高”，虽尖刻却道出了实情，因为全球60%~70%的合并案例是失败的。据统计，全球范围内，在并购的失败案例中，80%以上直接或间接起因于新企业文化整合的失败。

2002 年惠普兼并康柏，这笔交易金额高达 190 亿美元的收购并没有出现 1+1>2 的效应。2004 年惠普的利润为 35 亿美元，仅是其 800 亿美元总收入的 4.4%，其资产回报率和股东权益回报率分别为 4.68% 和 9.3%，较财富 50 强的平均水平低。惠普之所以失败，一个重要的原因是兼并后企业没有进行很好的文化整合。这个案例说明了企业并购中的文化整合对于企业并购成功与否具有重要的现实意义。企业只有在并购过程中加强文化整合，才有可能保证并购后企业产生协同效应。

（1）提倡相互欣赏与尊重

企业文化触及企业的各个角落，如价值观念、经营哲学、经营目标、行为准则、工作作风等。这些文化的产生和运转也体现了企业的利益追求和目标，如果并购重组过程中双方在最敏感因素上发生冲突，势必会导致文化上的隔阂，更谈不上文化的整合。并购双方要提倡相互尊重、互相学习，把双方共同的利益放在首位。在承认各自文化、价值观等差异的基础上，以公司利益和项目成功为重，逐步建立起统一的公司文化。

（2）将文化整合贯穿于企业并购全过程

文化整合应贯穿于企业并购的全过程。首先，在企业并购前应进行文化调研，充分分析了解双方文化的差异，区分沟通中发生的文化障碍、文化差异及其他问题。其次，在兼并初期就制定适宜的文化整合策略。最后，为新的文化建立一套基本的体制，包括奖励、认可和考核体系。同时并购企业应建立危机意识，大力宣传新企业文化，使员工逐渐认同、接受，这需要较长时间的不断努力。

（3）加强与员工的沟通，提高员工参与文化整合的积极性

并购企业在文化整合过程中应不断与企业员工深入交流，促使员工形成群体意识，认同企业的价值观，形成共同的企业文化意识。可以通过安排一系列员工沟通会议，让员工明白建立新文化的必要性。同时，企业领导者要建立良好的信息传达机制，使员工及时了解企业的各项文化整合措施，不断地去引导员工，使员工从心理上真正认同企业的各项措施。

（4）创建一个“合金”文化

企业并购后的文化整合，就是要以原有的优势文化为基础，通过两种异质文化之间的相互接触、交流、吸收、渗透及对其过程的管理，既吸收异质文化中的某些优质成分，同时又去掉自身和异质文化中的某些落后的特质，从而建立具备市场竞争力的全新的更优秀的文化体系。整合并不是简单的联合，也不是混为一体，而是去除自身文化弱点，吸收其他文化长处。跨文化整合的重点在于通过文化整合过程，建立双方

相互信任、相互尊重的关系，拓展并购双方经理人跨文化管理能力，使双方能在未来企业的价值观、管理模式、制度等方面达成共识，以帮助并购企业更好地实现其他方面的整合，为同一目标而努力。

（5）管理团队的示范

并购结束后，公司的管理团队对外应该是一个统一的形象，表现出很强的凝聚力，做出表率。在这个团队的领导下，并购企业上下一心，共同解决并购双方企业带来的文化冲突。

读一读

并购史上最大的败局——美国在线收购时代华纳

2000 年 1 月 10 日，互联网新贵美国在线（America Online）宣布以 1810 亿美元收购老牌传媒帝国时代华纳（Time Warner），成立美国在线—时代华纳公司。这是美国乃至世界历史上最大的一宗并购案，所有形式的媒体都被整合到全球最大的媒体公司之中。

当时，无论是媒体业还是网络业都普遍看好这种新旧媒体结合的模式。人们普遍认为，网络公司需要具有吸引力的内容，而传统媒体则需要互联网这个 21 世纪最具潜力的新媒体平台，美国在线和时代华纳的合并代表了传媒业未来的发展方向，即渠道服务商和内容供应商的结合方式，意味着传统与现代产业相融合的可能。

然而，看似光明的前景却被曲折的合并之路所取代。

据《财富》杂志统计，美国在线和时代华纳在 2001 年正式合并后，新公司在“财富 500 强”的排名中从第 271 位迅速跃升至第 37 位，但美国在线—时代华纳公司在截至 2002 年 3 月 3 日的财政年度里出现了 542.2 亿美元的大幅亏损，创下了美国历史上季度亏损的最高纪录。2002 年，公司排名跌至第 80 位，亏损额高达 987 亿美元，相当于智利与越南的 GDP 之和。

在 2000 年 2 月两家公司合并公布前，美国在线的股票价格为每股 73 美元，时代华纳为 64 美元。一个月后，时代华纳的股价上升到了 81 美元，美国在线的股价却下降到了 58 美元，此后美国在线的股价就开始出现了持续下跌。2001 年 1 月双方合并结束后，新诞生的美国在线—时代华纳的股价徘徊在 39~45 美元。“9·11”事件发生后，其股价一下子跌到了 34 美元。此后一直未恢复。

2002 年 4 月公司公开了 542 亿美元的巨额亏损，股价跌破 20 美元大关。此后，公司股价在各种丑闻的冲击下跌落到 10 美元左右。

2003 年 10 月 13 日，美国在线—时代华纳正式发布公告宣布，自 2003 年 10 月 15 日起公司正式更名为时代华纳，从而将美国在线从公司名称中彻底去掉。美国在线被看作一个部门，而不是公司首要的一部分。

美国在线和时代华纳的“天作之合”不但没有实现业界所期待的“1+1>2”的双赢局面，反而出现了“1+1<2”的负面效应，其原因究竟何在？

业务演练

任务主题：积极向上的校园文化的塑造。

任务要求：4~6 人一组，就以下问题撰写一份报告。

■ 我校现有的校园文化如何？

■ 存在哪些不足？

■ 如何塑造积极向上的校园文化？

任务呈现：

（1）以小组为单位展示各组成果，并让其他小组对展示小组的方案提出疑问，分析讨论各组方案的合理性；

（2）各小组根据讨论结果修改完善自己小组的方案。